KB129172

인간관계의 이해와 적용

친구, 연인, 부부, 가족 및 직장에서의
인간관계를 중심으로

최정아 저

학지사

머리말

과학 기술의 발달로 많은 분야가 급속도로 변해 가는 현대의 삶에서도 인간관계는 여전히 우리에게 중요한 비중을 차지하고 있다. 태어나면서부터 생을 다할 때까지 우리는 사랑하는 사람들 사이에 둘러싸여 있으며, 저마다 삶의 의미와 추억을 만들어 간다. 하지만 세상을 살아가다 보면 인간관계로 인해 어려움도 자주 생긴다. 어려움이 잘 해결되면 좋겠지만 잘 풀리지 않을 때도 왕왕 있다. 이러한 어려움이 계속되면 인간관계뿐 아니라 개인의 성취와 건강에도 부정적인 영향을 미친다는 것을 우리는 경험을 통해 이미 알고 있다. 따라서 사람 사이의 만남에서도 서로를 더욱 성장시키고, 풍성하게 만들기 위한 노력이 필요하다.

이 책은 대학생들이 사회로 진출하기 전 단계에서 알아 두면 유용할 인간관계에 대한 이론과 실제적 지식을 제공하고자 집필되었다. 이론이나 연구 위주로만 전달할 경우, 실제와 동떨어진 듯한 인상을 주어 독자의 피부에 와 닿지 못하는 난점이 있다. 그렇다고 너무 실제적 지식 위주로 제공하게 되면 체계적 전달이 부족하다는 난점이 발생한다. 물론 이를 통합하는 일도 쉽지는 않다. 하지만 가급적 이론과 실제를 병행함으로써 실생활에서 활용할 수 있도록 구성하고자 고심하였다.

이 책은 총 7개의 장으로 구성되어 있다. 제1장은 인간관계가 어떤 의미를 지니며, 인간관계를 구성하는 요소들은 무엇이 있는지 살펴보고, 자신의 인간관계에 대해 자가진단을 해 보는 활동으로 구성하였다. 제2장은 친구관계에 대해 다루었다. 친구의 의미, 연령별 친구관계의 양상을 살펴보고, 친구관계가 어떻게 맺어지며, 갈등 발생 시 어떻게 해결할 수 있을지에 대해 다루었다. 제3장은 연인관계에 대해 다루었다. 사랑이 무엇이며, 사랑이 어떻게 발전하고 사라지는지, 사랑의 실패를 어떻게 극복할 수 있을지에 대해 다루었다. 제4장은 부부관계에 대해 다루었다. 결혼에 이르는 단계부터 이혼, 재혼에 이르는 단계까지 종합적으로 살펴보았다. 제5장은 가족관계에 대해 다루었다. 이미 제4장에서 부부관계를 다루었으므로 이 장에서는 가족이란 무엇이며, 세월이 지남에 따라 가족이 어떤 형태로 변해 가는지를 살펴보았다. 또한 부모와 자녀관계를 살펴보았고, 가족치료 전문가인 머레이 보웬(Murray Bowen)의 개념에 입각하여 자신의 가족을 비추어 볼 수 있도록 간략하게 다루었다. 제6장은 직장에서의 인간관계에 대해 다루었다. 직장에서의 인간관계를 이해하기 위해서는 먼저 직장이라는 것이 어떤 특징을 지니는지에 대한 이해가 필요하다. 대학생들은 아직 직장생활을 경험해 보지 않은 경우가 많으므로 직장에 대한 전반적인 정보를 학습하는 것이 선행되어야 한다고 판단하여 지면의 상당 부분을 여기에 할애하였다. 그러고 나서 취업 전에 준비해야 할 인간관계, 취직 후 직장생활을 하면서 발생하는 인간관계를 세분화하여 살펴보았다. 또한 직장생활에서 유용한 대인관계기술로서 정서 조절과 협상을 제시하였다. 제7장은 인간관계의 기술에 대해 다루었다. 노력을 통해 변화시킬 수 있는 인간관계와 그렇지 못한 인간관계를 구분하고, 노력을 통해 개선 가능한 인간관계에 적용해 볼 수 있는 인간관계의 기술들을 소개하였다. 마지막으로, 이 기술을 활용하여 실제 사례에 적용해 보는 '사례로 풀어 보는 인간관계'를 마련하였다.

각 장은 이론적 설명과 함께 실제적 정보를 다소 가미하였고, 사람들이 인간관계에서 경험하는 대표적인 갈등 사례들을 각 장별로 제시하였다. 또한 인간관계에 영향을 주는 최근 우리 사회의 주요 이슈를 수록하였다.

각 장별로 2~3주 정도씩 다루면 강의 분량과 진도가 적절할 것으로 보인다. 다시 살펴보다 보니 부족한 부분들이 자꾸 눈에 밟힌다. 그럼에도 불구하고 이 책이 인간관계 이해의 폭을 넓히고, 삶을 더욱 풍요롭게 향유하며, 사람들과 더불어 살아가는 지혜를 모색하는 데 조금이라도 보탬이 되기를 소망해 본다.

이 책이 나올 수 있게 가르침을 주신 여러 은사님과 무한한 애정으로 지원해 주시는 가족에게 말로 다 표현할 수 없을 만큼 깊은 감사를 드린다. 아울러 글과 그림의 구성과 편집 전반에 걸쳐 좋은 아이디어와 함께 성심을 다한 교정으로 이 책이 독자들에게 보다 잘 읽힐 수 있도록 만들어 주신 학지사 편집부의 유은정 선생님, 성스러움 선생님, 박용호 전무님 그리고 김진환 사장님께 깊은 감사를 드린다.

2019년 8월

저자 최정아

차례

연인관계

부부관계

가족관계

직장에서의 인간관계

인간관계의 기술

인간관계의 의미

학습목표

1. 대인교류의 기능을 안다.
2. 대인동기의 종류를 이해한다.
3. 대인신념에 대해 이해한다.
4. 대인매력에 영향을 주는 요인들을 열거할 수 있다.
5. 자신의 인간관계를 스스로 진단해 보고, 관계 개선을 위한 방안을 모색할 수 있다.

우리는 평생 동안 수많은 사람을 만나 인간관계를 맺고 살아간다. 왜 사람들은 다른 사람들과 어울려 지낼까? 인간이 혼자서는 생존하기 어려운 생물학적 조건을 지녔기 때문에, 인류가 만든 사회문화적 구조가 분업과 협동을 요구하는 시스템이기 때문에 등 매우 다양한 이유를 생각해 볼 수 있다. 이유야 어찌되었든 인간은 자신의 의지와 상관없이 태어나면서부터 인간관계 속에 던져진 실존적 존재이며, 때문에 복잡한 심리적 갈등과 고통, 애정과 신뢰라는 다양한 종류의 경험을 하며 삶을 살아내야 한다.

1. 대인교류의 기능

친밀한 대인관계는 다음과 같은 기능을 하는 것으로 알려져 있다.

첫째, 정신건강에 도움을 준다. 사회적으로 고립감을 느끼는 사람들은 나이에 상관없이 심혈관계 기능, 면역력, 수면의 질 저하와 같은 신체적 기능의 저하뿐만 아니라, 급격한 인지적 기능 저하, 우울증 등 정신건강과 관련된 문제가 나타난다(Hawkley & Capitanio, 2015). 영국 런던에서 458명의 여성을 대상으로 조사한 결과, 심한 생활스트레스를 받는 여성 중 배우자가 있는 여성은 심한 우울증 증세를 보이는 여성이 10%였으나, 배우자가 없는 여성은 41%나 되었다고 한다(Brown & Harris, 1978). 또한 노인을 대상으로 한 연구에서는 노인을 합창단 등의 사회활동에 참여시키고 난 후 6개월 후 그들의 건강을 측정한 결과, 비록 신체 · 정신건강상에 눈에 띄는 변화가 나타난 것은 아니었으나, 삶에 더 흥미를 갖게 되고, 외로움을 덜 느끼게 되는 변화가 나타났다(Johnson, 2018).

코엔(Coan)도 일련의 실험을 통해 친밀한 대인관계가 정신건강에 주는 메커니즘을 확인하였다. 그는 위협적인 상황에 처한 기혼 여성들을 '남편이 손을 잡아주는 조건' '타인이 손을 잡아주는 주건' '손을 잡아주는 사람이 없는 조건'의 세 가지 조건에 배정하고, 뇌영상(fMRI)을 촬영하였다. 그 결과, 대개의 경우 위협적인 상황에서 작동되는 신경계 부위의 활성화 정도가 남편이 손을 잡아주는 조건에서 가장 낮았다(Coan, Schaefer, & Davidson, 2006). 이는 위협적인 상황에 처한 경우일지라도 친밀한 사람과 함께 있는 경우 심적으로 동요되지 않고, 마음의 안정을 찾을 수 있음을 시사해 준다. 백인, 부부관계로 한정하여 실시했던 이 연구는 이후 다양한 인종, 모자관계에도 적용되었고 동일한 결과를 얻었다(Conner et al., 2012). 부부관계뿐 아니라 모자관계에서도, 그리고 인종에 상관없이 사람들은 친밀한 대상에게 위로와 지지를 받아 마음의 안정을 찾는 것이다.

이렇듯 친밀한 대인관계가 정신건강에 주는 영향은 친사회적인 행동이 일으키는 신경생리학적 기제를 통해서도 드러난다. 다른 사람과 협력하는 행동을 하면 쾌락에 관여하는 뇌 영역이 활성화되고, 도파민이 분비되며(Rilling et al., 2002), 다른 사람에게 동정심을 느껴 도와주는 행동을 하는 경우 뇌에서 옥시토신 분비를 활성화시켜 편도체의 흥분과 스트레스 반응은 누그러뜨리고, 상대에게 접근하는 방향으로 행동하게 하며, 애착 형성을 돕고, 안정감과 신뢰감을 증진시키는 것으로 나타났다(Sprecher & Fehr, 2006).

둘째, 신체건강에 도움을 준다. 메타분석 결과, 인간관계를 맺지 않고 사는 것은 비만의 2배, 알코올 중독, 하루에 담배 15개피를 흡연하는 것과 동일한 정도로 건강에 해롭고(Holt-Lunstad et al., 2015), 심장발작이나 심혈관계 질환의 발병률을 30%나 증가시키며(Valtorta et al., 2016), 치매에 걸릴 확률 또한 40%나 증가시키는 것으로 나타났다(Sutin, Stephan, Luchetti, & Terracciano, 2018). 또한 의학통계에 따르면, 배우자가 없이 사는 집단이 배우자가 있는 집단보다 폐결핵, 간경화, 암, 당뇨, 심장질환 등에 의해 사망할 가능성이 매우 높고, 이는 특히 여성에 비해 남성이 더한 것으로 보고된다(Lynch, 1977).

셋째, 수명에 도움을 준다. 인종에 상관없이 혼자 지내는 사람들의 조기사망률은 그렇지 않은 사람들보다 높은데, 이러한 고립 생활은 비만, 흡연, 신체적으로 거동하지 못하는 것, 보살핌을 받지 못하는 것과 유사한 강도로 수명에 영향을 주는 것으로 확인되었다(Alcaraz, 2019). 버크먼과 사임(Berkman & Syme, 1979)의 종단연구에 따르면, 60대 전후 연령의 남성들 중 대인교류가 친밀한 집단은 약 10%의 사망률에 그쳤으나, 대인교류가 소원한 집단은 약 31%나 사망한 것으로 나타났다. 그러나 노인들에게 독서모임과 교회활동 등의 사회활동에 참여시킨 결과, 은퇴를 기점으로 이러한 활동을 6년 내내 지속한 집단의 사망률은 2%대에 그친 것에 비해 이 중 1개의 모임을 탈퇴한 노인들의 사망률은 5%대로 올라갔으며, 모임을 모두 탈퇴한 노인들의 사망률은 12%대로 높아졌다(Steffens, 2016).

넷째, 생활만족도를 높여준다. 베로프, 두반과 쿨카(Veroff, Douvan, & Kulla, 1981)에 따르면, 동년배의 기혼자가 미혼자보다 행복감을 느끼는 것으로 나타났다. 실제로 호주 퀸즐랜드 대학에서 노인들이 은퇴한 시점부터 시작하여 6년간의 종단연구를 실시한 결과, 은퇴한 지 6년 후에는 은퇴한 집단이 자신이 속했던 모임의 구성원에서 탈퇴됨으로 인해 나타나는 삶의 질이 현직에서 여전히 일을 하고 있는 집단에 비해 10%나 떨어졌다(Steffens, Cruwys, Haslam, Jetten, & Haslam, 2016).

친밀한 관계의 중요성은 다른 각도로도 연구되었다. 앞서 사회적 친밀성에 대한 중요성을 뇌영상 촬영을 통해 입증해 온 코엔(J. Coan)은 다른 연구도 수행하였는데, 불행한 결혼생활을 한다고 느끼는 부부의 경우, 위협적인 상황에서 배우자가 손을 잡아주더라도 위협에 대해 반응하는 신경계 부위의 활성화 정도가 완화되지 못하였다(Johnson et al., 2013). 하지만 이들에게 정서중심

James A. Coan
출처: https://news.virginia.edu

적 상담을 실시하여 부부의 애착을 높여 주었더니 이후의 실험에서는 배우자가 손을 잡아 주었을 때 위협 관련 신경계 부위의 활성화 정도가 완화되었다. 이렇듯 친밀한 관계는 우리의 생각과 감정 뿐 아니라 뇌의 반응에까지도 영향을 주는 것을 확인할 수 있다.

2. 대인동기

사람들이 사회적 행동을 하는 이유는 무엇일까? 학자들은 이를 **'대인동기** (interpersonal motivation)'라 명명해 왔다. 가령, 아가일(Argyle, 1983)은 사람들은 영양분을 공급받고, 환경의 위험으로부터 자신을 보호하기 위한 필요 때문에, 독립적 생활을 하기까지 오랜 양육기간이 소요되므로 자신보다 강하고 높은 위치에 있는 사람에게 의지할 필요가 있어서, 나와 비슷한 상황의 사람들과 가깝게 지내며 친밀함을 맺고 싶어서, 다른 사람에게 자신의 영향력을 행사하고 싶어서, 이성에 대한 관심과 호기심에 의해, 원하는 것을 빼앗기 위해, 가치있는 존재로 확인받고 싶어서, 자기정체감을 형성하고 싶어서 대

[그림 1-1] 친밀한 대인관계의 긍정적인 기능

인행동을 보인다고 주장하였다.

Henry Murray

하지만 유사한 상황에서도 사람들은 저마다 다른 모습의 대인행동을 보이기도 하는데, 이는 대인동기의 욕구가 사람들마다 다르게 작용하기 때문일 것이다. 이 절에서는 현존하는 동기이론 중 가장 상세한 구분을 시도한 머레이(Murray, 1938)의 동기이론을 소개하도록 하겠다.

머레이는 인간을 기본적으로 타인과 상호작용하는 사회적 존재로 보았으며, 현재의 불만족스러운 상황을 바꾸기 위해 지각, 사고, 의지, 행위 등을 어떤 특정 방향으로 조직하는 힘을 '**욕구**'(동기에 해당)라 명명하였다. 그는 이러한 동기를 파악하면 사람들의 심리적 갈등문제를 해결하는 데 유용할 것이라 보고, 인간의 주요 동기(내적 욕구와 외적 압력)를 파악할 수 있는 체계적인 검사를 제시하였다. 그 검사가 바로 **주제통각검사**(Thematic Apperception Test: TAT)이다.

이 검사는 기본적으로 정신분석적 입장을 따르고 있으며, 특히 자아와 대상과의 관계를 다루는 자아심리학과 밀접한 관계가 있는 평가도구로서 성격의 우세한 추동(drive), 감정, 콤플렉스, 갈등을 드러내게 할 수 있는 유용한

[그림 1-2] TAT 검사도구 및 그림의 예

출처: https://terms.naver.com/entry.nhn?docId=5677148&cid=62841&categoryId=62841

평가도구로 알려져 있다. 특히 TAT는 단시간에 내담자의 심리적 갈등을 파악하고자 하는 경우에 유용하며, 자신도 알지만 인정하지 않고 있거나 그것에 대해 의식할 수 없기 때문에 인정할 수 없는 내재된 억압된 경향성을 노출할 수 있게 해 주는 가치를 지니고 있다.

머레이는 욕구를 크게 사물 및 상황을 향해 보이는 행동을 통해 드러나는 욕구, 타인을 향한 행동을 통해 드러나는 욕구, 타인이 야기한 행동에 보이는 반응을 통해 드러나는 욕구로 구분했다. 이 중 **타인을 향한 행동을 통해 드러나는 욕구**, 즉 대인관계의 욕구를 살펴보면 〈표 1-1〉과 같다.

한편, 인간관계란 나와 상대방이 서로에게 영향을 주며 만들어지는 과정이므로 내가 상대방에게 영향을 주는 방향뿐 아니라 그 반대 방향, 즉 상대방이 나에게 영향을 주는 방향에 대해서도 고려할 필요가 있다. 이를 머레이의 욕구이론과 주제통각검사에서는 '**타인이 야기한 행동에 대해 내가 보이게 되는 반응**'을 살펴봄으로써 나의 대인동기를 유추해 내고자 한다. 주제통각검사에서는 대인관계 부분과 관련하여 상대방이 내게 한 행동에 대해 '내가 한 행동반응'이 어떤 욕구에 기인하여 나타난 것인지를 분석하는데, 이러한 욕구들은 〈표 1-2〉와 같다.

〈표 1-1〉 타인에 대한 대인관계욕구

<table>
<tr><th colspan="3">구분</th><th>정의</th></tr>
<tr><td rowspan="5">친화의 욕구
(need affiliation)</td><td colspan="2"></td><td>타인과의 집단적 · 정서적 친화 욕구</td></tr>
<tr><td rowspan="3">집단적
(associative)</td><td></td><td>사교적 집단에서 일하고 놀고 싶은 욕구</td></tr>
<tr><td>집중적
(focal)</td><td>소수의 몇몇 친구와 사귀기를 좋아함</td></tr>
<tr><td>확산적
(diffuse)</td><td>여러 사람, 집단, 무리와 더불어 일하거나 사귀는 것을 좋아함</td></tr>
<tr><td colspan="2">정서적
(emotional)</td><td>강한 애정, 동정, 존경, 사랑에 의해 얽매여 있고, 신의를 유지하는 것. 가령, 결혼</td></tr>
<tr><td colspan="3">공격의 욕구
(need aggression)</td><td>정서적 · 언어적 · 신체적 공격</td></tr>
<tr><td colspan="3">지배의 욕구
(need dominance)</td><td>타인의 행동과 생각을 지배, 설득, 지도</td></tr>
<tr><td colspan="3">전달의 욕구
(need exposition)</td><td>소식을 전달하고, 해설하고, 설명하고, 강의하는 것</td></tr>
<tr><td colspan="3">양육의 욕구
(need nurturance)</td><td>동정하고, 염려하여 위로하고, 간호하고, 보호하는 것</td></tr>
<tr><td colspan="3">인정의 욕구
(need recognition, exhibition)</td><td>타인으로부터 인정, 관심, 주목받고 싶고, 명성을 얻고 싶은 욕구</td></tr>
<tr><td colspan="3">거부의 욕구
(need rejection)</td><td>타인의 요구에 무관심하거나, 냉담하거나, 경멸하여 비난, 배척, 거부하고 싶은 욕구</td></tr>
<tr><td colspan="3">성의 욕구
(need sex)</td><td>이성교제를 하고 싶은 욕구</td></tr>
<tr><td colspan="3">구원의 욕구
(need succour)</td><td>타인으로부터 관심받고, 동정받고, 지지받고, 보호받고 싶은 욕구</td></tr>
</table>

출처: 박영숙(1998).

〈표 1-2〉 타인으로부터 받는 대인관계압력

구분		정의
굴종의 욕구 (need abasement)		상대방이 가하는 모욕이나 처벌에 대해 맹목적으로 순응하고, 복종하는 것, 사과, 체념, 무저항, 패배하고자 함. 이러한 행동의 기저에는 자신이 상대방에게 저항함으로써 오게 될 비난, 처벌, 고통, 죽음 등을 피하고자 하는 동기가 숨어 있음
자율의 욕구 (need autonomy)	자유 (freedom)	구속이나 속박으로부터 벗어나고 싶은 욕구 가령, 학교, 사회, 근무지 이탈, 의무로부터의 해방 등
	저항 (resistance)	강요나 권위에 이의제기, 반대, 저항, 거부하고자 하는 욕구 가령, 상관의 명령에 이의제기 등
	비사회적 (asocial)	도덕적 · 사회적 규범에서 벗어난 행위를 하고 싶은 욕구 가령, 마약, 도박, 각종 범죄행위 등
비난회피의 욕구 (need blame-avoidance)		불명예나 비난이 두렵기 때문에 비판받을 일을 하지 않으려는 욕구
존중의 욕구 (need deference)	존경 (respect)	상대방의 강점, 업적을 인정하고자 하는 욕구로, 이를 칭찬하거나 말로 존경을 표시하는 행위가 수반됨
	복종 (compliance)	상대방이 내게 거는 기대에 부합하고자 하는 욕구로, 상대방의 명령에 순응, 복종, 암시나 권유에 부합하고자 동의하고 협조하는 행위가 수반됨
재난회피의 욕구 (need harm-avoidance)		신체적 위협이 되는 파괴, 위험, 죽음을 피하고 싶은 욕구로, 이를 피하기 위해 상대방에게 자신의 정신적 · 신체적 약점을 노출하는 행위가 수반됨
방어의 욕구 (need defendance)		공격, 비난, 비평으로부터 자신을 방어하고 싶은 욕구로, 실제로 자신이 잘못했다 하더라도 이를 은폐하거나 정당화하는 등의 방식으로 방어하는 행위가 수반됨
은둔의 욕구 (need seclusion)		외부 접촉을 회피하고자 하는 욕구로, 은둔하는 행위가 수반됨
불가침의 욕구 (need inviolability)		좋은 평판을 유지하기 위해서 자존심의 손상 및 박탈을 방어하려는 욕구로, 사람들과 심리적 거리를 유지하려는 행위가 수반됨
해독회피의 욕구 (need noxious-avoidance)		불쾌한 감각을 회피하고자 하는 욕구로, 가령 음식물을 섭취하게 되면 바로 뱉어내거나, 배탈 등 소화불량을 경험하는 행위가 해당됨

출처: 박영숙(1998).

학습활동

약식으로 주제통각검사를 실시해 봅시다. TAT의 그림을 보고 될 수 있는 대로 마음대로 이야기를 만들어 봅시다. 그림에 보이는 그러한 사태가 어떻게 해서 일어나게 되었으며, 지금 무슨 일이 일어나고 있고, 그 장면 속의 인물들의 감정과 생각은 어떠하며, 그 일이 앞으로 어떻게 되겠습니까? 마음속에 떠오르는 대로 자유롭게 이야기를 만들어 봅시다. 다 쓰고 나서는 짝과 함께 서로의 이야기를 나누어 봅시다(만일 본 검사를 정식으로 받아보고 싶다면 교내 상담센터 혹은 사설 상담센터에 방문하여 정식으로 심리검사를 받아보시기 바랍니다).

3. 대인신념

사람들이 특정 사회적 행동을 보이는 데에는 대인동기뿐 아니라 대인신념도 크게 작용한다. **대인신념**(interpersonal beliefs)이란 대인관계와 대인행동에 영향을 미치는 개인의 신념을 말한다. 가령, '요즘 여자들은 기본적인 예의도 없고, 외모나 재력으로 남자를 평가하는 천박한 존재야.' '이 남자가 나를 좋아한다고 고백했는데, 그건 아직 그가 더 나은 여자를 찾지 못해서 그러는 걸 거야. 지금 그가 너무 외로운 나머지 아무 여자에게나 치근덕거릴 뿐이야. 나는 그 아무 여자인 거고.' '인간관계는 무의미할 뿐이야. 서로 출세하기 위해서 속고 속이는 과정일 뿐이지!' '나는 외모가 별로여서 사랑받지 못해.' '나는 직장이 번듯하지 못해서 가치가 없어.' 와 같은 생각이 대인신념이다.

이러한 대인신념은 과거의 직간접적 인간관계의 체험을 근거로 하며, 개인이 자신의 관점을 나름대로 정립하여 체계화한 기억의 덩어리이다. 앨버트 엘리스(Albert Ellis), 아론 벡(Aron T.Beck), 제프리 영(Jeffrey E. Young) 등 많은 상담전문가는 인지적 신념이 인간에게 막대한 영향을 끼친다는 점을 발견하였다. 이에 상담전문가들은 실제 상담장면에서 다루어야 할 핵심적인 부분으로 대인신념을 다루어야 한다고 강조한다. 대인신념을 지칭하는 용어만 다를 뿐, 상담전문가들은 대인관계의 부적응 문제로 인해 고통받는 사람들을 돕기 위해 그들이 지닌 '비합리적 신념(엘리스)' '자동적 사고(벡)' '인지도식(영)'을 바꾸어 주면 된다고 주장하였고, 다양한 상담방법을 개발하였다. 이들의 상담방법은 합리적 정서행동치료, 인지치료, 인지도식치료 등 다양한 이름으로 상담 및 정신건강 전문가들 사이에서 유용하게 사용되고 있다.

일상에서 보다 풍요롭고 충만한 대인관계를 영위하기 위해 대인신념이 우리에게 주는 시사점은 무엇일까? 많은 상담이론과 전문가의 의견을 종합해 보면 대인신념에 대해 우리는 두 가지 측면을 고려할 필요가 있다.

첫째, 나에게 특정 대인신념이 있다면 그 신념은 언제, 어떤 계기로, 어떻게 형성되어 오늘에 이르게 되었는지를 살펴볼 필요가 있다. 다른 사람에게는 없는데 본인에게 특정 대인신념이 생기게 된 데에는 그럴 만한 이유가 있을 것이기 때문이다. 이것이 현재를 살아가고 있는 '지금의 나'를 있게 한 주요 원인일 수 있으므로 주의 깊게 살펴볼 필요가 있다.

둘째, 나만의 특정 대인신념을 계속 지니고 있는 것이 앞으로의 내 삶에 유용한가? 아니면 삶의 의욕을 저해하는 부정적인 생각인지를 판단할 필요가

합리적 정서치료의 Albert Ellis

인지치료의 Aron T. Beck

인지도식치료의 Jeffrey E. Young

있다. 내가 행복한 삶을 살아가는 데 하등 도움이 되지 않는 신념이라면 계속 지니고 있을 이유가 없다. 그렇다면 그 신념 대신 내 삶을 풍요롭게 만들어 줄 신념을 지니는 편이 나을 것이다. 만일 머리로는 이러한 사실을 충분히 인지하고 있음에도 불구하고 유용한 신념으로 변경하는 것이 어렵다면 그러한 변경을 가로막고 있는 대상을 찾아보자. 사람일 수도 있고, 또 다른 나의 생각일 수도 있다. 이를 내가 신뢰하고 좋아하는 주변 사람과 나누어 보자. 좀 더 구체적이고 전문적으로 알고 싶다면 상담전문가의 도움을 받아 보자.

학습활동

1. 다음에는 우리가 늘상 함께하게 되는 네 종류의 인간관계인 가족적 동반자, 낭만적 동반자, 사교적 동반자, 작업적 동반자에 대한 나의 대인신념을 살펴볼 수 있는 **문장완성검사**(SCT)가 제시되어 있습니다. 다음의 문장을 보고 순간적으로 떠오르는 내용을 자유롭게 빈칸에 채워 보고, 이를 옆 사람과 함께 나누어 봅시다.

문장완성검사

1. 나에게 친구란 ______________________
2. 대개 여자들이란 ______________________
3. 대개 남자들이란 ______________________
4. 대개 직장 동료들이란 ______________________
5. 내 애인들은 대부분 내게 ______________________
6. 나에게 연인이란 ______________________
7. 어머니와 나는 ______________________
8. 아버지와 나는 ______________________
9. 평소에 어머니는 내게 ______________________
10. 평소에 아버지는 내게 ______________________

11. 나에게 형제자매란 ______________________________
12. 바람직한 어머니는 ______________________________
13. 바람직한 아버지는 ______________________________
14. 바람직한 형제자매 관계는 ______________________________
15. 바람직한 연인관계는 ______________________________
16. 행복한 직장생활을 영위하기 위해서는 ______________________________

- 앞의 문장을 통해 알 수 있는 나의 대인신념은 무엇인가요?
- 그 대인신념으로부터 알 수 있는 나의 대인동기는 무엇인가요? 즉, 내가 행복해지기 위해서 지금의 내게 가장 필요한 것은 무엇인가요?

2. 다음에 제시한 진유의 이야기를 읽고, 물음에 답해 봅시다.

취업 준비 중인 진유는 최근 대학 동창인 상혁이의 소식을 듣고는 억울해서 밤잠을 못 이루고 있다. 평소 학창 시절에 진유가 봐 온 상혁이는 자신보다 늘 불성실한 모습이었다. 친구들과 어울려 술을 마시고 노느라 늦잠을 자다가 강의 시간에 늦기 일쑤였고, 그마저도 못 일어날 때에는 친구를 시켜 대리출석을 하였다. 높은 학점을 따기 위해 편법도 서슴지 않았다. 여자친구에게 보고서를 대신 쓰게 한다거나, 기말고사 당일에는 늦잠을 자서 시험을 보러 오지 못해 놓고는 교수님께 따로 찾아가서 그 앞에서 사정이 있는 척, 불쌍한 척 가증스러운 눈물을 흘리며 과제로 대체하여 학점을 받기도 했다. 고등학교 때에는 더 심했다. 수시전형에 합격하기 위해 안한 것도 했다고 허위로 지원서를 작성하기도 했다. 학급의 환경부장이 아니었는데, 자신이 학급의 환경부장이었다고 적고, 평소 환경에 대한 관심이 많은 사람이었다고 거짓말을 한 것이다. 그런 놈이 나보다 더 빨리, 그리고 쉽게 학위를 따고, 대기업에 취업도 되고, 심지어 이번에 결혼한다고 청첩장까지 돌리는 것을 보니 부아가 나서 못 참겠다. 실력도 없고, 성실하지도 않은 놈이 잘생긴 얼굴 하나 믿고 인생 참 편하게 사는 것 같아서 너무너무 억울하다.

- 앞의 이야기를 통해 알 수 있는 진유의 대인신념은 무엇인가요?
- 그 대인신념으로부터 알 수 있는 진유의 대인동기는 무엇인가요?
- 진유가 행복해지기 위해서 지금 진유에게 가장 필요한 것은 무엇인가요?
- 앞의 문장을 통해 알 수 있는 나의 대인신념은 무엇인가요?
- 당신은 상혁이와 진유 중 누구에게 더 공감이 가나요? 그 이유는 무엇인가요?

4. 대인매력

1) 개인적 특질

대중매체에서 매년 방영하는 다양한 소개팅 프로그램을 보면 아무런 배경 정보를 알려 주지 않은 채 겉모습으로부터 받는 첫인상으로 이상형을 선택하게 하고, 그 다음 순서로는 이성들의 직업이나 배경 정보를 소개해 주고 나서 이상형을 선택하게 하고, 마지막으로는 서로 교류하고 알아 가는 시간을 주고 나서 이상형을 선택하게 하는 순서로 구성하는 경우가 많다. 이러한 TV 프로그램과 유사하게 우리는 상대방이 지닌 신체, 성격, 능력의 개인적 특질을 통해 상대방에게 호감을 갖게 되는 것으로 알려져 있다.

[그림 1-3] 대중매체의 이성관계 프로그램

출처: tvn 〈선다방〉, 채널A 〈하트시그널〉 중 한 장면.

(1) 신체적 매력

외모도 권력이라는 말을 할 정도로 **신체적 매력**은 이성 간의 대인매력에 커다란 영향력을 발휘한다. 학문적으로 외모를 연구한 많은 연구에 의하면, 외모가 낭만적 매력을 결정짓는 주요 요인임을 보여 준다(예: Li & Kenrick, 2006; Wilson et al., 2005). 미시간 대학의 사회심리학자 리처드 러너(Richard Lerner)는 사진 속 여성의 얼굴이 예쁠수록 사람들이 여성이 부탁한 내용을 들어주는 경향이 있음을 발견했다. 심지어 갓난아기마저도 예쁜 얼굴을 더 오래 쳐다보는 것으로 나타났다. 텍사스 대학의 발생심리학자인 주디 랑글루아(Judy Langlois)는 3~6개월된 갓난아기들에게 각기 매력의 정도가 다른 여학생들의 얼굴을 보여 주고 아기들의 눈동자 움직임을 관찰했다. 그 결과, 어른들이 가장 예쁘다고 평가한 얼굴을 갓난아기들도 가장 오래 쳐다보았다(Ramsey, Langlois, & Marti, 2004). 대학 신입생 남녀를 대상으로 무작위로 댄스 파트너를 배정하고 나서 향후 데이트 여부를 질문한 결과, 역시 남녀 모두 신체적 매력이 주 결정요인으로 작용하는 것으로 나타났다(Walster, Aronson, Abrahama, & Rottmann, 1966). 한편, 울리히 렌츠(Ulrich RenzLetz)는 『아름다움의 과학』이라는 저서에서 외모가 주는 막대한 영향력에 대해 과학적인 연구결과를 들어 설명하고 있다([그림 1-4] 참조). 이렇듯 신체적 매력은 호감을 결정하는 매우 중요한 요인임을 알 수 있다.

[그림 1-4] 아름다움의 과학
출처: Renz, U. (2018).

심리학자들은 1초 이내에 첫인상이 형성된다는 연구결과를 보고했다(Bar, Neta, & Linz, 2006; Willis & Todrov, 2006). 물론 다른 요소들도 한 사람의 이미지에 영향을 주겠지만 첫인상에는 신체적 매력이 많은 영향을 차지할 수밖에 없다. 더욱이 연구에 따르면, 인간의 뇌는 첫인상을 기억하는 것은 잘하지만 이를 없애는 것은 잘하지 못하는 것으로 밝혀졌다. 이를 고려해 볼 때, 첫인상을 좋게 만들기 위해 우리의 신체적 매력을 가꾸는 데 노력할 필요가 있다.

그렇다면 사람들이 매력적이라고 보는 이성의 신체 모습은 어떤 특징을 지녔을까? 시대와 문화에 따라 아름다움을 보는 관점이 다를 것 같지만 학자들 특히 진화심리학자들은 사람들이 아름답다고 여기는 외모에는 공통적인 요소들이 존재한다고 설명한다. 그들은 얼굴이 좌우대칭이고, 안색이 깔끔한 외모가 범문화적으로 선호된다고 보고하였다(Fink & Penton-Voak, 2002; Little et al., 2006). 페레(Perrett, 1994)는 영국인과 일본인을 대상으로 조사한 결과, 영국과 일본 남성들 모두 큰 눈에, 높은 광대뼈, 그리고 좁은 턱을 가진 여성을 아름답다고 인식한다는 점을 발견했다. 커닝엄 등(Cunningham et al., 1995)의 연구에서도 유사한 결과가 나왔는데, 유럽계 미국인 대학생, 이제 막 미국으로 이주해 온 아시아계 및 히스패닉계 대학생들에게 아시아계, 히스패닉계, 흑인, 백인 여성의 사진을 보여 주고 그 여성들의 매력도를 평정하게 한 결과, 평정자가 각기 다른 인종이었음에도 불구하고 여성의 매력을 평가

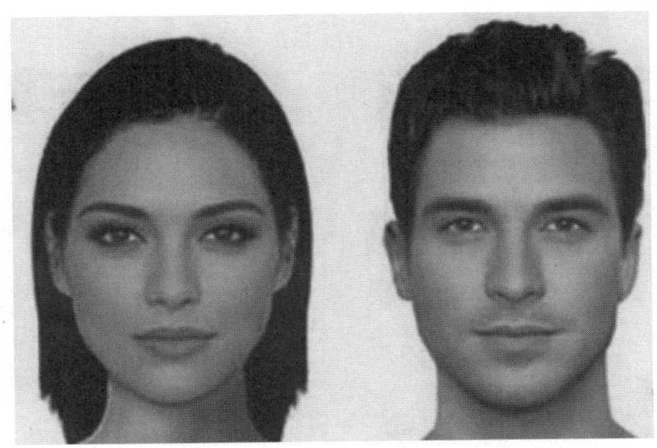

[그림 1-5] 영국 켄트 대학의 Chris Solomon 박사 연구팀이 최고의 외모 조건을 합성해 만든 미녀와 미남 사진

출처: YTN 뉴스(2015. 04. 01.).

하는 기준에 있어 상당히 높은 수준의 일관성이 나타났음이 확인되었다. 연구참여자들 모두 '큰 눈, 작은 코, 좁은 턱, 갸름한 뺨, 높은 광대뼈와 눈썹, 활짝 웃는 모습, 도톰한 아랫입술, 풍성한 헤어스타일'을 가진 여성을 매력적인 여성으로 보는 것을 알 수 있었다. 이러한 외모의 형태를 고대 그리스와 이집트 예술작품에서 선호한 것으로 확인되었다. 이는 남성만의 시각이 아니다. 남성과 여성 모두 매력적이라고 판단하는 얼굴이 같았다. 남녀 모두 남성적이기보다는 여성스러운 모습의 여자 얼굴을 매력적이라고 보았으며, 심지어 남성의 얼굴에 대해서도 남녀 모두 여성스러운 모습을 한 남성의 얼굴을 더 선호하였다(예: DeBruine et al., 2010). 다시 말해서, 남녀 모두 아놀드 슈워제네거와 같이 남성스럽고 강인하게 생긴 얼굴보다는 레오나르도 디카프리오나 조니 뎁과 같이 세련되고 섬세한 형태의 얼굴을 더 매력적이라고 보는 것으로 확인되었다(Angier, 1998).

몸매에 관해서는 어떨까? 먼저 키와 관련해서 남녀 모두 큰 키를 선호하는 것으로 보고되었으며, 특히 남성의 경우에 큰 키는 신체적으로 매력적으로 여겨질 뿐 아니라 높은 소득과도 밀접한 관련이 있는 것으로 보고되었다(Dittmann, 2004; Judge & Cable, 2004). 여성들은 일반적으로 키가 큰 남성을 선

[그림 1-6] 잘생김과 예쁨의 예

출처: https://unsplash.com/search/photos

[그림 1-7] 이성이 선호하는 몸매

출처: https://unsplash.com/search/photos

호하며, 남성들은 평균 키의 여성을 선호하는 경향이 있다고 했다(Kurzban & Weeden, 2005; Swami & Furnham, 2008). 남자 대학생들이 자신보다 11.5cm 정도 작은 여성을 선호한다는 연구결과(Gillis & Avis, 1980)는 남성들이 평균 키의 여성을 선호하는 경향이 있다는 연구결과와 크게 배치되지 않는다. 다음으로 몸매와 관련해서 여성들은 일반적으로 어깨는 벌어지고, 허리는 좁은 V자 형태의 체형을 가진 남성을 선호하며, 남성들은 호리병 형태, 즉 S자 형태의 몸매를 가진 여성을 가장 아름답다고 판단한다는 점을 발견하였다(Singh, 1994).

Marie Pasinski

출처: http://www.musicalhealthtalk.com

하지만 신체적 매력은 선천적으로 타고나는 측면이 강하므로 이것에 의해 호감도가 결정된다는 것이 매우 억울하게 느껴질 수 있다. 그렇다고 자신의 외모가 아름답지 못하다고 하여 너무 비관적으로 생각할 필요는 없다. 첫째, 우리의 노력으로 외모를 어느 정도 개선시킬 수 있기 때문이다. 성형수술을 하지 않더라도 식이요법과 운동만으로도 상당 정도 외모가 개선된다는 것은 이미 우리가 경험을 통해 알고 있다. 게다가 하버드 의대 교수인 파신스키와 굴드(Pasinski & Gould, 2011)는 우리의 뇌를 최상의 상태로 만들어 줌으로써 건강과 젊음, 매력적인 외모를 만들 수 있다고 주장했다. 파신스키 박사는 뇌에 관한 연구를 하다가 뇌가 지적 능력뿐만 아니라 매력적인 외모와도 관련이 있다는 사실을 발견하였고, 뇌를 활성화시켜 외모를 아름답게 만들 수 있다는 급진적인 주장을 하였다. 둘째, 신체적 매력만이 호감도를 결정하는 유일한 요인이 아니기 때문이다. 실제로 신체적 매력이 결혼 상대를 선택하는 데에는 그다지 영향을 주지 못한다는 연구결과(Stroebe, Insko, Thompson, & Layton, 1971)와 장기적으로 유지되어야 하는 관계인 결혼생활에 있어 친절함이나 이해심 같은 성격적 특성이 신체적 매력보다 더 중요하다(Buss, 1985)는 연구결과들이 꾸준하게 보고되고 있다. 행복한 이성관계를 유지하기 위해서는 신체적 매력 말고도 고려해야 할 요인들이 많다. 따라서 이 장이 끝날 때까지 시선을 거두지 말기를 바란다.

다음의 글을 읽고 물음에 답해 봅시다.

사람들은 잘생기고, 예쁜 사람을 좋아한다. 그들이 등장하면 모임의 분위기가 화사해지기도 하고, 바라보는 것만으로도 기분을 좋게 해 준다. 갓 태어난 아기에서 노인에 이르기까지 모두 미인과 미남을 알아본다. 구직시장에서도, 결혼시장에서도 외모는 경쟁력을 지닌다고들 소리 높여 말한다. 때문에 사람들은 살을 빼고, 성형수술을 하고, 비싼 옷을 입어서 자신의 외모를 변신시키고자 한다.

외모의 이러한 영향력을 부인할 수는 없을 것이다. 하지만 겉모습만으로는 자신감을 모두 채워 주지 못한다. 모르는 사람을 처음 만났을 때 외모가 아름다우면 좋은 인상을 남기지만, 함께 이야기를 나누는 과정에서 지루하게 느껴지는 사람을 경험한 적이 있을 것이다. 반면, 예쁘거나 잘생기지는 않았으나 은근한 매력이 돋보여 계속 만나고 싶은 사람도 만나 본 적이 있을 것이다. 이들을 만나 보면 볼수록 매력덩어리라고 하여 '볼매'라고 부른다. 그들은 상대를 배려할 줄 알기에 빛이 나며, 더 오래 함께하고 싶은 마음이 들게 한다. 여기에 더해 자신의 인생을 단단하게 다지면서 자신이 어떤 사람인지에 대한 정체성을 형성하고, 삶에 대한 자신감과 확신을 얻어 낸 사람들의 경우에는 요즘 흔히들 하는 말로 '멋짐이라는 것이 폭발'하는 듯 보이기도 하다.

유행은 살 수 있어도 멋은 살 수 없다는 말이 있다. 외모는 성형수술로 변신시킬 수 있지만, 고난의 여정을 다부지게 헤쳐 가는 여정에서 형성된 내면의 단단함과 상대에 대한 진정성 있는 배려는 한꺼번에 만들어질 수 없는 것이기에 더 값지고 소중한 것이 아닐까?

- 당신은 앞의 주장에 찬성하나요, 아니면 반대하나요? 그 이유는 무엇인지 자신의 입장을 정리해 봅시다.

(2) 능력

사람들은 똑똑하고 유능한 사람, 사회적으로 성공한 사람을 좋아하는 경향이 있다. 진화심리학자들에 따르면, 여성들이 과거에는 강인한 체력과 기술력을 지닌 남성을 배우자감으로 선호하였던 것에서 현대로 갈수록 지적 능력이나 사회경제적 지위가 높은 남성을 배우자감으로 선호하는 경향이 있다고 설명한다. 사람들이 배우자 선택 시 흔히 성격을 중요시한다는 말을 하는데, 그런 말은 위장에 불과하고, 실제로는 사회경제적 지위가 더 결정적인 영향을 준다고까지 설명한다. 이러한 사회경제적 지위에 대한 선호는 비단 여성이 남성 배우자를 고르는 데에만 적용되는 것은 아니다. 스위니와 캔시안(Sweeney & Cancian, 2004)은 결혼시장에서 남성들도 여성 배우자를 선택하는 데 있어 경제력이 높은 여성을 선호한다는 점을 확인하였으며, 실제 부부들의 경제력을 조사해 보니 아내의 임금 수준과 남편의 임금 수준이 정적 상

[그림 1-8] 배우자에게 기대하는 고용 수준

출처: 취업포털 인크루트(2017).

관을 보인다는 점을 확인하였다. 남성이 경제력이 높은 여성을 선호하는 경향성은 국내에서도 나타나고 있다. 취업포털 인크루트(2017)의 조사에 따르면, 배우자에게 기대하는 최저 연봉 수준은 남성이 여성에게 기대하는 수준이 여성이 남성에게 기대하는 수준보다 더 높게 나타났다고 한다([그림 1-8] 참조). 또한 쇤과 쳉(Schoen & Cheng, 2006)도 남녀 모두 상대 배우자가 사회적 가치와 사회적 계층화에서 우세한 패턴을 반영하는 매력을 지닌 파트너이기를 원한다는 연구결과를 보고한 바 있다. 최근 이미 배우자를 선택한 25~35세 성인 남녀를 대상으로 배우자 선택 기준에 대해 조사한 연구에 따르면, 국내에도 이러한 추세가 나타나고 있음을 알 수 있다. 연구에 따르면, 사회경제적 지위가 상위에 속하는 남녀 모두 배우자 선택 시 상대 부모의 직업과 소득을 중요하게 고려한다고 보고되었다(최연희, 2010). 이는 남녀 모두 사회경제적 지위로 표현되는 능력이 호감을 결정하는 중요한 요인이 된다는 것을 시사한다.

하지만 자신의 **능력**이 부족하다고 하여 너무 좌절할 필요는 없다. 능력은 노력을 하면 얼마든지 개선의 여지가 있을 뿐 아니라 지나치게 유능하고 완벽하게만 보이고, 인간미가 느껴지지 않는 사람은 오히려 위협적으로 여겨져서 호감을 얻지 못할 수 있기 때문이다.

(3) 성격

사람들이 보편적으로 좋아하는 **성격** 특성은 어떤 특성일까? 앤더슨(Anderson, 1968)은 555개의 형용사 목록을 제시한 후 각각의 호감도를 평정하도록 한 결과, 연구참여자들이 선호하는 성격 특성으로 성실성, 정직함, 진실함, 이해심이 많음, 지적임, 사려 깊음, 따뜻함, 친절함, 유쾌함, 유머, 책임감 등이 속하는 것을 확인하였다.

그렇다면 사람들이 선호하는 데이트 상대의 성격 특성은 어떤 특성일까? 굿윈(Goodwin, 1990)의 연구결과에 따르면, 사람들은 대부분 친절하고, 사려 깊으며, 정직하고, 유머가 있는 데이트 상대를 선호한다고 보고하였다. 일본의 대학생과 직장인을 대상으로 조사한 마츠이(Matsui, 1981)의 연구결과에 따르면, 여성의 약 66%는 배려심이 있는 성격의 남성을, 남성의 약 64%는 명랑한 성격의 여성을 선호하는 것으로 보고되었다(유영달 외, 2017 재인용). 호감을 느끼는 성격 특성은 시대와 문화, 개인에 따라 다를 수 있겠지만 대체로 성실하고, 정직하고, 신뢰감이 가며, 배려와 친절한 성격의 이성을 선호하는 것을 알 수 있다.

2) 근접성

"큐피드는 화살은 갖고 있지만 멀리 날아가지는 못한다."

– 사회학자 보사드(J.H.Bossard) –

근접성(proximity)은 지형, 거주지, 공간적으로 가까운 물리적 거리가 가까운 것을 말한다. 미국의 사회학자 보사드는 5,000명의 사람들을 대상으로 연구를 실시한 결과, 약 34%가 자신의 집을 기준으로 다섯 블록 이내에 거주하고 있는 사람과 결혼했다는 것을 밝혀냈다. 다시 말해서, 상대방이 내 가시거리 안에 있어야 호감을 가질 기회가 생긴다는 것이다.

그렇다면 어떻게 하면 근접성의 원리를 활용할 수 있을까? 아직 마음에 드는 이성을 찾지 못했다면 근접성의 반경을 넓힐 필요가 있다. 자신의 거주지, 일터뿐 아니라 가족의 지인, 친구, 동료를 통해 소개를 받을 수 있도록 적극적으로 노력하고, 행동 반경을 넓혀 취미나 동호회 등의 활동에 참여하고, 트위터, 페이스북과 같은 소셜 네트워크 사이트를 통해 마음에 드는 이성을 찾을 수 있도록 말이다. 만일 마음에 드는 이성을 발견했다면 거주지나 일터를 상대의 근처에 두거나 혹은 운동이나 취미생활, 업무 프로젝트 등 함께 행동할 거리를 만들어 가까이 있을 기회를 높이는 것이 좋다.

3) 친숙성

"자세히 보아야 예쁘다. 오래 보아야 사랑스럽다. 너도 그렇다."

– 나태주 시인의 〈풀꽃〉 –

친숙성(familiarity)이란 '자주 보면 좋아진다', 즉 상대방과 접촉하는 빈도로 정의할 수 있다. 자주 보면 호감을 느끼게 되는 이 현상을 '**단순접촉 효과**(mere exposure effect)'라고 부른다. 미국의 사회심리학자 로버트 자이언스(Robert Zajonc)는 미시간 주립대학 졸업 앨범 사진 12장을 학생들에게 1초당 2장씩 보여 주었다. 물론 연구참여자는 사진 속 인물을 알지 못한다. 이때 연구참여자에게 사진을 보여 주는 횟수를 0번, 2번, 5번, 10번, 25번으로 달리하여 보여 주고 나서 사진 속 인물에 대한 호감도를 평가하게 하였다. 그 결과, 많이 보여 준 사진일수록 호감의 정도가 높게 나타나는 것을 확인하였다. 이는 자주 만나고 부대낄수록 익숙해지고, 정이 들어 연인으로 발전할 가능성이 높음을 시사한다. 하지만 접촉이 반복된다고 하여 반드시 호감의 증가로 이어지는 것은 아니다. 단순접촉 효과는 그 대상이 나에게 '싫지 않은 대상'이어야 효과가 있다. 또한 대상이 나에게 '긍정적인 대상'일지라도 접촉 빈도가 정도 이상을 넘어서면 오히려 호감도가 감소하는 **과노출 효과**(over-exposure effect)가 나타나기도 한다.

그렇다면 우리는 친숙성을 통해 어떠한 시사점을 얻을 수 있을까? 마음에 드는 이성이 있다면 만남의 횟수를 증가시켜야 할 것이다. 다만, 그 전에 내가 상대에게 '적어도 싫지 않은 대상'인지 여부를 확인해야 할 필요가 있다. 〈춘향전〉에서 춘향을 좋아하던 이몽룡은 춘향이 사모하는 대상이 되었으나, 변사또는 아무리 춘향에게 구애를 펼쳐도 춘향이 혐오하는 대상이 되었다. 아폴론과 다프네의 이야기를 다룬 그리스 신화에서도 그랬다. 심지어 그리스 신화에 따르면, 아폴론은 상당한 미남으로 알려져 있다. 이렇듯 잘생긴 신

[그림 1-9] 〈춘향전〉(좌), 아폴론과 다프네의 그리스 조각상(우)

출처: KBS 드라마 〈탈선 춘향전〉의 한 장면 (좌).

이었음에도 불구하고 다프네라는 여성은 자신이 죽으면 죽었지 아폴론과 연인이 되고 싶지 않았고, 결국 죽음을 택했다. 아무리 잘난 아폴론이어도 상대방의 의사, 즉 다프네가 자신을 좋아하는지 싫어하는지도 살피지 않고, 무턱대고 접근하면 상대로부터 거절당한다는 말이다. 외모에 앞서 더 중요한 것은 상대에 대한 배려와 예의를 갖추는 일일 것이다.

그렇다면 '적어도 싫지 않은 대상'이 되기 위한 조건은 무엇일까? 앞서 언급한 '개인적 특질'을 참고하길 바란다.

한편, 호감이 가는 상대에게 나를 노출함에 있어 과도한 횟수로 접촉을 시도하는 것은 지양해야 한다. 이를 상업적으로 가장 잘 보여 주는 것이 연예인들의 '신비주의' 마케팅 전략이다. 아무리 매력적인 연예인이라 할지라도 대중의 기억 속에서 멀어질 정도로 브라운관에 나타나지 않으면 잊혀지지만, 반대로 너무 많은 프로그램에 노출되면 식상해져서 관심이 사라지게 된다. 이러한 원리를 잘 알고 있는 연예기획사는 소속 연예인을 '적절한 빈도'로 출연시키는 전략을 채택하는 것이다.

4) 유사성과 상보성

유사성(similarity)이란 삶에 대한 태도, 가치관, 의식 구조 등이 비슷한 사람을 그렇지 않은 사람보다 더 좋아하는 경향을 말한다. 연인이나 부부를 조사해 보면, 인종, 나이, 신체적 매력, 교육 정도, 사회경제적 지위, 태도, 종교가 비슷한 경향이 있다고 알려져 있다. 또한 결혼한 부부의 성격의 유사성은 부부의 행복감과 밀접한 상관이 있다는 연구결과도 보고되었다(김종운, 2017).

한편, **상보성**(complementariness)이란 자신이 지니지 못하고 있는 속성을 지니고 있는 보완적인 상대에게 호감을 느끼는 경향을 말한다. 가령, 내향적인 남성은 밝게 웃어 주고 활달한 여성에게 호감을 느낀다거나, 마른 남성이 통통한 여성에게, 시력이 나쁜 남성이 시력이 좋은 여성에게, 재력을 갖춘 여성이 학력이나 재능을 갖춘 남성에게 호감을 느낀다거나, 멋진 외모를 지닌 남성이 전문성을 갖춘 여성과 결혼을 하는 경우를 들 수 있다. 이렇듯 자신이 지니고 있지 못해 더 큰 가치를 두는 속성을 상대방이 지니고 있는 경우, 이를 높이 평가하여 호감이 증가되는 것이다. '그대 앞에만 서면 나는 왜 작아지는가'라는 노랫말이 바로 이 상보성으로 인한 연인의 심리를 잘 표현해 준다. 상대방이 나에게 없는 장점을 가졌기에 나보다 상대방이 더 크게 느껴지는 것이다. 역으로 보면 상대방의 입장에서는 나 또한 장점을 가진 존재인데 말이다. 사랑에 빠진 연인들 중 상대에 비해 자신이 너무 못난 사람 같아서 위축된 모습으로 상담실을 찾는 사람들이 상당히 많다. 이럴 때에는 한 번 뒤집어서 생각해 볼 것을 권한다. 내가 대수롭지 않게 여겨 왔던 나의 어떤 특성이 남들에게는 무척 부럽고 선망하는 자질일 수 있다는 점을 말이다. 괜히 위축되어 사랑하는 사람을 떠나보내지 말고, 상대가 좋아하는 내 모습을 계발해 보자. 자세히 들여다보면 놀랍게도 우리에게는 누구나 빛나는 무엇인가가 하나쯤은 있다. 아직 못 찾았다면 지금이라도 당장 찾아보자.

그렇다면 다시 유사성과 상보성의 개념으로 돌아와서 우리는 유사성과 상보성을 통해 어떠한 시사점을 얻을 수 있을까? 호감 가는 상대방과 친밀한 관계를 맺고 발전시켜 가기 위해서는 서로의 욕구를 보완시켜 주는 특성을 계발하되, 취미생활을 함께 영위하는 등의 유사성을 공유하려는 노력도 필요하다.

5) 호혜성

호혜성(reciprocity)이란 나를 좋아해 주는 사람을 나도 좋아하게 된다는 것으로, 매력에서 가장 강력한 결정요인이라고도 알려져있다(Baron, Branscombe, & Byrne, 2009). 그리스 신화에 보면 피그말리온이라는 조각가가 있는데, 그는 자신이 조각한 조각상에게 사랑에 빠져 조각상을 사랑하는 연인처럼 대했다. 이를 안타깝게 여긴 신이 조각상에게 생명을 불어넣어 주어 그 조각상은 피그말리온의 살아 있는 연인이 되었다. 이 이야기는 내가 상대방에게 지속적으로 어떤 기대를 하고 대하면 상대방도 그 기대에 보답하는 방식으로 반응하게 된다는 **자기충족적 예언**(self-fulfilling prophecy)의 작동 원리를 설명하는 대표적인 예시이다.

[그림 1-10] 피그말리온과 갈라테아 조각상

이 원리를 연인 혹은 배우자의 선택에 적용해 본다면 마음에 드는 이성이 있으면 호감과 친절한 행동으로 대할 경우, 상대방도 호감으로 대할 가능성이 높음을 시사한다. 실제 누군가를 좋아해서 친절하게 대할 때, 내가 상대를 이성으로서 좋아하듯 상대도 나를 이성으로 좋아해 주지는 않더라도, 적어도 상대가 나의 호의를 고맙게 여겨 친절한 태도로 대한다는 것을 누구나 경험했을 것이다. 또한 반대로 나에게 호감을 가지고 접근하는 사람이 있는 경우, 처음에는 그 사람에게 호감을 느끼지 않았다 하더라도 그 사람과 지속적으로 교류하며 호의적인 배려와 사랑을 받을 경우, 나도 상대방에게 호감이 가는 경험을 하게 된다.'열 번 찍어 안 넘어가는 나무 없다'라는 우리나라 속담이 이에 해당된다. 즉, 상대방에게 꾸준히 정성을 다하여 호감을 표현하면 상대방도 호감으로 화답할 수 있다는 것이다.

단, 이 전략을 사용함에 있어서도 주의해야 할 점이 있다. 친숙성에서 이미 설명했듯이, 내가 상대에게 '싫지 않는 존재'여야 이 전략이 효과가 있다. 그렇지 않으면 자칫 상대에게 호감을 표현하는 순수한 나의 행동 때문에 '스토커'로 오해받을 수 있기 때문이다. 그렇다고 해서 미리 씁쓸해 할 필요는 없다. 대개 스토커들은 상대의 의사나 감정은 고려하지 않고 자신의 감정에만 사로잡혀 사랑을 표현하기 때문에 문제가 되는 것이다. 그러므로 상대방이 내 행동을 좋아하는지 싫어하는지를 살펴봐 가며 행동하는 사람들이라면 스토커로 오인될 일은 없을 것이다. 혹시 내가 상대방의 기분과 감정을 고려하지 않았다면 지금부터 조심하면 된다.

한편, 호혜성의 전략과 달리 일종의 '튕기기 전략'도 호감을 증가시키는 것으로 알려져 있다(김종운, 2017). **튕기기 전략**이란 상대방이 내게 호감을 보여도 여기에 쉽게 넘어가지 않을 사람(hard to get)처럼 보이는 전략을 말한다. 이는 상대가 관심이나 호감을 주는 것에 대해 마치 관심 없다는 듯 보일 때 오히려 상대방이 나에게 더 매달리게 되는 원리를 적용한 것이다. 일종의 '밀당(밀고 당기기)'의 과정 중 나의 가치를 상대에게 더 부각하고 어필하고 싶은 동기에서 '튕기기 전략'을 사용하려는 의도일 것이다. 하지만 이 전략은 자신이 사람들로부터 '아주 매력적이라고 평가받는 경우'에만 효과적인 것으로 알려져 있으므로 유의할 필요가 있다.

1. 여러분은 어떤 사람이며, 대인매력은 무엇인지에 대해 다음의 문항을 참고하여 생각해 봅시다.

"나는 어떤 사람인가?"

(1) 서로 모르는 사람, 조금 알고 지내는 정도의 사람, 깊이 알고 지내는 사람(친한 친구, 연인, 가족구성원)에게 나의 인상을 물어보고 적어 봅시다.

- 모르는 사람들에게 내 첫인상은 어떠한가?
- 조금 알고 지내는 사람들에게 나는 어떤 인상을 주는 사람인가?
- 깊이 알고 지내는 사람들에게 나는 어떤 인상을 주는 사람인가?
- 그들이 말하는 나의 인상 중 평소 내가 생각했던 모습과 일치하는 부분, 불일치하는 부분은 무엇인가?
- 불일치하는 부분에 대해서는 어떤 생각이 드는가?
- 그들이 말하는 나의 인상이 만족스럽지 않다면 어떤 부분을 어떻게 변화시키고 싶은가?
- 그렇게 변화시키기 위해서 무엇을 어떻게 하면 좋을까?

(2) 거울을 보고 현재의 내 모습을 제3자의 관점에서 바라봅니다.

- 내 표정은 어떠한가?
- 내가 어떤 사람이냐는 질문과 관련하여 어떤 생각이 드는가?
- 어떤 감정이 느껴지는가? 신체감각은 어떠한가?

"내가 원하는 내 모습은 어떤 모습인가?
그리고 그 모습을 이루기 위해서 내게 필요한 것은 무엇인가?"

(3) 앞에서 조사한 내용을 토대로 자신의 대인매력은 무엇이며, 어떤 대인관계 역량을 지니고 있는지 적어 봅시다.

(4) 앞으로 자신의 매력과 대인관계역량을 향상시킬 수 있는 방법도 적어 봅시다.

"한 학기동안 나는 어땠는가?"

(5) 한 학기동안 조별활동을 함께한 조원들에게 나에게서 주로 보여 지는 욕구, 나의 장점에 대한 피드백을 받아 보고, 이에 대해 성찰한 바를 적어 봅시다

2. 여러분은 이성을 볼 때 대인매력의 요소 중 어떤 요소에 가치를 두는 편인가요? 자신이 좋아하는 이성은 지금까지 학습한 대인매력의 요소 중 어떤 부분을 갖추고 있는지 적어 봅시다.

3. 여러분이 좋아하는 이성은 어떤 상대를 매력적이라 지각하나요? 좋아하는 이성에게 매력적인 사람으로 비치기 위해 여러분은 대인매력의 요소 중 어떤 부분을 갖출 필요가 있나요?

4. 인간관계를 맺고 유지하는 데 있어 대인매력을 갖추는 것이 중요한가요 아닌가요? 여러분의 생각을 적어 봅시다.

5. 인간관계 자가진단

인간관계는 동고동락하면서 쌓여 가는 깊은 신뢰와 유대감, 그리고 애정을 나누는 활력의 주요 원천이다. 이렇듯 중요한 인간관계를 나는 어떻게 만들어 가고 있는지를 아는 것은 중요한 일이다. 만족스럽고 행복한 인간관계를 영위하기 위해서 필요한 것은 무엇일까?

슈미트와 세르마트(Schmidt & Sermat, 1983)는 우리의 삶에는 가족적 동반자(familial partner), 낭만적 동반자(romantic partner), 사교적 동반자(social partner), 그리고 작업적 동반자(working partner)의 네 가지 유형의 동반자가 필요하다고 설명하였다. **가족적 동반자란** 부모, 형제자매, 친척과 같은 혈연으로 맺어지는 동반자를 의미하며, **낭만적 동반자란** 애인, 배우자를 의미한다. **사교적 동반자란** 혈연이나 직업적 이해관계보다는 서로에 대한 호감 혹은 공통적인 관심사에서 출발하여 신뢰로 맺어진 친밀하고 편한 대상을 말한다. **작업적 동반자란** 주로 학업, 직업 등의 활동을 함께하는 동료로서 때로는 사교적 동반자와 중복될 수 있으나, 엄밀히 구분하자면 작업적 동반자란 특정 목표라는 이해관계에 기반하여 형성된 일시적인 관계를 지칭한다.

한편, 루프트와 잉햄(Luft & Ingham, 1961)은 만족스러운 인간관계를 맺기 위해서는 적절한 자기공개(self-disclosure)가 필요하며, 보다 적절한 대인행동을 취하기 위해서는 타인으로부터의 피드백(feedback)을 통한 깊이 있는 자기이해가 필요하다고 주장했다. 이들은 자기공개와 타인 피드백이라는 틀을 통해 인간관계를 진단하는 방법을 고안한 후 연구자들의 이름을 따서 '**조하리의 창**(Johari's window of mind)'이라는 도구를 개발하였다. 이때 자기공개의 정도란 내가 상대방에게 나의 속마음, 나의 모습, 나에 관한 이야기를 잘 표현하는 편인지를 말한다. 반면, 피드백이란 상대방이 나를 어떻게 평가하고 있는지, 상대방이 나에 대해 어떤 생각을 가지고 있는지, 상대방이 나에 관해서 하는 말에 내가 어느 정도나 귀를 기울이는지로 설명될 수 있다.

조하리의 창은 자기공개와 피드백의 조합에 의해 각각 공개의 영역, 맹목의 영역, 숨긴 영역, 미지의 영역으로 구분되며, 이때 개인이 상대방에게 자기공개를 하는 정도, 개인이 상대방으로부터 자신에 대한 피드백을 얻는 정도의 조합 중 넓은 면적을 차지하는 유형이 자신이 대인관계에서 보이는 모습에 해당된다고 볼 수 있다.

루프와 잉햄(Luft & Ingham, 1961)이 말한 네 가지 구분 방법과 개념을 소개하고자 한다. 여기에 더해 몇몇 영역에 대해서 상담전문가로서 필자의 조언을 덧붙여 보았다.

첫째, **공개의 영역**(open area)이란 본인 스스로도 알고 있으며 동시에 상대방도 알고 있는 '자신에 관한 정보'가 차지하는 영역을 의미한다. 이 영역이 넓은 사람들을 일명 '개방형'이라 부르는데, 이들은 대체로 인간관계가 원만하다. 다른 사람의 말을 경청할 줄 알며, 자기표현도 적절하게 할 줄 안다. 다만, 이 영역이 지나칠 정도로 넓을 경우에는 다른 사람들에게 수다스럽거나 주책스럽거나 경박하게 비칠 수 있다.

둘째, **맹목의 영역**(blind area)은 남들은 알고 있지만 자신은 모르는 '자신에 관한 정보'가 차지하는 영역을 말한다. 이 영역이 넓은 사람들은 '주장형'이

		피드백을 얻는 정도	
		내가 알고 있는 정보	내가 모르고 있는 정보
자기공개를 한 정도	타인이 알고 있는 정보	공개의 영역	맹목의 영역
	타인이 모르고 있는 정보	숨긴 영역	미지의 영역

[그림 1-11] 조하리의 창

출처: Luft, J. & Ingham, H. (1961).

라 부른다. 이들은 자신의 기분이나 의견을 솔직하고 시원시원하게 표현하는 일명 '사이다' 같은 사람이며, 자신감이 있는 사람이다. 하지만 다른 사람의 반응에 둔감하거나 무관심으로 인해 건방지거나 독선적, 독단적인 사람으로 비칠 수 있다. 따라서 상대방의 말과 생각에 관심을 가질 필요가 있다. 의식적으로 상대방의 의견에 좀 더 귀를 기울이려는 노력을 한다면 이러한 단점을 보완할 수 있을 것이다. 무엇보다도 이 유형에 해당하는 사람들이 유념해야 할 점이 있다. 지금 내가 보이고 있는 솔직함은 '심사숙고하지 않은 솔직함'이라는 점을 말이다. 자신의 욕망을 가감 없이 그대로 드러내는 것은 당당하고 멋진 것이 아니다. 욕구와 감정을 그냥 표출한 것에 불과하다. 그렇게 나의 욕구와 감정을 그냥 표출하면 어떻게 될까? 내 솔직한 마음은 이러한데 이 마음을 상대방에게 그대로 표현하면 상대방이 어떤 반응을 보일지 예상해 보았는가? 여기에 '아니'라고 대답했다면 앞으로는 나의 행동이 가져올 파급효과를 고려하는 태도가 필요하다. 솔직함은 좋다. 솔직함을 있는 그대로 표현하여 상대방과 잘 지내 보려는 선한 취지로 그랬을 것이다. 하지만 상대의 입장을 고려해 보지 않은 솔직함의 표현은 내 기분만 중시하고, 상대방에 대한 배려는 빠진 솔직함이다. 이 기분을 표현했을 때, 상대방이 어떻게 느낄지를 역지사지의 입장이 되어 미리 생각해 보면 당신의 솔직함은 '성숙한 솔직함'으로 발전될 수 있다.

셋째, **숨긴 영역**(hidden area)은 나만 알고 다른 사람에게는 알려지지 않은 '자신에 관한 정보'가 차지하는 영역을 말한다. 나만 알고 있는 나에 대한 비밀이 이 영역에 해당한다. 이 영역의 사람들은 '신중형'이라 부르기도 한다. 이들은 상대방의 이야기는 잘 경청하지만 자신의 속마음을 드러내거나 자신의 이야기는 잘 하지 않는다. 따라서 다른 사람에 대해 수용적이며 속이 깊고 신중한 모습을 지님과 동시에 계산적이고 실리적인 경향을 지닌다. 이러한 성향은 이들로 하여금 대인관계에 잘 적응하게 해 주지만 내면적으로는 고독감을 느끼게 한다. 현대인들에게서 가장 많이 볼 수 있는 유형이라고도 알려져 있다. 이들은 맹목의 영역에 속한 사람과는 정반대의 고민이 있다. 바로 자신의 솔직함을 결코 상대방에게 표현하지 않는 것이다. 자신의 기분을 꼭꼭 눌러 참는다. 왜? 나의 솔직한 표현이 자칫 상대방에게 상처를 줄까봐 두려워서, 또는 용기 내어 솔직히 내 마음을 고백했을 때 상대방이 내 마음을 거부하고 비난하거나 이용하려고 할까 봐 두려워서이다. 이 유형은 신중하고, 배려가 많다는 장점을 지니지만 정작 자신은 그러한 대우를 받지 못해 고독하고 공허할 수 있다. 이 유형의 사람들이 유념하면 좋을 점은 세상의 모든 사람이 친절하고 선한 의도만 지닌 것은 아니지만 그런 사람도 있다는 점, 서로 좋은 관계를 만들어 갈 수 있다는 점이다. 이를 위해서는 분별력을 갖출 필요가 있으며, 또한 내면적 고독감과 공허감을 채우기 위해 용기를 내어서 자기개방을 시도하는 노력이 필요하다. 다만, 무턱대고 자기개방을 하기보다는 이들이 자신을 드러내지 않는 데에는 그만한 이유가 있을 것이므로 신중하게 시도할 필요가 있겠다.

넷째, **미지의 영역**(unknown area)이란 나도, 상대방도 알지 못하는 '자신에 관한 정보'가 차지하는 영역을 말한다. 정신분석가인 지그문트 프로이트(Sigmund Freud)가 말하는 '무의식'의 영역이 여기에 해당될 수 있다. 이 영역이 가장 넓은 사람은 '고립형'이라고 부르기도 한다. 이들은 다른 사람과 접촉하는 것을 불편해하거나 교류에 대해 무관심하여 인간관계에 소극적이며, 혼자 있는 것을 좋아한다. 때문에 고립된 생활을 하는 경우가 많다. 고립형에 해당하는 사람들 중에는 자기주관이 지나치게 강하고, 고집이 센 사람들도 있고, 심리적인 고민이 많고, 부적응적인 삶을 살아가는 사람들도 있다. 이들의 인간관계를 개선하기 위해서는 미지의 영역을 줄이고 공개의 영역을 넓힐 필요가 있는데, 이를 위해서는 인간관계에 대해 긍정적인 시각을 지닐 필요가 있으며, 사람들과 교류하려는 노력을 적극적으로 할 필요가 있다.

마지막으로, 우리가 맺는 많은 인간관계 중 우리의 삶에 막대한 영향력을 미치는 인간관계에 대해 설명하고자 한다. 이를 '**의미 있는 타인**(significant others)'이라고 명명한다. 키슬러(Kiesler, 1996)를 비롯한 다양한 학자들이 의미 있는 타인으로 삼을 만한 사람에 대해 다양한 의견을 제시해 오고 있다(〈표 1-3〉 참조). 대개의 경우, 나와 성격, 가치관 등 유사성을 많이 공유하고 있을수록 의미 있는 타인으로 여기며, 영향력을 주고받는 상호성이 큰 사람일수록 의미 있는 타인으로 여긴다고 한다(Larus, 1989).

〈표 1-3〉 의미 있는 타인

의미 있는 타인
내가 닮고 싶은 사람
조언과 충고가 필요할 때 찾아가는 사람
나의 인생과 관련된 중요한 사안에 대해 결정을 하는 사람
나의 의견과 행동에 중요한 영향을 미치는 사람
내가 인정받기를 원하는 사람
나와 같은 가치관을 공유하고 있는 사람
나의 개인적 성장을 촉진하는 사람
함께 있으면 내가 한 단계 넓고 깊어지며, 인격적으로 향상되는 영향력을 느끼는 사람
내가 매우 좋아하는 사람인데, 그 사람도 나를 매우 좋아하는 사람
내가 정서적으로 가장 신뢰하는 사람
내가 심리적으로 가장 의지하는 사람
내가 가장 친밀하게 느끼는 사람
나와 가장 많은 시간을 보내는 사람
나와 가장 자주 접촉하는 사람
실생활에서는 아니지만 상상적 관계에서 가장 많은 시간을 함께 보내는 사람

학습활동

1. 슈미트와 세르마트(Schmidt & Sermat, 1983)의 네 가지 유형의 동반자를 참고하여 자신의 동반자를 떠올려 봅시다. 조하리의 창의 구분에 근거하여 볼 때, 각 동반자에 대해 자신은 어떤 유형으로 살아가고 있는지 분석해 봅시다.

구분	이름	조하리의 창에 따른 구분
가족적 동반자		
낭만적 동반자		
사교적 동반자		
작업적 동반자		

2. 나에게 의미 있는 타인은 누구인지, 내가 어떤 측면에서 그 사람을 의미 있는 타인으로 여기고 있는지에 대해 자유롭게 생각해 보고, 적어 봅시다. 필요하다면 본문의 〈표 1-3〉을 참고해도 좋습니다.

참고문헌

YTN 뉴스(2015. 04. 01.)

김종운(2017). **만남 그리고 성장을 위한 인간관계 심리학**. 서울: 학지사.

박영숙(1998). **심리평가의 실제**. 서울: 하나의학사.

유영달, 이희영, 김용수, 이동훈, 하도겸, 유채은, 박현주, 천성문, 이정희, 박성미, 이희백(2017). **인간관계의 심리-행복의 열쇠**. 서울: 학지사.

최연희(2010). 결혼을 결정한 성인남녀가 지각한 상향혼과 배우자선택요인별 중요도. 서울대학교 대학원 석사학위논문.

취업포털 인크루트(2017). 배우자에게 기대하는 최저연봉수준.

Alcaraz, K., Eddens, K., Blase, J., Diver, W., Patel, A., Teras, L., Stevens, V., Jacobs, E., & Gapstur, S. (2019). Social isolation and mortality in US black and white men and women. *American Journal of Epidemiology, 188*(1), 102-109.

Anderson, N.(1968). Likableness ratings of 555 personality-trait words. *Journal of Personality and Social Psychology, 9*, 272-279.

Angier, N. (1998, September 1). Nothing becomes a man more than a woman's face. *The New York Times*, p. F3.

Argyle, M. (1983). *The psychology of interpersonal behavior* (4th ed.). Harmondsworth: Penguin Books.

Bar, M., Neta, M., & Linz, H. (2006). Very first impressions. *Emotion, 6*, 269-278.

Baron, R. A., Branscombe, D., & Byrne, D. (2009). Attitudes: Evaluating and Responding to the Social World. In R. A. Baron & N. R. Branscombe (Eds.), *Social Psychology* (pp. 154-178). Pearson Education, England.

Berkman, L. F., & Syme, S. L. (1979). Social networks, host resistance, and mortality: A nine-year follow-up study of Alameda County residents. *American Journal of Epidemiology, 109*(2), 186-204.

Brown, G., & Harris, T. (1978). *Social origins of depression: A study of psychiatric disorder in women*. London: Routledge.

Buss, D. M. (1985). Human mate selection. *American Scientist, 73*, 47-51.

Coan, J., Schaefer, H., & Davidson, R. (2006). Lending a hand: Social regulation of the neural response to threat. *Psychological Science, 17*(12), 1032-1039.

Conner, O., Siegle, G., McFarland, A., Silk, J., Ladouceur, C., Dahl, R., Coan, J., & Ryan, N. (2012). Mom-it helps when you're right here! Attenuation of neural stress markers in anxious youths whose caregivers are present during fMRI. *PLOS ONE, 7*(12), 1-6.

Cunningham, M. R., Roberts, A. R., Barbee, A. P., Druen, P. B., & Wu, C. -H. (1995). "Their ideas of beauty are, on the whole, the same as ours": Consistency and variability in the cross-cultural perception of female physical attractiveness. *Journal of Personality and Social Psychology, 68(2)*, 261-279.

DeBruine, L. M., Jones, B. C., Smith, F. G., & Little, A. C. (2010). Are attractive men's faces masculine or feminine? The importance of controlling confounds in face stimuli. *Journal of Experimental Psychology: Human Perception and Performance, 36*, 751-758.

Dittmann, M. (2004, July/August). Standing tall pays off, study finds. *Monitor on Psychology, 35*, 14.

Fink, B., & Penton-Voak, I. (2002). Evolutionary psychology of facial attractiveness. *Current Directions in Psychological Science, 11*, 154-158.

Gillis, J. S., & Avis, W. E. (1980). The male-taller norm in mate selection. *Personality and Social Psychology Bulletin, 6*, 396-401.

Goodwin, R. (1990). Sex differences among partner preferences: Are the sexes really very similar? *Sex Roles, 23*, 501-513.

Hawkley, L., & Capitanio, J., (2015). Perceived social isolation, evolutionary fitness and health outcomes: A lifespan approach. *Philosophical Transactions of the Royal Society of London. Series B, Biological Sciences, 370*(1669), 1-12.

Holt-Lunstad, J., Smith, T., Baker, M., Harris, T., & Stephenson, D. (2015). Loneliness and social isolation as rsk factors for mortality: A meta-analytic review. *Perspectives on Psychological Science, 10*(2), 227-237.

Johnson, J., Stewart, A., Acree, M., Nápoles, A., Flatt, J., Max, W., & Gregorich, S. (2018). A Community Choir Intervention to Promote Well-being among Diverse Older Adults: Results from the Community of Voices Trial. *The Journals of Gerontology. Series B, Psychological Sciences and Social Sciences*, 09 November 2018.

Johnson, S., Moser, M., Beckes, L., Smith, A., Dalgleish, T.,, Halchuk, R., Hasselo, K., Greenman, P., Merali, Z., Coan, J. (2013). Soothing the Threatened Brain: Leveraging Contact Comfort with Emotionally Focused Therapy. *PLOS ONE, 8*(11), 1-10.

Judge, T. A., & Cable, D. M. (2004). Income: Preliminary test of a theoretical model. *Journal of Applied Psychology, 89*, 428-441.

Kiesler, D. J. (1996). *Contemporary interpersonal theory and research: Personality, Psychopathology, and psychotherapy*. New York: John Wiley & Sons.

Kurzban, R., & Weeden, J. (2005). Hurry date: Mate preferences in action. *Evolution and Human Behavior, 26*, 227-244.

Larus, J. P. (1989). Significant others inventory: Towards charting the nature of significant others. Unpublished master's thesis, Virginia Commonwealth University, Richmond.

Li, N. P., & Kenrick, D. T. (2006). Sex similarities and differences in preferences for short-term mates: What, whether, and why. *Journal of Personality and Social Psychology, 90*, 468-489.

Little, A. C., Burt, D. M., & Perrett, D. I. (2006). What is good is beautiful: Face preference reflects desired personality. *Personality and Individual Differences, 41*, 1107-1118.

Luft, J., & Ingham, H. (1961). The Johari Window: A graphic model of awareness in interpersonal relations. *Human relations training news*, 5(9), 6-7.

Lynch, J. J. (1977). *The broken heart: The medical consequences of loneliness*. New York: Basic Books.

Matsui, Y. (1981). A structural analysis of helping. *The Japanese Journal of Psychology,*

52(4), 226-232.

Murray, H. A. (1938). *Explorations in personality*. New York: Oxford University Press.

Pasinski, M., & Gould, J.(2011). *Beautiful brain, beautiful you*. Massachusetts, Cambridge: Harvard University.

Perrett, D. L. (1994, March 21). Nature. In J. E. Brody (Ed.), Notions of beauty transcend culture, new study suggests. *The New York Times*, p. A14.

Ramsey, J. L., Langlois, J. H., & Marti, N. C. (2004). Infant categorization of faces: Ladies first. *Developmental Review, 25*, 212-246.

Renz, U. (2018). **아름다움의 과학**(*The science of beauty*).

Rilling, J., Gutman, d., Zhe, T., Pagnoni, G., Berns, G., & Kills, C. (2002). A neural basis for social cooperation. *Neuron, 35*(200), 395-405.

Schmidt, N., & Sermat, V. (1983). Measuring lonelioness in different relationships. *Journal of Personality and Social Psychology, 44*, 1038-1047.

Schoen, R., & Cheng, Y. A. (2006). Partner choice and differential retreat from marriage. *Journal of Marriage and Family, 68*, 1-10.

Singh, D. (1994). Is thin really beautiful and good? Relationship between Waist-to-Hip Ratio(WHR) and female attractiveness. *Personality and Individual Differences, 16*, 123-132.

Sprecher, S., & Fehr, B. (2006). Enhancement of mood and self-esteem as a result of giving and receiving compassionate love. *Current Research in Social Psychology, 11*, 227-242.

Steffens, N., Cruwys, T., Haslam, C., Jetten, J., & Haslam, S. (2016). Social group memberships in retirement are associated with reduced risk of premature death: evidence from a longitudinal cohort study. *BMJ Open, 6*(2)

Strobe, M. S., & Strobe, W. (1983). Who suffers more? Sex differences in health risks of the widowed. *Psychological Bulletin, 93*, 297-301.

Stroebe, W., Insko, C. A., Thompson, V. D., & Layton, B. D. (1971). Effects of physical attractiveness, attitude similarity, and sex on various aspects of interpersonal attraction. *Personality and Social Psychology, 18(1)*, 79–91.

Sutin, A., Stephan, Y., Luchetti, M., & Terracciano, A. (2018). Loneliness and risk of dementia. *The Journals of Gerontology. Series B, Psychological Sciences and Social Sciences*, 26 October 2018.

Swami, V., & Furnham, A. (2008). *The psychology of physical attractiveness.* Hove: Psychology Press.

Sweeney, M. M., & Cancian, M. (2004). The changing importance of White women's economic prospects for assortative mating. *Journal of Marriage and Family, 66*, 1015–1028.

Valtorta, N., Kanaan, M., Gilbody, S., Ronzi, S., & Hanratty, B. (2016), Loneliness and social isolation as risk factors for coronary heart disease and stroke: Systematic review and meta-analysis of longitudinal observational studies. *Heart, 102*(13), 1009.

Veroff, J., Douvan, E., & Kulka, R. A. (1981). *Mental health in America: Patterns of help-seeking from 1957 to 1976*. New York: Basic Books.

Walster, E., Aronson, E., Abrahama, D., & Rottmann, L. (1966). Importance of physical attractiveness in dating behavior. *Personality and Social Psychology, 4*, 508–516.

Willis, J., & Todrov, A. (2006). First impressions: Making up your mind after a 100-ms exposure to a face. *Psychological Science, 17*, 592–598.

Wilson, J. M. B., Tripp, D. A., & Boland, F. J. (2005). The relative contributions of waist-to-hip ratio and body mass index to judgements of attractiveness. *Sexualities, Evolution & Gender, 7*, 245–267.

Zajonc, R. B. (1968). Attitudinal effects of mere exposure. *Journal of personality and social psychology, 9*(2, Pt. 2), 1–27. http://dx.doi.org/10.1037/h0025848

친구관계

학습목표

1. 친구의 의미를 알아본다.
2. 연령별 친구관계의 양상을 이해한다.
3. 친구관계의 발전단계를 안다.
4. 친구관계에서의 갈등 해결방법을 안다.

1. 친구의 정의

친구란 오래 두고 가깝게 사귄 벗을 말한다(네이버 사전). 이들 사이에 형성되는 가까운 느낌을 **우정**이라고 하는데, 우정이란 누구의 요청이나 강제성에 의해서가 아닌 자발적인 마음에서 우러나와 서로를 믿고 의지하며, 물질적 · 정서적 교환을 유지하는 관계이다(고진경, 1987).

흔히 친구는 가족과는 구분이 되지만 일상에서 맺는 다른 인간관계와 명확하게 구분 짓기에 애매한 경우가 많다. 왜냐하면 일상에서는 직장 동료관계에서 동료애가 생기거나, 친구관계에서 출발하여 애정을 주고받는 사이로 발전되는 경우가 왕왕 있기 때문이다. 따라서 친구라는 것이 처음 보자마자 '이 사람은 내 친구'라고 시작된다기보다는 다양한 사회적 관계 중 일부가 지속적으로 상호작용을 하게 되면서 친구관계로 발전된다고 보는 것이 맞을 것 같다.

[그림 2-1] 친구들 사이의 우정

그렇다면 우리는 살면서 어떠한 사람들과 관계를 맺고 지내는가? 코엔과 사임(Cohen & syme, 1985)은 이에 대한 범주화를 시도하였다. 이에 따르면, 개인과 주로 정서적 지원을 주고받는 관계는 **일차적 관계**라 부르며, 여기에는 배우자, 가족 구성원, 친척, 친한 친구 등이 포함된다. 한편, 물질적 도움이나 정보 제공을 주로 하는 관계를 **이차적 관계**라 명명하며, 직장 동료나 사회단체의 성원 등이 여기에 포함된다.

이러한 구성원 중 가족 구성원이나 친척, 직장 동료는 개인이 선택하기보다는 상황에 의해 주어지는 대상들인 반면, 배우자나 친구는 개인의 자율적인 선택에 의해 관계를 만들어 갈 수 있는 대상임을 알 수 있다. 또한 전술한 바와 같이, 현재 배우자와 친구가 된 사람들도 처음에는 단순히 직장 동료이거나 우연히 만나서 알게 된 정도로 시작되었다.

그렇다면 그들 중 누구를 친구로 선택하게 되는가? 디킨스와 펄먼(Dickens & Perlman, 1981)은 모든 연령대에서 사람들이 친구로 삼고 싶은 대상은 공통점이 있음을 발견하였다. 바로 신체적으로 매력적인 사람, 자신과 나이가 비슷한 사람, 자신과 같은 성별인 사람, 삶에 대해 자신과 유사한 태도를 지닌 사람, 자신과 유사한 성격을 지닌 사람, 자신 곁에 가까이 사는 사람, 자신을 좋아하는 사람이다. 이를 사회심리학자들은 **개인적 특징**, **유사성**(similarity), **근접성**(proximity), **친숙성**(familiarity), **호혜성**(reciprocity)이라 부른다. 우선순위나 반영되는 비중에는 차이가 있겠지만 친구를 고르는 선택 기준은 연인과 배우자를 고르는 기준과 매우 유사하다. 이 개념에 대해서는 제1장의 '대인매력'에서 서술하였다. 한편, 전 연령대에서 친구관계가 가장 큰 비중을 차지하는 것은 아니다. 유·초등학교 시기의 아이들도 친구관계를 맺기는 하지만 그들이 가장 가깝게 느끼고, 가장 빈번하게 정서적 지원을 받는 대상은 부모이다. 그러다가 중학생이 되어야 동성 친구가 부모와 동등한 수준으로 친밀한 대상이 되고, 고등학생이 되면 부모를 대체할 만큼 더 가까운 대상이 되기도 한다(Furman, & Buhmester, 1992; Hazan & Zeifman, 1994; Takahashi,

Inoue, Yamakawa, & Shibata, 2009). 따라서 이 장에서는 연령별로 친구관계가 어떠한 양상을 띠는지를 정리해 보았다.

2. 연령별 친구관계의 양상

1) 영아기의 친구관계

영아기는 0~2세로, 주 양육자가 주로 양육하게 되는 경우에 부모-자녀관계가 대부분의 비중을 차지하는 시기이다. 하지만 맞벌이 부부가 증가하면서 영아기를 보육시설에서 보내는 경우도 많아졌다. 보육시설에서 관찰되는 바에 따르면, 영아들도 나름의 방식으로 친구관계를 맺는 모습을 보이는 것으로 알려지고 있다. 첫째, '(놀잇감을 포함한) 놀이'에 대한 관심을 매개로 하여 그 안에 있는 친구에 관심을 보이거나, 둘째, 교사를 매개로 하여 '(외형적 크기 및 나이가) 자신과 비슷한 영아'에게 관심을 보인다(김성혜, 김지영, 이여경, 최윤정, 2007). 이 시기의 영아들은 주로 춤추기, 숨바꼭질과 같이 신체적 접촉이 많이 이루어지는 활동을 통해 친구관계를 형성하며(Leontyev, 1979), 한두 명의 친밀한 친구관계를 형성하되, 여기에 그치지 않고 여러 명의 친구와도 밀접한 관계를 형성하려는 시도를 지속적으로 하는 특징을 보인다(김미숙, 2006).

이 시기의 영아들은 아직 인지적 발달수준이 낮아 사회적 상호작용이 미숙한 상태이다. 따라서 이러한 점을 감안하여 발달수준을 고려한 방식으로 사회적인 단서에 대한 이해, 거절의 수용, 충동에 대한 통제, 만족에 대한 지연, 의사표현기술, 사회적 문제해결기술 등에 대한 교육을 조금씩 시도해 볼 필요가 있다.

2) 유아기의 친구관계

유아기는 2~8세로, 초등학교 입학 전의 시기를 말한다. 유아도 친밀한 관계를 맺는 능력이 있다고 한다. 유아도 가장 친한 친구가 이사를 가면 외로움과 슬픔을 표현한다(Park, 1992). 하지만 이 시기 역시 환경적으로나 발달적으로나 친구관계가 아동기에 비해 상대적으로 덜 중요한 시기이다. 유치원에서 만난 또래는 주로 일시적인 놀이상대로 그치게 된다.

이 시기의 유아들은 자신과 같은 성별의 또래를 선호하고, 유사한 성향의 상대를 친구로 선택하며, 영아기와 마찬가지로 친구 맺기가 주로 놀이의 맥락에서 이루어진다(신유림, 2004; Erwin, 2001; French, Jansen, Riansari, & Setiono, 2003). 이 시기 유아들의 친구관계는 성별에 따른 차이를 보이기도 하는데, 남아들에 비해 여아들은 한 명의 가장 친한 친구에게 집중되어 친밀한 대화, 개인적인 정보를 나누는 특징을 보인다(신유림, 2004).

3) 아동기의 친구관계

아동기는 8~13세로, 초등학교 시기를 말한다. 이 시기는 영유아기에 비해 친구에 대해 중요하게 생각하는 시기이다. 아동이 친구를 선택할 때 이타적이고 선한 성품을 가장 중요하게 고려하지만, 5학년을 기점으로 남학생은 신체적 힘을, 여학생은 외모와 성적, 리더십을 조금씩 친구의 선택 기준으로 고려하는 조짐을 보이기 시작한다(한대동, 길임주, 2016). 아동기 역시 동성 친구를 선호하는 경향을 보인다.

또한 초등학교 고학년부터 학교폭력이 발생하기도 한다. 아동은 자신의 마음을 아프게 만든 친구에게 공격하는 법을 알게 된다. 이러한 공격은 자신에게 부당하게 대한 친구에게 보이는 정당방위적인 행동에만 국한되는 것이 아니다. 아동은 질투의 대상, 자신의 시각에서 못마땅한 대상에게 간접적인 방식으로 공격을 할 줄 알게 된다. 특히 남아보다는 여아가 이런 방식으로 공격성을 표출하는 경향이 있으며 그 표출 방식은 다양한데, 가령 그 아이와 있을 때 말을 안 하거나, 무리에서 추방하는 형태로 공격할 수 있다. 또는 둘이 있을 때에는 잘해 주다가 여럿이 있을 때에는 친구를 괴롭히는 방식으로 공격하기도 한다. 가령, 그 친구가 보는 데에서는 안 그러다가 안 보는 뒤에서 그 아이 흉을 본다거나 안 좋게 소문을 낸다거나 하는 행동을 하기도 한다. 더 심한 경우에는 그 친구 면전에서 그 친구와는 말을 안 하면서 옆의 다른 친구들과는 귓속말을 한다든지, 그 친구만 빼고 옆의 친구들에게 쪽지를 돌려 대화를 한다든지, 손가락으로 가리키는 등 비언어적 몸짓으로 대화를 하는 등의 방식으로 상대를 무시하고, 따돌리는 행동을 하는 것이다. 이 중 특히 둘이 있을 때에는 잘해 주다가 여럿이 있을 때에는 괴롭히는 방식은 워낙 미묘하게 벌어지는 일이다 보니 초창기에는 피해자인 당사자뿐 아니라 부모나 교사도 아동이 가해를 당하고 있다는 사실을 쉽게 인지하지 못해 문제가 학교폭력 사안으로까지 비화되어서야 뒤늦게 대처하는 경우가 많다. 이렇듯 질투, 못마땅함에 대한 부분뿐 아니라 아이들은 솔직함이나 정의감, 그리고 연대관계에 대한 인식도 미숙하다(박미향, 2017). 이는 이러한 개념이 이제 막 형성되고 적용되는 발달단계에 해당하기 때문인데, 따라서 부모나 교사 등이 이러한 발달단계에서 아이들이 이러한 부분에 대해 올바른 인식이 형성될 수 있도록 지도해 주는 것이 필요하다.

아동은 솔직함에 대해 착각을 하기 쉽다. 다시 말해서, 아이들은 자신의 욕망을 가감 없이 그대로 드러내는 것을 솔직함이라 생각하며, 이런 솔직함을 당당하고 멋지다고 여긴다. 하지만 이런 솔직함은 욕구와 감정의 단순 표출에 불과한 '심사숙고하지 않은 솔직함'이다. 행동이 가져올 파급효과, 영향력에 대해 전혀 생각하지 못하고 현재의 상태와 감정에 따라 움직인 것이기 때문이다.

또한 아이들은 정의감에 대해서도 오해를 한다. 가령, 체구가 왜소해서 반대항 축구경기에 실점을 만들어 낸 친구를 때린 숫돌이라는 아이가 있다. 여기서 숫돌이가 잘못된 행동을 한 것은 사실이다. 숫돌이는 자기에게 맞은 친구에게 사과를 해야 한다. 사건이 여기서 일단락되면 괜찮다. 그런데 이 시기에는 이를 중심으로 아이들 사이에 공감대가 생겨 '패거리'가 형성될 수 있다. 패거리란 집단의 기준에 비춰 잘못 행동한 사람을 응징해야 한다는 인식으로, 여기에는 여러 명이 함께하는 행동은 괜찮다고 인식하고 행동하는 것이나 내 편은 무조건 옳고 상대편은 무조건 나쁘다는 인식을 갖고 행동하는 것을 말한다. 이는 미숙한 정의감으로 윤리성이 마비된 방식으로 움직이며, 쉽게 여러 명이 한 명을 괴롭히는 전형적인 학교폭력의 형태로 발현될 수 있어서 주의할 필요가 있다.

가령, 앞의 사례에서 숫돌이라는 아이가 잘못한 것은 사실이다. 이에 대해 공감대가 생기고, 패거리가 형성되면, 패거리의 구성원은 숫돌이를 응징하는 것이 정의롭다는 데 초점이 쏠린다. 가령, 이들은 숫돌이에게 사과하라고 요구할 수 있다. 여기까지로 사건이 마무리되면 괜찮으나, 문제는 패거리의 일원이 된 아이들의 인식에 숫돌이는 못된 아이이므로 이 아이에게 막 대해도 괜찮다는 인식이 추가적으로 형성된다는 점에 있다. 즉, 이들은 애초에 문제의 원인제공자가 숫돌이이므로 모든 책임은 숫돌이에게 있다고 인식한다. 따라서 그들은 숫돌이가 피해아동에게 사과한 것으로 용서를 하고 끝맺지 않는다. 그들은 더 나아가서 숫돌이를 때린다든지, 숫돌이의 책가방을 찢어 버린다든지, 숫돌이를 괴롭힌다든지 등 자신들이 숫돌이에게 어떤 짓을 하더라도 정당하다고 생각하는 것이다. 이를 패거리 연대라고 부른다. 초등학교 저학년의 경우, 힘센 아이 하나가 힘을 행사하면 주변 아이들은 대응하지 못하는 경우가 많다. 하지만 초등학교 고학년 이상부터는 그런 아이로부터 자신을 지키기 위해 약자들끼리 서로 연대하는 방법이 있다는 것을 배우게 된다. 각 개인은 비록 약한 존재일지라도 이들끼리 힘을 모아 집단이 되면 힘센 한 명의 가해자보다 더 세다는 사실을 알게 되는 것이다. 아이들은 이러한 연대

를 건전하게 사용하는 방법을 모르므로 어른들의 지도가 필요하다. 자신들의 연대가 부당한 학교폭력에 대항하는 정의로운 세력집단으로 발휘되면 긍정적이고 바람직하지만, 반대로 자신들의 연대가 지니는 위력을 믿고 그릇된 정의감을 지닌 가해세력으로 거듭나게 되면 오히려 병든 연대감이 될 수 있다는 점을 일깨워 줄 필요가 있다.

그렇다면 아동들에게 어떻게 올바른 관점을 길러 줄 수 있을까? 만일 아동이 피해를 입은 부분이 있다면 현재의 아동이 느낄 억울함에 공감해 줄 필요가 있다. 이러한 공감은 자신이 피해를 당했다는 생각에만 빠져서 상대를 가해자로만 보고 상대의 행동만 원망하는 쪽으로 쏠리지 않도록 해 주기 때문이다. 하지만 공감에만 머물지 않고 이전에 자신도 잘못한 행동은 없었는지에 대해 스스로 돌아보고, 이해시키고, 다루어 줄 필요가 있다. 이를 위해 '만일 네가 그와 같은 피해를 당했다면 어떤 마음이었을 것 같니?'라는 식으로 역지사지로 생각해 볼 수 있도록 도울 필요가 있다. 또한 섣부르게 화해를 시도하지 말아야 한다. 오히려 한 자리에 모였을 때 가해자에게 서운함을 토로하는 피해자 집단의 노골적인 솔직함이 또 다른 새로운 문제를 야기하는 경우가 더 많기 때문이다. 따라서 각각의 아이와 교사가 따로따로 충분한 시간을 가져야 한다. 관련 아이들 모두가 충분히 공감받고 수용받으며 적절하게 마음이 풀렸을 때 화해를 주선해야 한다. 그렇다면 마음이 풀렸다는 것을 어떻게 알 수 있는가? 그 판단 기준은 아이가 상대의 입장을 헤아릴 수 있는지의 여부이다. 아이가 상대방의 입장에도 공감한다면 마음이 풀렸다는 신호로 볼 수 있다.

4) 청소년기의 친구관계

청소년기는 14~19세로, 중 · 고등학교 시기를 말한다. 청소년기의 친구관계는 외모, 공부, 돈에 의해 위계가 형성되는 경향을 보이기도 한다. 공부와

[그림 2-2] 청소년기의 친구관계

돈의 힘은 표면적으로는 무시되기도 하지만, 외모의 힘은 자타가 인정하는 강력한 요소로 존재한다(선소영, 2015).

청소년기도 동성 친구가 선호되지만, 이성 친구에 대한 관심이 높아서 이성교제도 이루어진다.

부모에 의해 친구관계가 영향을 받기도 하지만, 대체로 이 시기는 공부를 추구하는 집단, 연예인을 선망하는 집단, 스포츠를 즐기는 집단, 게임을 즐기는 집단, 신체적 힘을 과시하고 싶어 하는 집단, 일탈 집단, 외모 가꾸기에 관심이 있는 집단, 만화를 좋아하는 집단 등 개인의 관심사에 따라 교우관계가 형성되는 양상을 보인다.

중 · 고등학교 시기의 친구 맺기 고민

■ 중학교 시기

제가 여중에 들어갔는데 친구들이랑도 서먹한 사이이고 아는 애들도 거의 없고 1명이랑 붙었는데 그 애가 다른 반 애랑 친해서 만날 다른 반 애랑 놀러 나가요. 쉬는 시간에 할 게 없어서 만날 화장실에만 있고요. 엄마가 초등학교 때까지만 해도 친구에 대해서는 아무 말도 안 했는데 언니가 요번에 고등학교 진학하고 친구를 많이 사귀어서 비교가 되었나 봐요. 그래서 휴대전화하고 있을 때나 공부 안 할 때에는 그런 거나 할 바에는 '친구나 사귀어라'라고 입이 닳도록 말하시는데, 요즘 친구 사귀기가 힘든 문제를 진지하게 얘기하면 그냥 듣고는 쌩하고 가시고 집에서도 힘들고 학교에서도 힘들고 설 곳이 없어서 살기가 너무 힘들어요. 그냥 혼자 집에 틀어박혀서 애니나 보고 평생 혼자 살고 싶고, 친구 사귀고 싶어도 애들이 거의 다 이미 무리지어 다니는데 갑자기 낄 수도 없고…. 저는 이제 3년 동안 어떡하면 좋죠?

■ 고등학교 시기

고등학교 친구관계에 대해 고민입니다. 제 성격이 무뚝뚝해서 표현을 잘 안 하지만 최근 들어서는 조금 활발하게 지내려고 노력 중인데, 친구들이 자꾸 제 성격 가지고 뭐라 하고, 어디 갈 때에도 저를 빼고 다니든가 제가 그 친구들 뒤를 졸졸 따라가는 상황이 매번 있는데요, 어쩌면 좋을까요? 같이 다닐 필요가 있을까요? 만약 그런다 해도 그 친구가 반장이라 저한테 피해가 클 것 같은데 어쩌면 좋을까요?

출처: 네이버 지식인 질의응답코너에서 발췌하여 수정함.

또한 이 시기는 교우관계에서의 갈등이 학교폭력이라는 이름으로 매우 심각하게 표출되는 시기이기도 하다. 실제로 집에서 뭐가 자꾸 없어지고, 자녀가 실없이 뭔가 자꾸 잃어버리고 다니는 모습을 대수롭지 않게 봤다가 자녀가 유서를 남기고 자살하고 나서야 뒤늦게 자녀가 학교폭력의 피해자였다는 사실을 알게 되는 사례들은 학교폭력의 심각성을 보여 주는 예이다.

이렇듯 파괴적인 영향력을 지니는 학교폭력을 예방하기 위해서는 전조증상에 주의를 기울이는 것이 매우 중요하다. 자신의 자녀가, 학생이 뭔가 '이해되지 않는' 행동을 할 때, 그 이상해 보이는 행동을 고치기 위해 무조건 지적이나 비난할 것이 아니라 잠시 멈추고, 평소 안 그러던 아이가 왜 그런 모습을 보이게 되었을지부터 의문을 가질 필요가 있다. 만일 그러한 관심이 있었다면 학생의 죽음을 미연에 방지하고, 잘 살아갈 수 있도록 도울 수 있는 기회들이 있었을 것이다. 물론 항상 자세히 관찰하고 관심을 갖는 것은 현실적으로 불가능하겠지만, 평소 모습에 비추어 볼 때 다른 이상행동의 발생이 나타날 경우에 관심을 가져준다면 문제를 예방할 수 있을 것이다.

그렇다면 학교폭력의 가해 행위는 어떻게 해서 발생하는 것일까? 학교폭력 가해자의 심리를 살펴봄으로써 이에 대한 이해를 돕고자 한다.

가해자들은 보통 관계의 욕구가 가정에서 채워지지 못하여, '가해행위'를 통해 결핍되었던 관계의 욕구를 채우는 '강화' 경험을 하는 경우가 많다.

먼저, 관계의 욕구를 채워 주지 못하는 가정환경이다. 가령, 집에서 부모님이 허구한 날 싸운다거나, 생계를 꾸려 나가느라 자녀에게 관심을 가질 여유가 없는 환경에 처해 있다고 해 보자. 자신을 아껴 주거나 관심을 가져 주기는커녕 오히려 술을 드시고 들어오는 날엔 부모로부터 매를 맞기도 한다. 때문에 집은 챙김이나, 위로를 받거나, 마음 편히 쉬거나, 기댈 수 있는 공간이 아니다.

둘째, '가해행위'가 '강화'를 받는 경험을 하게 한다. 가령, 중학교에 들어와서 우연한 기회에 자신이 싸움을 잘하는 사람이라는 것을 자각하게 되었다고 하자. 인생 최초로 자신이 잘할 수 있는 게 생겼고, 친구들로부터 인정받고, 따르는 친구도 생겼다. 잘 싸워야 이 모든 관심과 인정을 유지할 수 있을 것만 같은 생각에 이들은 가해자의 길로 들어서게 된다. 또 다른 사례를 예로 들어 보면, 집에서는 부모님이 매일 싸우셔서 불안한데, 중학교에 들어와서 우연히 친해지게 된 친구가 싸움 일짱이다. 그런데 일짱으로부터 자신이 매우 아낌을 받고 있다. 그 친구의 말을 잘 들어준 것뿐인데, 그렇게 했더니 일짱 같은 힘 있는 사람에게 인정도 받고, 필요한 사람이 될 수 있다는 것을 깨닫게 되었다. 일짱이 하는 대로 자신도 일짱 빽을 믿고, 친구들 삥을 뜯어 보왔다. 그래서 집을 탈출할 방법이 마련되었다. 삥을 뜯어서 생활비를 충당하면 되니 말이다. 세 번째 사례로, 여중생 신분으로 고등학교, 대학교 오빠들과 어울리며, 담배 피고, 운전까지 하다가 교통사고가 났다. 깁스를 하고 학교에 온 이 여학생은 자신이 운전하다가 어떻게 다치게 된 것인지를 설명하며 신난다고 앞에 나와서 자랑처럼 떠벌리는 행동을 한다. 왜 이런 행동을 하는 것일까? 상급 학교 오빠들이 놀아 주니 대접받는 느낌에, 운전도 할 수 있으니 뭔가 어른이 된 것 같기도 하고, 동급생들 중에 자신처럼 행동할 수 있는 친구들이 별로 없기 때문에 뭔가 자신이 대단한 사람인 것 같은 우월감이 느껴지기도 한다. 집의 음울하고, 어둡고, 의기소침한 분위기에서 탈피할 수 있다는 것도 좋게 느껴지는 것이다. 요약해 보면, 가해자들은 암울하게만 느껴졌던 상황에서 우연한 기회에 형성한 관계로부터 자신의 관계의 욕구뿐 아니라 우월의 욕구까지 충족이 되는 강화를 받게 되는 것이다.

이렇듯 나를 받아 주는 친밀한 집단은 '패거리'가 되어 가해집단의 역할을 하기도 한다. 우리 집단의 구성원을 때린 아이는 우리 집단의 '적'이므로 응징해야 한다는 심리를 보이는 것이다. 그러한 심리 때문에 단체로 우르르 가서 그 '적'을 때리는 행위를 하기도 한다.

한편, 피해자였다가 가해자가 되는 경우도 있다. 이들은 피해를 당한 자신의 경험을 되풀이하고 싶지 않은 심리가 크다. 때문에 자기가 피해를 줄 수 있는 더 약한 대상을 찾아 괴롭히는 모습을 보일 수 있다. 혹은 시간이나 조건의 변화로 힘의 불균형이 뒤바뀌어 자기에게 피해를 준 대상에게 복수, 즉 가해를 시도하기도 한다. 상처받고 억울했던 것을 되갚고 싶은 마음에서 그러거나, 가만 놔두면 자신이 또 피해를 당할까 봐 두려워서 먼저 가해행동을 해 버리려는 심리이다.

그렇다면 학교폭력을 예방하기 위해서 가해자에게 어떠한 조력이 제공되어야 할까? 상술한 사례들에서 보듯, 가해 청소년들에게는 보금자리나 안식처가 없는 경우가 많다. 이들에게 정신적 · 물리적 안식처가 될 인적 · 공간적 조력이 제공되어야 한다. 청소년들이 주로 생활하는 공간이 학교이므로 학교에 이러한 조력을 위한 체계적인 지원이 이루어지는 것도 방법이 될 수 있다. 또한 가해학생이든, 피해학생이든 그 한 사람만을 빼내서 도와준다는 것은 현실적으로 어렵다. 왜냐하면 그 학생들을 둘러싼 단체의 암묵적인 규범이나 규칙이 문제현상의 이면에서 작용하고 있기 때문이다. 따라서 학급 단위, 학교 단위, 필요하다면 지역사회 단위 등 구조적으로 접근하려는 노력이 필요하다.

한편, 가해행위가 성범죄로 이어지는 경우도 있다. 가령, 중학교 남학생이 중학교 여학생을 강간하는 사건이 벌어지기도 한다. 피해자인 여학생은 씻을 수 없는 상처를 입었고, 소문이 나서 수치심을 많이 느꼈는데, 가해자인 남학생은 이에 대해 전혀 죄책감을 느끼지 않는다. 가해자인 남학생은 소년원 수용시설에 보내지는 처벌을 받았지만 다녀와서도 반성하는 기미를 보이기는 커녕 오히려 그것이 그들에게 '훈장'과도 같은 '강화물'의 역할을 한다. 그래서 그 일을 자랑스럽게 여기고 언급하며 장난을 치는 모습을 보인다. 이런 사건의 경우, 본인이 저지른 일이 얼마나 잘못된 것인지, 즉 그런 행위는 범죄임을 인식하도록 할 필요가 있으며, 정서적으로도 죄책감 등을 느끼게 교육할 필요가 있다. 또한 일방적인 강간이 아니라 이성교제 과정에서 서로가 좋아서 성관계를 맺게 된 경우, 남학생이 주변의 친구들에게 임신 위험일이 언제인지 묻고, 자신이 여자친구와 성관계를 가졌다는 사실을 자랑삼아 떠벌리는 경우이다. 이러한 경우, 먼저 왜 이런 상황이 되었는지에 대해 진심으로 공감이 가고 이해가 될 때까지 살피고, 만일 성관계가 목표를 성취한 것 혹은 훈장이라고 인식하고 있다면 이러한 잘못된 인식을 수정할 필요가 있다. 만일 이러한 인식이 학급이나 학교에 만연해 있는 분위기라면 이러한 분위기 자체를 변화시킬 필요가 있다. 또한 임신 시 발생할 수 있는 여러 문제를 강조함으로써 임신에 대한 경각심을 고취시킬 필요가 있다.

5) 성인기의 친구관계

성인기는 20세 이상으로, 대학교 이상의 시기를 말한다. 성인기 역시 친구관계가 활발히 형성되는 시기이다. 하지만 이 시기는 동성 친구뿐 아니라 배우자를 염두에 둔 이성교제에 대한 관심이 높아져 이성 간 교류가 활발해지는 시기이다. 이 시기에는 마음에 드는 이성을 찾아 구애하여 연인이 되고, 연인관계에서 혼인관계로 발전되는 시기이다.

이 시기는 대학에서 만들어진 친구관계, 직장에서 만들어진 동료관계, 결혼을 통해 만들어진 부부관계, 자녀 출산을 통해 만들어지는 가족관계 등 다양한 관계가 형성되는 시기이기도 하다. 이 과정에서 배우자의 친구, 자녀의 친구, 자녀의 친구의 부모와도 친교를 맺게 되고, 거주지의 이웃과 친교를 맺게 되는 등 다양한 형태의 사회관계를 맺게 되며, 친구관계로 발전되기도 한다.

대학교 시기의 친구 맺기 고민

안녕하세요, 이번 학기 대학 신입생입니다. 학교생활을 열심히 하려고 했는데
학교에서 친해진 친구들이 프로 불참러들이라 오티도 개총도 안 가고…. 그러다 보니 전 다 참가했지만 과생활이 어렵네요.
과동아리도 고민하다가 시기를 놓쳐 참여하지 못해서 저 더욱 과아싸가 될 것 같은데요.
중동 하나 들고 있고요, 연동은 탈락이고요.
중 · 고등학교 때 친구들은 과에서 과대도하고 신나게 지내 저를 이해하지 못해요.
이젠 과 사람들과 더 친해지고 활동도 하고 싶은데 기회가 오질 않겠죠?
갑자기 엠티 간다고 친해지지 않겠죠?
스스로 놓쳐 버린 기회가 너무 많아 후회 중입니다.

저희 과가 소수과라 더더욱 걱정됩니다.
과에서 아싸처럼 지내도 재밌게 지낼 수 있는 방법 있나요?
알바를 해 볼까요?

출처: 네이버 지식인 질의응답코너에서 발췌하여 수정함.

6) 노년기의 친구관계

노년기는 대체로 회사의 정년퇴임 시기인 60~65세 이상의 시기를 말한다. 노년기 역시 친구관계는 중요한 역할을 한다. 이 시기의 노인들은 활발했던 사회적 · 경제적 주체로서의 역할을 내려놓게 되는 경험을 하며, 신체 기능의 저하 및 기력의 쇠약함과 마주하게 된다. 또한 각종 병에 시달리기도 한다. 그리고 친밀한 사람들과의 사별을 빈번히 경험하게 되어 안타까움, 삶에 대한 허무감이나 우울, 두려움 등을 경험하게 된다(이혜준, 2017).

이 시기 노인의 자녀들은 한창 사회적 · 경제적 주체로 매우 활발한 활동을 요구받으며 동시에 자녀 양육의 역할도 짊어지고 있어 매우 바쁜 나날을 보낸다. 때문에 그들의 자녀는 노인이 된 부모와 교류하는 데 시간을 할애해 주지 못한다. 또한 이 시기의 노인들은 많은 친구와 사별을 경험함으로써 실의에 빠진 상황이다. 때문에 이들에게 현재의 삶은 자칫 우울하고, 외로운 일상이 되기 쉽다. 이러한 일상을 보다 풍성하게 만들기 위해서 노인들은 자신의 체력 조건에 맞는 소소한 역할들을 찾아 수행함으로써 자신이 여전히 '유용한 존재'임을 재확인하고 싶어 하며, 남아 있는 친구, 새로 알게 된 친구들과 일상을 함께하며 생활에 활기를 불어넣고자 한다. 이 시기 노인들의 친구는 또래로 국한되지 않는다. 노인이 활동 가능한 반경에서 만난 다양한 사람이 모두 친구가 될 수 있으며, 노인을 조력하는 자원이 될 수 있도록 주변에서 도와야 한다. 대체로 노인들은 등산모임, 바둑모임, 가요교실, 손자녀 양

육교실 등 주민센터의 강좌에서 친구관계를 새로 맺게 된다. 이렇게 만난 사람들과 정기적인 모임을 갖고 조직을 만들어 활동하면서 사회 속에서 여전히 자신의 자리가 있음에 안도한다.

3. 친구관계의 발전단계

친구관계는 어떻게 발전될까? 휴스턴과 레빈저(Huston & Levinger, 1978)는 두 사람 사이의 상호의존성 정도가 높아짐에 따라 친밀감이 발전된다고 보고, 친밀한 관계로 발전되는 과정을 3단계로 제시하였다. 이 절에서는 이 3단계에 더해 친구관계의 종결, 즉 해체되는 단계를 4단계까지 제시하고자 한다.

1) 1단계: 면식의 단계

이 단계는 두 사람이 서로의 존재를 알고는 있지만 직접적으로 접촉을 시도하지는 않는 단계이다. 우연히 같은 반에 배정되어서 얼굴을 알게 된 학생, 새로 들어간 회사에서 일하는 다른 부서의 직원 등 오가다가 마주쳐서 얼굴은 알고 있으나 대화나 활동을 통해 직접 접촉하지는 않은 상태를 말한다. 다만, 상대방에 대한 관심과 호기심이 생겨 관찰을 하는 단계이다.

2) 2단계: 접촉의 단계

이 단계는 두 사람 사이에 대화나 활동을 통해 직접적인 접촉이 일어나는 단계이다. 이 단계에서의 접촉은 대체로 피상적이고 형식적인 수준에서 이루어진다. 상황이나 제도로 인해 부여받은 역할을 수행하는 과정에서 가볍게 접촉하고, 관심이 오고 가는 정도이다. 대학 교양과목 수업에서 조별 과제를 하느라 만나게 된 사이, 거래처 회사의 직원 등 업무상 목적으로 만나게 된 사람과 접촉하는 수준이 이 단계에 해당한다. 이 단계는 상호작용하는 두 사람 사이에 교류의 공정성과 호혜성이 이루어져야 관계가 유지된다.

3) 3단계: 상호의존의 단계

이 단계는 상호교류가 공적인 측면에서 사적인 측면으로까지 발전된 단계로, 두 사람 사이의 상호의존의 너비와 깊이가 확장되는 단계이다. 이 단계에서는 서로 가치관, 성격, 고민 등을 공유한다. 학교에서 조별활동을 하다가 성격이나 가치관 등이 맞아서 친밀한 사이로 발전한 경우, 산후조리원에서 만나 육아에 대한 정보를 주고받다가 뜻이 맞아 서로 친해진 경우, 단순히 직장 동료였다가 함께 동고동락하는 과정에서 개인적인 고민을 나누면서 친밀한 관계가 된 경우 등이 상호의존의 단계에 해당된다. 이 단계의 상호작용은 호혜성을 초월한다. 가령, 같은 학교에 다니고, 같은 연예인을 좋아하며, 많은 비밀을 공유하면서 키워 왔던 우정일지라도 다른 상황에 놓이면 자주 만나지 못하거나 관심사가 달라질 수 있는데, 그렇다 하더라도 오랜만에 안부를 묻거나 만나면 반갑고, 지지받는 느낌이 드는 관계가 여기에 해당한다.

4) 4단계: 해체의 단계

친구관계는 상황에 따라 형태가 변형되거나 때로는 해체되기도 한다. 친구관계의 해체는 결국 둘 사이에 발생한 갈등을 해결하는 데 실패함으로 인해 온다. 발생할 수 있는 갈등은 다음과 같다.

첫째, 상황의 변화이다. 중·고등학교 시기를 동고동락했던 친구가 대학생이 되면서 한 친구는 대도시로 가고, 다른 친구는 고향에 남아 있게 되면 물리적으로 접촉할 시간과 빈도가 줄어들게 된다. 또한 각자가 직면한 발달과업의 종류가 달라져 화제나 관심사가 달라진다. 각자의 일로 바쁘게 살아가는 친구들이 어렵게 시간을 마련해서 만났는데, 결혼을 한 친구는 시댁과의 갈등, 육아로 인한 고충을 얘기하고, 독신주의자인 다른 친구는 직장 업무를 익혀야 하는 부담감, 직장 상사와의 갈등에 대한 얘기를 한다면 서로의 이야기를 들을 때 흥미가 떨어져 자연스레 교류가 뜸해지게 된다.

둘째, 투자와 보상의 불균형이다. 친구가 어려울 때 나는 내 일을 희생해서 적극적으로 도왔는데, 내가 어려운 상황에 있을 때 친구는 나를 외면한 경우, 내 이성 친구를 친구가 빼앗고자 하는 경우, 친구에게 보증을 서 주었는데 친구 사업이 망해 피해를 입게 된 경우와 같이 서로에 대한 신뢰, 기대치, 배려심 등에 불균형이 발생하면 서로에게 서운함이나 실망, 배신감을 느낄 수 있다.

4. 친구관계에서의 갈등 해결하기

그렇다면 어떻게 갈등을 해결할 수 있을까? 항상 갈등을 완벽하게 해결할 수 있는 것은 아니다. 다만, 노력을 할 경우 갈등이 풀려 관계가 돈독해질 가능성이 높다.

우선 기본적으로 서로를 존중하는 태도를 가지고 있어야 하며, 나의 감정만큼 상대방의 감정을 이해하고 지지해 주려는 노력을 한다면 서로에게 좋은 관계로 남을 수 있다.

다음에서 소개하는 사례를 읽고, 나름대로의 해결방안에 대해 생각해 보자.

저는 현재 N에서 일하는 직장인입니다. 저에게는 십년지기 단짝 친구가 있는데요. 중학교 때부터 같은 동네에 살면서 같은 학교에 다니고, 같은 아이돌 가수를 좋아하며, 서로에 대해 모든 것을 공유한 친밀한 사이였습니다. 그런데 저는 특성화 고등학교를, 친구는 인문계 고등학교를 가면서 사이가 점차 멀어졌고, 졸업 후 저는 직장인으로 일

> 하게 되었고, 친구는 서울로 대학을 가게 되면서 지리적으로도 더 멀어지게 되었습니다. 친구는 취업을 위해 학과 공부와 취업 준비를 하는 데 온 신경이 집중되어 있고, 저는 남자친구가 생겨 이 문제를 의논하고 싶습니다. 상황상 서로 자주 보지 못하는 중에 어렵게 시간을 내서 친구를 만나러 서울로 올라갔는데, 친구가 자신의 대학 친구들에게 저를 소개시켜 주었습니다. 함께 만나 식사를 하며 몇 마디 대화를 나누었는데, 문득 이제는 제 친구가 대학 친구들과 더 많은 것을 공유하며 가깝게 지내는 듯한 느낌이 들어 묘한 기분이 들었습니다. 나중에 집에 와 곰곰이 생각을 해 보니 서글픔이었던 것 같습니다. 이렇게 우정이 끝나는 것일까요?

만일 이런 상황에 처했다면 그동안 함께 쌓아 온 게 있는데 새로 알게 된 대학 친구들에게 내 친구를 빼앗긴 것 같아 속이 상하고, 친구에게 섭섭한 마음이 들 것이다. 하지만 생활반경이 변했듯, 우정의 형태도 변화가 필요하다는 것을 받아들일 시점이 왔다. 중・고등학교 때에는 한 반에서 하루의 대부분을 함께 보내다 보니 오랜 시간을 그 친구와 보냈겠지만, 성인이 되면 각자의 생활반경에 연인, 동료 등 새로운 다양한 사회생활에 노출되며 인간관계를 맺어 가야 하는 상황이 되기 때문이다. 더욱이 이 시기는 본격적으로 경제활동을 하게 되는 시기이므로 무척 바쁜 나날을 보내게 된다. 때문에 예전처럼 많은 시간을 함께할 수 없게 된다. 그렇다고 해서 그 친구와의 우정이 사라지는 것은 아니다. 관심사가 달라 고민에 대해 함께 공유할 수 없어 실망스러운 마음도 들겠지만, 그래도 막상 만나면 지지가 되는 존재로 남아 있기 때문이다. 세월이 가면 우리도 나이가 들듯, 상황에 따라 우정의 형태도 변하는 것일 뿐 사라지지는 않는다. 비록 만족스럽지는 않을지라도 달라지는 우정의 모습을 인정하고 받아들여야 할 때이다. 그러면 오래도록 그 친구와 함께 하는 즐거움을 누릴 수 있다.

학습활동

요즘 대학가에서 들려오는 말로 '아싸' '인싸' '핵인싸'라는 말이 있습니다. '아싸'란 친구들과 우정을 쌓고 추억을 만드는 대신 스펙을 쌓고 학점을 따느라 스스로를 '왕따'시킨다는 뜻으로, 아웃사이더의 줄임말입니다. 대학가에서 점점 늘어나는 추세라고 합니다. 이는 극심한 경제 불황이 청년층의 취업에 영향을 줌으로써 대학생들의 라이프 스타일에도 영향을 미치고 있음을 방증하는 현상 중 하나입니다. 이렇듯 힘든 시기를 보내고 있는 20대 청년층들은 취업준비 때문에 친구와 어울릴 시간은 사치로 느낍니다. 다른 한편으로는 친구가 경쟁대상이기도 하기에 가까이 하기가 꺼려지기도 합니다. 이렇듯 안타까운 현실을 살아가야 하지만, 그럼에도 불구하고 행복한 삶을 영위하기 위해서 우리의 인간관계는 어떤 형태로 진화해야 할까요?

참고문헌

고진경(1987). 아동의 우정관계 개념발달. 중앙대학교 대학원 석사학위논문.

김미숙(2006). 영아 학급에서의 일상적(daily) 우정의 형성 과정. **열린유아교육연구, 11**(6), 153-175.

김성혜, 김지연, 이여경, 최윤정(2007). 어린이집 만1세 영아반에서의 친구에 대한 의미탐색. **아동복지연구, 5**(4), 59-79.

박미향(2017). **별별 학부모 대응 레시피**. 서울: 학지사.

선소영(2015). 중학생 친구집단의 패턴과 신도시에서의 계급 및 주거공간 분화. 서울대학교 대학원 석사학위논문.

신유림(2004). 유아의 친구관계 특성에 대한 연구. **유아교육연구, 24**(6), 27.

이혜준(2017). 도시 초고령 노인의 친구관계의 경험. 서울대학교 대학원 석사학위논문.

한대동, 길임주(2016). 초등학교 고학년 학생들의 친구관계의 양상과 발달에 관한 조사연구. **초등교육연구, 29**(4).

홍정선, 이재숙(2007). 유아들의 친구관계 질적 특성에 관한 연구. **한국유아교육연구, 9**, 55-83.

Cohen, S., & Syme, S. L. (Eds.). (1985). *Social support and health*. San Diego, CA, US: Academic Press.

Dickens, W. J., & Perlman, D. (1981). Friendship over the life-cycle. In S. W. Duck & R. Gilmour (Eds.), *Personal relationships 2: Developing personal relationships*. New York: Academic Press.

Erwin, P. (2001). **아동기와 청소년기의 친구관계**. (박영신 역). 서울: 시그마프레스. (원저는 1998년에 출판).

French, D. C., Jansen, E. A., Riansari, M., & Setiono, K. (2003). Friendship of Indonesian children. *Social Development, 12*, 605-621.

Furman, W., Buhmester, D. (1992). Age and sex difference in perception of networks of personal relationship. *Child Development, 63*, 103-115.

Hazan, C., & Zeifman, D. (1994). Sex and the psychological tether. In K. E. Bartholomew & D. Pearlman (Eds.), *Advances in personal relationships* (pp. 151-178). London: Jessica Kingsley.

Huston, T., & Levinger, G. (1978). Interpersonal attraction and relationships. In M. Rosenzwig & K. Porter (Eds.), *Annual Review of Psychology* (Vol. 29). Palo Alto, CA: Annual Review.

Leontyev, A. N. (1979). *Activity, consciousness, and personality*. Englewood Cliffs, NJ: Prentice-Hall.

Park, K. A. (1992). Preschoolers' reactions to loss of a best friend: Developmental trends and individual differences. *Child Study Journal, 22*, 233-251.

Takahashi, K., Inoue, M., Yamakawa, K., & Shibata, R. (2009). Development of social relationships with significant others from 3 to 8-year-old Japanese chileren: nature and nurture. In Høgh-Olesen, T., Tønnesvang, J., & Bertelsen,

P. (Eds.), *Human characteristics: Evolutionary perspectives on human mind and kind* (pp. 184-198). Newcastle upon Tyne: Cambridge Scholars Pub.

네이버 사전. http://dict.naver.com

연인관계

학습목표

1. 사랑의 의미를 알아본다.
2. 사랑의 유형을 설명할 수 있다.
3. 연인관계의 시작–형성–심화–붕괴–종결의 과정을 이해한다.
4. 사랑이 붕괴되는 과정을 이해하고, 이를 극복할 방법을 안다.

1. 사랑의 정의

사랑에 대해 아직까지 합의된 정의가 있는 것은 아니지만, 대체로 사랑이란 애정이라는 감정, 함께 있고 싶은 욕구, 도와주고 싶은 것과 관련된 강렬하고 긍정적인 감정으로 설명된다(Nevid & Rathus, 2016). 심리학자들은 사랑이 인지, 동기, 정서와 같은 다양한 경험의 영역과 관련된 복잡한 개념이라는 점을 발견하였으며, 다양한 맥락에서 여러 가지 형태로 나타난다고 보았다. 이 장에서는 사랑을 지적으로 이해하고, 사랑의 유형을 분류한 두 학자의 이론을 소개하고자 한다.

2. 사랑의 유형

1) 존 리의 6가지 유형

리(Lee, 1977, 1988)는 사랑의 의미를 내포하는 그리스어에 근거하여 사랑을 여섯 가지 유형으로 구분하였다.

John A. Lee

(1) 에로스(Eros) 혹은 낭만적 사랑(romantic love)

에로스는 뜨거운 열정과 욕망이 중요한 요소가 되는 강렬한 사랑이다. 낭만적 사랑은 강력한 신체적 매력이나 열정의 감정에서 시작하며, 강력한 생리적 각성과 관련이 있다. 이러한 사랑은 이성이 지닌 외모의 아름다움으로 촉발되며, 지속적으로 연인을 생각하고, 연인과

[그림 3-1] 사랑의 여섯 가지 유형

출처: https://unsplash.com; 영화 〈위험한 정사(Fatal Attraction)〉의 한 장면.

하나가 되고 싶은 욕망을 느끼며, 강렬한 감정과 집착을 나타낸다. '한눈에 반한 사랑'을 말하며, 로미오와 줄리엣의 사랑, 에드 시런의 노래 〈Shape of you〉에서 전개되는 사랑이 그 대표적인 예라 할 수 있다.

홍미롭게도 이러한 개념적 구분을 뒷받침하는 신경생리학적 근거가 있다. 에로스식 사랑의 감정과 관련된 '페닐에틸아민(Phenylethylamine)'은 시각적 자극에 강하게 반응하는 신경전달물질이다(신경희, 2018; 진정일, 2019). 즉, 아름다운 대상을 보았을 때 강한 감정이 생기고, 그 대상에 빠지게 되는 데 영향을 주는 것이다. 이러한 페닐에틸아민은 도파민과 세로토닌, 엔도르핀 등 행복과 쾌감을 일으키는 호르몬의 분비를 촉진하는데, 열애에 빠진 사람들이 마약을 복용했을 때와 같은 상태를 경험하는 이유가 바로 이 호르몬들이 작용하기 때문이다(시사상식사전, 2019; 신경희, 2018; 진정일, 2019).

(2) 스토르게(Storge) 혹은 우정 같은 사랑(companionate love)

스토르게는 깊은 우정이나 애착이 주된 요소가 되는 사랑으로, 성적이지 않은 애정을 말한다. 이는 친구나 부모–자녀 사이를 묶어 주는 정서이기도 하다. 이러한 연인관계는 오랜 기간 친구로 지내면서 서로 편안함을 느끼고, 말이 잘 통하며, 관심과 취향이 비슷하여 서서히 연인으로 발전하는 경우에 해당한다. 즉, 오랜 시간 점진적으로 모르는 사이에 조금씩 조금씩 서로를 사랑하여 연인이 된 사이를 말하는데, 다른 각도로 보자면 스토르게적 사랑의 욕구를 지닌 사람은 자신의 연인을 오래 함께할 목적으로 오랜 시간을 들여서 검증하고자 하는 마음이 있을 수 있다. 한마디로 스토르게적 연인관계에서 연인이란 '나를 보살펴 주는 사람'을 의미한다. 따라서 편안하고, 정다우며 신뢰가 바탕을 이루지만 뜨거운 열정이나 낭만은 없다.

스토르게에 대한 신경생리학적 근거는 옥시토신에서 찾을 수 있다. 옥시토신은 오랜 관계에서 느껴지는 사랑의 감정, 즉 모자 · 연인 간 결속, 애착, 안정감 형성에 관여하고, 신뢰, 친절, 사회적 보살핌과 이타적 행동을 유발하는 데 관여하는 호르몬이다(신경희, 2018; 장대익, 2017). 옥시토신은 스트레스 상황에서 주위 사람들을 찾고 돌보는 '보살피고 친구가 되는 반응'을 하도록 하며(Taylor et al., 2000), 사람들을 경계하지 않고 서로 믿고 가까워지게 만들고(Heinrichs & Domes, 2008), 다른 사람의 심리상태를 추측하는 능력에도 영향을 미치는 것(Domes et al., 2007)으로 알려져 있다.

(3) 루두스(Ludus) 혹은 유희적 사랑(playful love)

루두스는 재미와 쾌락을 중요시하며 즐기는 사랑이다. 루두스적 사랑에서의 연인이란 '나를 기쁘게 해 주는 존재, 즐겁게 해 주는 존재'로 비쳐지는 듯하다. 또한 루두스적인 사랑은 상대에 대한 강력한 집착이나 관계 지속을 위한 장기적인 계획이 없으며, 한 인격체로서의 존재와 감정을 관계에 연루시키지 않고 단지 놀이화하고자 하는 속성을 지닌다. 책임져야 하거나, 구속당하는 것에 대한 부분을 고려하지 않으므로 이런 고통을 공유해야 하는 상황이 오면 싫어지거나 부담감을 느끼기 시작한다. 파트너의 고통이나 삶에 연루되고 관여해야 하거나 구속당하는 것을 싫어하거나 두려움을 느낀다. 애초에 파트너를 재미와 쾌락을 함께할 대상으로 여겼을 뿐 정신적인 부분까지도 공유하고 책임질 생각으로 임했던 관계가 아니기 때문이다. 혹은 자신의 자율성이 침해당하는 것이 두려워서 그럴 수도 있다. 때문에 상대가 자신을 구속하려고 하면 불안해하고 책임회피적인 반응을 보인다. 루두스적인 사랑의 주요 목적이 쾌락과 즐거움인 만큼 이것이 줄어들면 다른 대상을 찾는 것이다. 그냥 가볍게 즐기고 싶어 하는 만남이나 바람둥이들이 나타내는 사랑이 여기에 해당된다.

영화 〈500일의 썸머〉에서 여자 주인공인 썸머가 남자 주인공에게 보이는 사랑, 화가 파블로 피카소가 여러 아내와 애인에게 보였던 사랑이 루두스적인 사랑의 모습을 잘 묘사해 준다. 영화 〈500일의 썸머〉에서 남자 주인공은 둘의 사이가 어떤 사이인지, 그녀에게 자신이 어떤 존재이고, 얼마의 비중을 차지하는지를 궁금해한다. 반면, 여자 주인공인 썸머는 자신의 연인에게 집착하지 않는다. 연인과의 미래라든지, 연인과 자신의 관계에 대해 규정하려고 하지도 않는다. 다만, 남자 주인공을 즐거워서 만났으며, 함께 즐기는 데

[그림 3-2] 유희적 사랑의 예: 영화 〈500일의 썸머〉에서 여주인공 썸머(좌), 화가 파블로 피카소(우)
출처: 영화 〈500일의 썸머〉중 한 장면(좌).

의의를 두는 모습을 보였고, 종국에는 자신과 더 잘 맞는다고 생각하는 새로운 사랑을 찾아 떠난다.

파블로 피카소의 사랑도 썸머와 유사한데, 파블로 피카소의 사랑에 대해 세인들이 이야기하는 바에 따르면 파블로 피카소는 자신에게 영감을 주거나, 즐겁게 해 주는 여성들을 만나는 것을 좋아했지만, 그 여성들이 자신의 고뇌를 공유하고자 하거나 피카소에게 정신적으로 의뢰하고자 할 때에는 그녀들로부터 벗어나고 싶어 했으며, 끊임없이 모종의 감명을 주는 여성을 추구했다고 한다.

(4) 프라그마(Pragma) 혹은 실용적 사랑(pragmatic love)

프라그마는 사랑하기에 앞서 상대방의 가정 배경, 교육 수준, 성격, 취미, 종교 등 여러 조건을 고려하여 사랑의 대상을 선택하는 현실주의적이고 합리주의적인 사랑이다. 논리적 사랑으로 불리기도 한다. 즉, 프라그마적 사랑에서 연인은 책임감과 미래의 안정성과 떼려야 뗄 수 없다. 프라그마적 사랑의 욕구가 강한 사람은 그만큼 생계나 생존에 대한 불안감이 높거나, 그동안 자신이 이룩해 놓았거나 이룩해 나갈 성취나 노력이 힘겨웠다고 여기거나, 여기에 큰 가치를 두는 쪽일 수 있다. 때문에 연인으로 인해 자신의 성공에 잠재적인 지장이 생기는 것에 대한 두려움이 큰 사람일 수 있다. 하지만 조건을 고려하여 선택한 대상일지라도 프라그마적 사랑에는 강렬한 애정이나 열정의 감정이 뒤따를 수 있다. 리(Lee, 1977)는 프라그마를 스토르게와 루두스가 혼합된 사랑으로 정의하였다. 결혼정보회사 등 중매를 통해 자신에게 적합한 조건을 지닌 상대를 만나 사랑하는 경우가 여기에 해당된다. 흔히 결혼을 생각해서 교제할 이성을 선택하는 사람들의 심리가 프라그마적인 사랑의 태도를 보여 준다고 할 수 있다.

(5) 아가페(Agape) 혹은 이타적 사랑(altruistic love)

아가페란 상대방을 위하고 보살피는 마음으로 하는 무조건적이고 헌신적인 사랑을 말한다. 이러한 사랑은 대가를 바라고 하는 사랑이 아니다. 받는 것이 아니라 주는 것, 자신보다는 사랑하는 사람의 행복과 성취를 위해 희생하는 사랑을 말한다. 아가페적 사랑에서는 연인이 고통받지 않도록 하는 게 곧 자신의 행복이 되는데, 연인에게 자신의 모든 것을 주고 싶은 마음, 기꺼이 아낌없이 주는 모습으로 설명될 수 있다. 리(Lee, 1977)는 아가페를 에로스와 스토르게가 혼합된 사랑으로 정의하였다. 애니메이션 〈나의 붉은 고래〉에서 남자주인공인 '추'의 '춘'을 향한 사랑이 여기에 해당된다. '추'는 '춘'과 어릴 때부터 마을 친구였는데, 어느 순간부터 '춘'에게서 이성적인 감정을 느끼고 남몰래 좋아한다. 이렇듯 처음에는 스토르게적 사랑을 키우던 '추'는 '춘'이 비록 자신을 이성으로 사랑하지 않음에도 불구하고, '춘'이 위기에 처하자 기꺼이 자신의 목숨을 희생해서라도 '춘'이 행복할 수 있는 선택을 한다. 즉, '추'의 '춘'을 향한 사랑은 아가페적 사랑으로 발전된 것이다.

(6) 마니아(Mania) 혹은 소유적 사랑(possessive love)

마니아란 상대방을 완전히 소유하거나, 상대방에게 자신이 소유당하고 싶어 하는 강렬한 소유욕과 집착을 중요한 요소로 하는 강렬한 사랑이다. 마니아적 사랑은 자신이 연인으로부터 '사랑받고 있다'라는 느낌을 영원히 소유하고 싶어 하는 사랑이라고 설명할 수 있다. 때문에 연인이 자신에게 관심을 보이지 않으면 몹시 불안해한다. 현재 시점에서 마니아적 사랑을 하는 사람에게 초미의 관심사는 애정욕구, 즉 연인에게 관심 받고 싶은 욕구이다. 그러나 그 욕구가 채워지지 못할 경우에는 강렬한 유기불안, 즉 버려짐에 대한 공포를 느낀다. 리(Lee, 1977)는 마니아를 에로스와 루두스가 혼합된 사랑으로 정의하였다. 상대방에게 버림받을까 봐 항상 두려움에 마음을 졸이며, 상대방의 사랑을 확인하는 과정에서 강한 흥분과 깊은 절망, 배신감, 증오 등의 극단의 감정을 오간다. 영화 〈위험한 정사〉에서 알렉스를 연기한 글렌 클로스의 모습이나 파울로 코엘료의 소설『승자는 혼자다』에서 남자 주인공인 이고르나『추락하는 것은 날개가 있다』에서의 남자 주인공 모두 소유적 사랑의 극단적인 예로 볼 수 있다.

영화 〈위험한 정사〉에서 알렉스는 댄이라는 남자와 우연히 단 하룻밤의 정사를 나누게 된다. 그렇게 우연히 하루를 보낸 것뿐임에도 불구하고 알렉스는 댄에게 심리적인 밀착을 느꼈다. 그녀는 자신과 하룻밤을 보낸 일을 근거로 댄에게 자신을 사랑해 줄 것을 강요한다. 하지만 댄으로부터 거절당하자 극심한 공허감과 우울감을 느끼고 자해행동을 하며, 댄을 차지하기 위해 댄의 집에까지 찾아가서 가족을 공격하는 경계선 성격장애의 증상을 보이기도 한다. 이렇듯 극단의 감정을 오고가는 모습이 마니아적인 사랑을 잘 보여준다.

소설 속에서의 이고르나 형빈 역시 마니아적 사랑을 보여 주는 인물인데, 이고르는 자신을 버린 아내를, 형빈은 자신을 떠난 연인에게 집착하면서 끝까지 쫓아가 결국에는 죽이고 만다.

하지만 마니아적인 사랑의 속성은 소설 속에 묘사된 인물들이 보이는 극단적인 모습만을 지칭하는 것은 아니다. 대개의 연인들이나 부부들이 상대방에 대해 독점적으로 소유하고 싶은 감정도 마니아적인 속성에 해당하기 때문이다. 마니아란 연인관계를 맺거나 부부 사이에 자신이 자신의 연인 혹은 배우자에게 있어 다른 이성들과 구분되는 특별한 존재이고 싶은 측면을 말하는 것이니 말이다. 사실 연인이나 부부관계라는 말 자체에 서로가 서로를 구속할 권한이 암묵적으로 내포되어 있기도 하고 말이다. 다만, 문제가 되는 경우는 상대방에 대한 구속이 '소속감'의 정도를 넘어 개인의 '자율성'을 훼손할 정도로까지 마니아적 욕구를 과도하게 지니는 경우이다. 이런 경우, 마니아적인 속성은 관계에 갈등을 일으키는 소지를 만들 수 있다.

학습활동

1. 여러분은 여섯 가지 사랑의 유형 중 어떤 사랑의 형태를 추구하나요? 그리고 추구하는 사랑을 이루려면 어떤 사람을 연인으로 만나는 것이 좋을까요? 가령, 스토르게적 사랑을 추구하는 사람은 어떤 사람을 연인으로 만나는 것이 좋을까요? 자신에게 어떻게 대해 주는 사람을 곁에 두고 싶어 할지에 대해 생각해 봅시다.

2. 애니메이션 〈나의 붉은 고래〉에는 여자 주인공인 '춘'과 남자 주인공인 '곤'과 '추'가 있다. 애니메이션을 시청한 후 다음 물음에 답해 봅시다.

- 각 주인공이 보인 사랑은 어떤 유형의 사랑인가요?
- 여러분이 '곤'이라면 '춘'을 떠날 수 있나요?
- 여러분이 '추'의 입장이라면 '춘'을 보낼 수 있나요?
- 여러분이 '춘'이라면 '추'의 고백을 받았을 때 '추'에게 어떻게 대할 것 같나요?

지금까지 리(Lee, 1977)의 사랑의 여섯 가지 유형을 살펴보았다. 사람들이 실제로 사랑을 할 때에는 비중만 다를 뿐 여섯 가지 요소가 모두 작용한다. 여러분은 여섯 가지 요소 중 어떤 요소가 두드러진 사랑을 하고 있는가? 리(Lee, 1977)의 연구에 근거해서 개발한 **사랑의 유형 검사**를 통해 여러분의 사랑 유형을 진단해 보자. 리(Lee, 1977)의 연구에 근거해서 개발한 사랑의 유형 검사에는 래스웰(Laswell) 부부가 개발한 측정도구(1976)가 있는데, 본 교재에서는 래스웰 부부가 제작한 측정도구에 문제점이 있음을 발견하고, 이를 보완한 헨드릭(Hendrick) 부부의 측정도구(1986)를 소개하고자 한다.

다음의 검사를 통해 자신의 애정양식을 파악해 보자.

사랑 태도 척도(Love Attitudes Scale)

이 검사는 리(Lee, 1977)의 연구에 근거해서 개발한 사랑의 유형 검사입니다. 몇몇 문항은 구체적으로 당신의 연인을 지칭하여 질문하는 문항들이고, 나머지 문항들은 사랑에 대한 당신의 전반적인 태도나 신념을 묻는 문항들입니다.

※ 실시 주의사항 ※

■ 가급적이면 당신의 현재 연인을 염두에 두고 다음의 질문에 답해 봅시다. 만일 지금 데이트하고 있는 애인이 없다면 현재 미묘하게 감정의 교류가 오고 가는 상대('썸'을 타고 있는 대상)를 대상으로 답해 봅시다. 그런 대상이 없다면 사귀었던 연인 중 내가 가장 사랑했던 사람을 떠올려 답해 봅시다. 만일 사랑해 본 경험이 전혀 없다면 당신이 연애를 하게 된다고 상상하고 당신이 보일 것 같은 모습을 생각하여 답하면 됩니다.

① (　　) 당신의 현재 연인
② (　　) 당신이 현재 '썸'을 타고 있는 대상
③ (　　) 사귀었던 연인 중 내가 가장 사랑했던 사람
④ (　　) 사랑해 본 경험이 전혀 없으므로 상상 속의 이상형

■ 연인은 나와의 사랑에 대해 어떠한 태도나 신념을 지니고 있는지를 생각해 보기 위해 입장을 바꾸어 봅시다. 즉, 내가 연인이라고 상상하여 다음의 질문에 답해 봅시다.

전혀 아니다		보통이다		매우 그렇다
1	2	3	4	5

	에로스(Eros)	나	연인
1	나의 연인과 나는 처음 만나자마자 서로에게 끌렸다.		
2	나의 연인과 나 사이에는 일종의 '케미'라는 게 있다.		
3	우리의 사랑은 매우 강렬하고 만족스럽다.		

4	나의 연인과의 만남은 운명적인 만남으로 느껴진다.		
5	나의 연인과 나는 다소 빠른 속도로 서로에게 특별한 감정을 가지게 되었다.		
6	나의 연인과 나는 정말로 서로를 잘 이해한다.		
7	나의 연인은 내가 바라는 이상적인 신체적 기준(잘생김/예쁨)에 맞는 사람이다.		

	루두스(Ludus)	나	연인
8	나는 애인에게 나의 태도를 애매하게 하려고 노력한다.		
9	내 연인이 나에 대해 다소 모르는 것이 있다고 하더라도 그것 때문에 속상해하지는 않을 것이라 믿는다.		
10	나에게 애인이 동시에 두 명이 있을 때 나는 이따금씩 그들이 서로의 존재를 알아차리지 못하게 해야 했다.		
11	나는 연인과 결별했을 때, 꽤 쉽고 빠르게 극복할 수 있었다.		
12	나와 다른 사람 사이에 있었던 일들을 내 애인이 안다면 무척 기분 나빠 할 것이다.		
13	내 애인이 나에게 너무 의존적이 되면 나는 좀 뒤로 물러나고 싶다.		
14	나는 여러 다양한 상대와 하는 사랑 게임을 하는 것을 즐긴다.		

	스토르게(Storge)	나	연인
15	나와 내 연인의 감정이 언제 우정에서 사랑으로 바뀌었는지를 콕 집어 말하기 어렵다.		
16	처음에는 서로를 보살펴 주고 싶은 마음이 먼저 생겨야 진정한 사랑이라고 할 수 있다.		
17	내 연인과 내가 항상 친구로 지낼 수 있기를 바란다.		
18	오랜 우정으로부터 싹튼 사랑이 최고의 사랑이다.		
19	우리의 우정은 시간이 지남에 따라 점차적으로 사랑의 감정으로 녹아들었다.		
20	사랑은 미스테리하고, 신비스러운 감정이 아니라 정말 깊은 우정의 감정이다.		
21	나에게 가장 만족스러운 연애는 좋은 친구관계로부터 발전되었다.		

	프라그마(Pragma)	나	연인
22	나는 마음에 드는 이성과 헌신적인 관계에 돌입하기에 앞서 나의 장래 목표를 우선적으로 고려한다.		
23	나는 애인을 고르기에 앞서 나의 인생설계를 신중히 하고자 노력한다.		
24	배경이 비슷한 사람끼리 사랑하는 것이 가장 좋다.		
25	애인을 고르는 데 있어 고려해야 할 사항은 상대가 내 가족을 어떻게 생각하는가이다.		
26	애인을 고르는 데 있어 중요한 사항은 상대가 좋은 부모가 될 수 있는지의 여부이다.		
27	애인을 고르는 데 있어 중요한 사항은 상대가 나의 직업을 어떻게 생각하느냐이다.		
28	누구와 깊게 사귀기 전에 나는 우리가 아기를 가지게 될 경우, 상대의 유전적 배경이 나와 잘 맞는지부터 고려한다.		

	마니아(Mania)	나	연인
29	우리 사이의 일이 잘 해결되지 않으면 나는 소화불량 등 장에 탈이 난다.		
30	사랑이 깨졌을 때, 나는 너무나 우울해져서 심지어 자살까지 생각해 봤다.		
31	나는 사랑에 빠지면 너무 흥분되어 종종 잠을 못 이루기도 한다.		
32	애인이 나에게 관심을 보이지 않을 때, 나는 온몸이 쑤시고 아프다.		
33	나는 사랑에 빠지면 다른 일에 집중하는 게 힘들다.		
34	내 애인이 다른 사람과 있다는 의심이 들면 마음 편하게 있을 수가 없다.		
35	애인이 한동안 내게 무관심할 때, 나는 종종 애인의 관심을 내게로 돌리기 위해 어리석은 행동을 하기도 한다.		

	아가페(Agape)	나	연인
36	애인이 곤경에 빠지면 나는 항상 애인을 도와주려고 노력한다.		
37	애인을 고통 받게 하기보다는 차라리 내가 고통 받는 게 낫겠다.		
38	나의 애인이 행복하지 않으면 나도 행복하지 못하다.		

39	애인이 원하는 것을 얻게 하기 위해서 나는 기꺼이 내가 원하는 것을 희생할 것이다.		
40	내가 가지고 있는 것은 무엇이든지 내 애인이 원한다면 마음대로 사용해도 좋다.		
41	내 애인이 내게 화를 낼 때에도 나는 여전히 진심을 다해 무조건적으로 애인을 사랑한다.		
42	내 애인을 위해서라면 나는 모든 어려움을 견딜 것이다.		

※ 채점 및 해석 ※

■ 각 유형별로 점수를 합산하여 다음 제시된 빈 칸을 채워 봅시다.

사랑의 유형 / 합계	낭만 (에로스)	유희 (루두스)	우정 (스토르게)	실용 (프라그마)	소유 (마니아)	이타 (아가페)
나						
연인						

■ 다음에 제시된 0~35점 사이에 각 유형별로 합산된 점수를 찍고, 각 선들을 이어 봅시다 (이 때 나의 점수는 붉은색, 연인의 점수는 파란색으로 표시하도록 합니다).

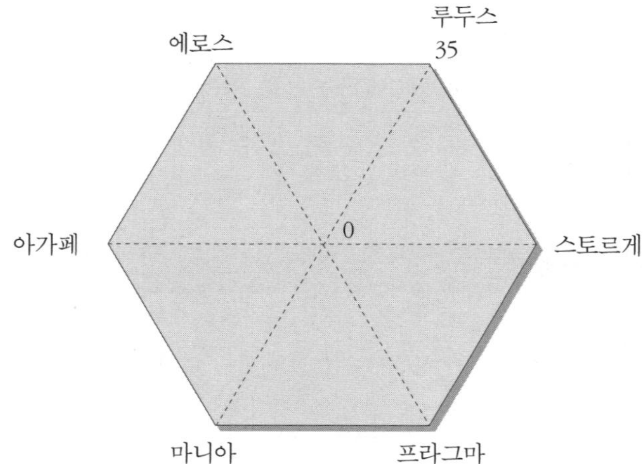

■ 채점이 완료되었으면 다음의 질문에 대해 생각해 봅시다.

1. 당신은 요즘 당신의 연인관계가 어느 정도로 만족스럽습니까?
2. 검사결과, 당신과 연인이 나타내는 점수의 크기는 전반적으로 큽니까, 아니면 작습니까?
3. 검사도구를 제작한 연구자들에 의하면 점수가 높은 유형이 자신의 사랑 유형에 해당한다고 합니다. 당신과 당신의 연인이 가장 높게 나온 유형과 가장 낮게 나온 유형은 어떤 유형입니까?
4. 두 사람의 사랑의 유형을 도형으로 그린 모양이 비슷하게 나온 편입니까, 아니면 다르게 나온 편입니까?
5. 모양이 다르다면 어디가 다르게 나왔습니까?
6. 만일 연인관계를 조금 더 만족스럽게 만들어 가고자 한다면 이 결과에서 각각 어떤 부분에 노력을 기울이면 좋을 것 같은지 적어 봅시다.

출처: Hendric, C., & Hendrick, S. (1986).

2) 스턴버그의 여덟 가지 유형

스턴버그(Sternberg, 1986)는 사랑을 인지, 정서, 동기를 포함한 다차원적 구조로 조망하였다. 그는 사랑이 친밀감, 열정, 헌신의 세 가지 요소로 구성되어 있다고 보고, 이로 구성된 **사랑의 삼각형 이론**(triangular theory of love)을 제안하였다. 또한 그는 세 요소 각각의 존재 형태에 따라 여덟 가지의 조합이 생길 수 있다고 설명하였다.

여기에서는 먼저 사랑의 세 가지 구성요소에 대해 설명한 후 스턴버그가 제시한 사랑의 유형 여덟 가지를 소개하고자 한다.

(1) 사랑의 세 가지 구성요소

스턴버그는 인지적 측면의 헌신, 정서적 측면의 친밀감, 동기적 측면의 열정이 적절히 조화를 이룰 때 완전한 사랑을 이룰 수 있다고 주장하였다.

Robert J. Sternberg

친밀감(intimacy)은 사랑의 정서적 요인으로, 사랑의 따뜻한 측면에 해당한다. 가깝고 편하게 느껴지고, 서로 감정을 공유하고 지지하며 소통해 나가는 것을 의미한다. 이러한 친밀감은 만남의 횟수 및 교제 기간에 비례하여 서서히 증가하며, 친밀감이 일정 정도 이상의 높은 수준에 이르면 더 이상 증가하지는 않고, 서로 친밀하다는 것이 의식되지 않는 상태가 된다.

열정(passion)은 사랑의 동기적 요인으로, 사랑의 뜨거운 측면에 해당한다. 욕정, 즉 사랑하는 상대에게 몰두하고, 함께 있고 싶고, 일체가 되고 싶은 강렬한 욕망, 흥분되어 들뜬 생리적 각성 상태를 말한다. 친밀감과 달리 열정은 급속히 발전하며, 처음 만난 순간부터 강렬한 열정을 느끼기도 한다. 열정은 급속히 각성되지만 빠르게 잦아드는 경향이 있어 연인 간에 교제 기간이 길어지면 열정의 강도는 줄어드는 게 일반적이다.

헌신(commitment)은 사랑의 인지적 요인으로, 사랑의 차가운 측면에 해당한다. 헌신은 상대를 사랑하겠다, 연인과의 사랑을 지키겠다는 의사결정이자 책임감, 사랑하는 사람과의 지속적인 관계를 위해 자발적으로 스스로를 구속하는 행위가 포함된다. 관계의 초기에 나타나는 헌신의 징조로는 '누군가를 사랑하기로 결심하는 행위'가 해당된다. 그리고 점차 시간이 경과됨에 따라 이러한 결심은 함께 고통스러운 일을 돕고 견디는 행위, 약혼 혹은 결혼과 같이 사랑을 약속하고 맹세하는 행위, 사랑의 징표를 교환하는 행위로 이어지며, 상대와 관계에 대한 지속적인 헌신으로 이어진다.

부부 1,649명을 대상으로 결혼지속연수에 따른 사랑의 구성요소 변화양상

을 살펴본 국내 연구가 있다(최혜경, 신수진, 강진경, 2004). 조사결과를 살펴보면, 친밀감과 열정은 결혼지속연수 5~10년 사이에 낮아지고, 이후 별다른 변화를 보이지 않다가, 결혼지속연수 30년을 기점으로 상당히 증가하는 양상이 보인다. 반면, 책임감은 결혼 초기부터 계속 변화를 보이지 않다가, 결혼지속연수 30년을 기점으로 가파른 증가세를 보이는 것을 확인할 수 있는데, 결혼지속연수 30년을 기점으로 친밀감, 열정, 책임감의 세 요소가 모두 가파르게 증가된다는 점에 주목할 필요가 있다([그림 3-3] 참조).

실제로 사랑에는 유효기간이 있다는 것이 지금까지의 통설이었다. 그리고 열정과 관련된 호르몬인 도파민의 유효기간이 약 900일이라는 연구결과들은 이러한 통설에 대한 신경생리학적 뒷받침이 되어 왔다(시사상식사전, 2019). 하지만 최근 오랜 기간 성공적인 부부생활을 유지한 사람들에게도 도파민의 수치가 높게 나타났다는 연구결과가 등장했다(EBS 다큐프라임, 2015). 이는 앞서 최혜경 등(2004)의 연구에서 나타난 결혼지속연수 30년을 기점으로 보이는 변화양상과 일맥상통하는 부분이 있어 상당히 흥미롭다.

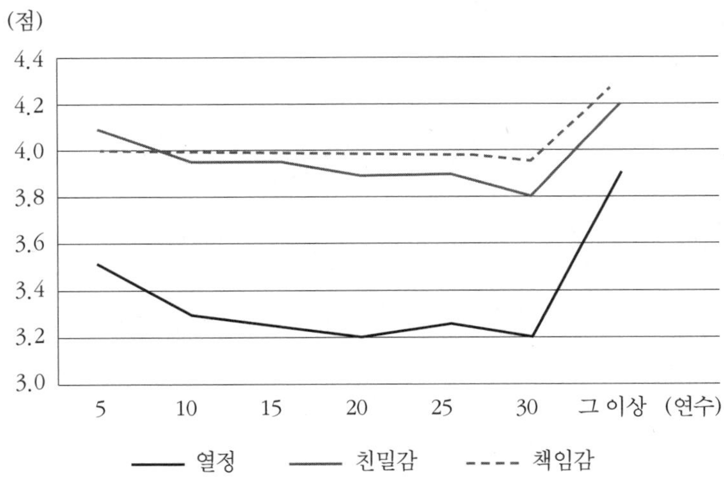

[그림 3-3] 결혼 지속 연수별 사랑의 세 구성요소의 변화

출처: 최혜경, 신수진, 강진경(2004).

(2) 사랑의 여덟 가지 유형

이상의 세 가지 구성요소(친밀감, 열정, 헌신)의 존재 여부에 따라 총 여덟 가지의 조합이 만들어진다. 스턴버그는 이 조합에 따라 사랑의 유형을 여덟 가지로 분류하였다(〈표 3-1〉 참조).

〈표 3-1〉 사랑의 유형에 대한 분류표

사랑의 유형	구성요소		
	친밀감	열정	헌신
사랑이 아님	×	×	×
순수한 우정	○	×	×
도취적 사랑 (짝사랑)	×	○	×
공허한 사랑	×	×	○
낭만적 사랑	○	○	×
우애적 사랑	○	×	○
얼빠진 사랑 (허구적 사랑)	×	○	○
완전한 사랑	○	○	○

- **사랑이 아님**(nonlove): 사랑의 세 구성요소가 모두 없는 상태로, 사랑이라고 할 수 없다.
- **순수한 우정**(liking): 열정과 헌신은 없지만 친밀감만 있는 경우로, 친밀감과 따스함을 느끼는 상태를 말한다.
- **도취적 사랑**(혹은 짝사랑, infatuation love): 친밀감과 헌신은 없지만 열정만 있는 경우로, '첫눈에 반해 버린 사랑'이다. 상대를 생각하거나 멀리서 바라보기만 해도 가슴이 뛰고 설레며, 다리에 힘이 쭉 빠지는 등 신체적인 흥분을 수반한다.
- **공허한 사랑**(empty love): 친밀감과 열정은 없지만 헌신만 있는 경우로,

사랑 없이 정략결혼을 한 부부 혹은 사랑해서 결혼했지만 세월이 지나 열정이 식고, 살면서 서로 갈등하고 실망하면서 친밀감마저 퇴색해 버렸지만 자녀를 위해 형식적으로나마 부부관계를 유지하고 살려고 하는 부부가 여기에 해당한다.

- **낭만적 사랑**(romantic love): 헌신 없이 열정과 친밀감만 있는 사랑이다. 휴가지에서 만난 한 때의 사랑 같은 것으로, 열정과 친밀감은 있지만 결혼과 같이 미래에 대한 약속이나 확신 등 관계 지속을 위한 계획을 염두에 두지 않는 사랑을 말한다. 그러나 관계가 진전되어 감에 따라 다른 유형의 사랑으로의 변화 가능성은 열려 있다.
- **우애적 사랑**(companionate love): 열정은 없지만 친밀감과 헌신이 있는 사랑이다. 사랑해서 결혼했지만 세월이 지나 열정이 식은 부부관계가 여기에 해당한다. 낭만적 사랑에서 시작했다가 세월이 흘러 육체적 매력이 약해져 우애적 사랑으로 변하면서 헌신의 우정이 이를 대신하게 된다. 이때 개인차는 있지만 이렇듯 친구처럼 살아가거나 결혼생활은 유지하면서 새로운 낭만을 찾아 외도하기도 한다.
- **얼빠진 사랑**(혹은 허구적 사랑, fatuous love): 친밀감은 없고 열정과 헌신만 있는 사랑이다. 만난 지 며칠 만에 결혼하는 식의 초스피드 사랑이 여기에 해당된다. 미국의 유명한 팝 가수인 브리트니 스피어스 등 할리우드의 연예인들이 보이는 사랑이 여기에 해당되다 보니 이를 할리우드식 사랑이라고도 부른다. 이러한 관계는 진정한 의미의 친밀감이 형성되어 서로를 깊이 이해할 시간 없이 오롯이 열정에 근거해서 헌신을 보이는 점이 특이할 만한 부분이다. 이렇듯 관계의 기반이 열정에 근거하다 보니 열정이 사라지기 시작하면 곧 실망하게 되어 관계에 위기가 오는 것이다. 빠르게 달아오르고 빠르게 식어 버리는 열정의 특성상 이런 사랑이 지속되기란 어려울 수밖에 없다.
- **완전한 사랑**(consummate love): 친밀감, 열정, 헌신이 조화된 성숙한 사랑

이다. 대부분의 사람이 도달하고자 바라는 완벽하고 이상적인 사랑의 모습이다. 이러한 사랑을 얻는 것이 불가능하지는 않지만 매우 어려우며, 이러한 사랑을 유지하는 것은 그보다 더 어렵다.

사랑을 주제로 한 영화나 드라마에서 주인공들은 첫눈에 반한 도취적 사랑의 형태로 시작했다가 여기에 친밀감이 더해져 낭만적인 사랑을 나누며 관계를 발전시켜 나가다가 위기의 순간이 왔을 때, 서로를 위해 헌신하고자 하는 용기를 보이는 완전한 사랑의 경지에 이르는 모습을 흔히 볼 수 있다.

스턴버그(Sternberg, 1986)의 이론에 근거해서 개발한 사랑의 유형 검사에는 그가 개발(1990)한 측정도구가 있다. 다음의 검사를 통해 자신의 사랑 유형을 파악해 보자.

사랑의 삼각형 이론 척도(The Triangular theory of love scale)

다음의 문장은 현재 당신이 사귀고 있는 이성 친구에 대한 당신의 심리상태를 기술한 것입니다. 파트너는 당신의 이성 친구를 지칭합니다. 당신의 이성 친구에 대한 당신의 마음상태를 다음의 문장들이 어느 정도나 반영하는지 적절한 숫자에 ✔표 하십시오.

※ 실시 주의사항 ※

1. 가급적이면 당신의 현재 연인을 염두에 두고 다음의 질문들에 답해 보십시오. 만일 지금 데이트하고 있는 애인이 없다면 현재 미묘하게 감정의 교류가 오고 가는 상대('썸'을 타고 있는 대상)를 대상으로 답해 보십시오. 그런 대상이 없다면 사귀었던 연인 중 당신이 가장 사랑했던 사람을 떠올려 답해 보십시오. 만일 사랑해 본 경험이 전혀 없다면 당신이 연애를 하게 된다고 상상하고 당신이 보일 것 같은 모습을 생각하여 답하면 됩니다.

①(　　) 당신의 현재 연인

②(　　) 당신이 현재 '썸'을 타고 있는 대상

③(　　) 사귀었던 연인 중 당신 가장 사랑했던 사람

④(　　) 사랑해 본 경험이 전혀 없으므로 상상 속의 이상형

2. 연인은 나와의 사랑에 대해 어떠한 마음을 지니고 있는지를 생각해 보기 위해 입장을 바꾸어 봅시다. 즉, 내가 연인이라고 상상하여 다음의 질문에 답해 봅시다.

전혀 아니다		약간 그렇다		대체로 그렇다		상당히 그렇다		매우 그렇다
1	2	3	4	5	6	7	8	9

	친밀감 요인	나	연인
1	나는 파트너의 행복을 위해 적극적인 지원을 한다.		
2	나는 파트너와 따듯한 관계를 맺고 있다.		
3	내가 힘들 때 나는 파트너에게 의지할 수 있다.		
4	파트너가 힘들어할 때, 파트너는 나에게 의지할 수 있다.		
5	파트너와 나는 서로의 모든 것을 공유할 의향이 있다.		
6	나는 파트너로부터 상당한 정서적 지지를 받고 있다.		
7	나는 파트너에게 상당한 정서적 지지를 주고 있다.		
8	나는 파트너와 소통이 잘 된다.		
9	내 인생에서 파트너는 내게 중요한 가치를 차지한다.		
10	나는 파트너와 친밀함을 느낀다.		
11	나는 파트너와의 관계가 편안하다고 느낀다.		
12	나는 파트너를 잘 이해하고 있다고 느낀다.		
13	나는 파트너가 나를 잘 이해하고 있다고 느낀다.		
14	나는 내가 파트너를 진심으로 신뢰하고 있다고 느낀다.		
15	나는 나의 깊은 속마음을 파트너와 공유한다.		

	열정 요인	나	연인
1	파트너를 보고 있기만 해도 흥분이 된다.		
2	하루에 몇 번이고 자주 파트너에 대해서 생각하는 나를 발견한다.		
3	파트너와 나의 관계는 매우 낭만적이다.		
4	나에게 파트너는 매우 매력적으로 느껴진다.		
5	나는 파트너를 이상화한다.		
6	파트너 말고 다른 사람을 상상하기란 어려울 정도로, 나를 행복하게 만들어 줄 수 있는 사람은 오로지 파트너뿐이다.		
7	나는 그 누구보다도 내 파트너와 함께 있고 싶다.		
8	나에게 파트너와의 관계보다 더 중요한 것은 이 세상에 없다.		
9	나는 파트너와 신체적으로 접촉하는 것을 특히 좋아한다.		
10	파트너와 나의 관계는 뭔가 마법 같다.		
11	나는 파트너를 흠모한다.		
12	나에게 파트너 없는 삶이란 상상이 안 된다.		
13	파트너와 나의 관계는 열정적이다.		
14	로맨틱 영화를 보거나 로맨틱 소설을 읽을 때 난 파트너를 생각하게 된다.		
15	난 파트너에 대해 공상을 하곤 한다.		

	헌신 요인	나	연인
1	나는 내가 파트너를 염려하고 있다는 것을 안다.		
2	나는 파트너와의 관계를 유지하기 위해 헌신한다.		
3	파트너에 대한 나의 헌신으로 인해 다른 사람이 우리 사이에 끼어들지 못한다.		
4	나는 우리의 관계가 앞으로도 흔들리지 않고 지속될 것이라 확신한다.		
5	그 어떤 난관도 파트너에 대한 나의 헌신을 방해할 수 없다.		
6	나는 파트너에 대한 나의 사랑이 남은 인생 동안에도 계속될 것이라 예상한다.		
7	나는 항상 파트너에 대한 강한 책임감을 느낄 것이다.		
8	파트너에 대한 나의 헌신이 공고하다고 본다.		

9	나는 파트너와의 관계가 끝나는 것을 상상할 수 없다.		
10	나는 파트너에 대한 나의 사랑을 확신한다.		
11	나는 파트너와의 관계가 영원히 지속될 것이라 생각한다.		
12	나는 파트너와 사귀기로 한 것이 잘한 결정이라 생각한다.		
13	나는 파트너에 대한 책임감을 느낀다.		
14	나는 파트너와의 관계를 지속할 수 있도록 계획하고 있다.		
15	설령 파트너와 갈등이 발생하더라도 나는 여전히 우리의 관계를 유지하고자 헌신할 것이다.		

※ 채점 및 해석 ※

1. 각 요소별로 점수를 합산해 봅시다.

사랑의 요소	문항 번호 및 채점방식	점수 합산 결과	
		나	연인
친밀감	1~15번까지 점수 합산	(　　)점	(　　)점
열정	1~15번까지 점수 합산	(　　)점	(　　)점
헌신	1~15번까지 점수 합산	(　　)점	(　　)점

2. 사랑의 삼각형을 그리는 방법은 다양하지만, 이 장에서는 삼각형의 무게중심을 원점으로 하여 그리는 방법을 소개하고자 합니다. 그래프 상의 친밀감, 열정, 헌신 축에 자신의 해당 점수들을 각각 점으로 찍고, 그 점들을 이어 사랑의 삼각형을 완성해 봅시다. 다 그렸으면, 연인의 삼각형도 그려봅시다.

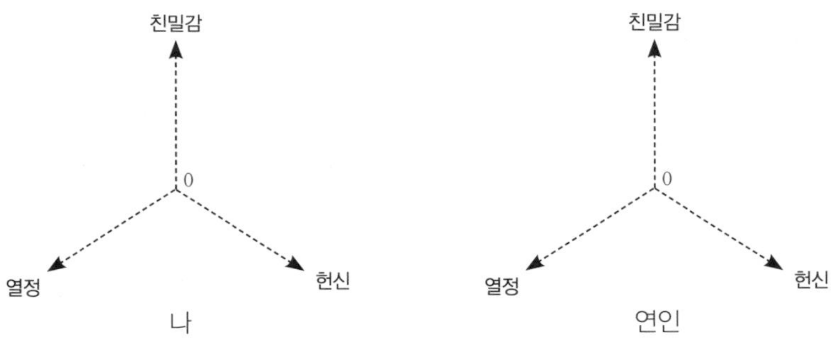

스턴버그가 제시하는 사랑의 유형(〈표 3-1〉참조)을 사랑의 유형검사 점수(0~135점)로 구현해 보면 다음의 그림과 같습니다.

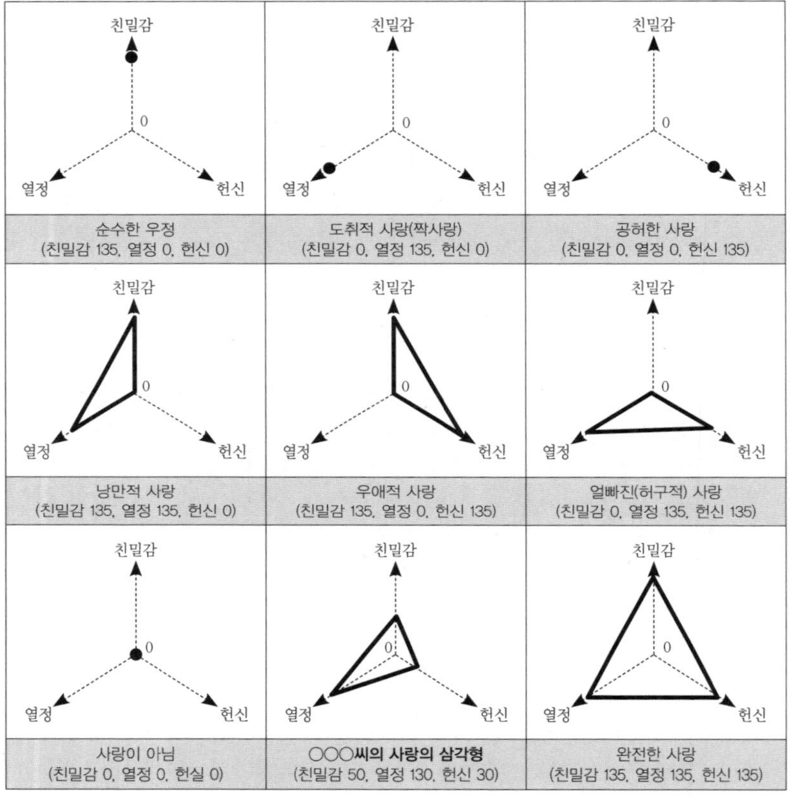

3. 다음의 질문에 답해 봅시다.

- 당신과 연인의 삼각형의 크기는 전반적으로 큰 편인가요, 아니면 작은 편인가요?
- 당신과 연인의 삼각형은 각각 어떤 모양을 하고 있나요?
- 당신과 연인이 그린 사랑의 세 가지 요소 중 큰 요소는 무엇이고, 작은 요소는 무엇인가요?
- 두 사람은 현재 만족스러운 관계인가요, 아니면 갈등 상태인가요? 각자가 바라는 사랑은 어떤 사랑인가요?
- 보다 만족스러운 관계를 만들어 가기 위해서는 어떤 노력이 필요한가요?

출처: Sternberg, R. J. (1990).

3. 연인관계의 발전단계

1) ABCDE 모형

사회학자인 조지 레빈저(George Levinger)는 관계 변화를 설명하는 개념적 모델을 제시하였다(Levinger, 1980, 1983). **ABCDE 모형**(ABCDE model)이라고 불리는 이 모형은 **낭만적 사랑의 주기**를 매력, 형성, 지속, 악화, 종결의 5단계로 묘사하였다.

George Levinger

(1) A-매력

첫 번째 단계는 **매력**(attraction)의 단계이다. 매력은 상대와 가까이하고 싶게 만드는 힘이다. 가령, 남녀가 걷는데 남자가 무의식적으로 여자 쪽으로 몸이 기울거나 둘 사이의 물리적 거리를 좁히는 신체적 제스처를 보이는 경우에 그 남성은 여성을 매력적이라 보고 있는 것이다. 심리학자들은 매력이라는 용어를 상대에 대해 좀 더 포괄적인 의미인 '호감'의 감정으로 사용한다(Nevid & Rathus, 2016). 친교관계로 발전할 수 있으려면 일단 상대에 대한 호감 형성이 선행되어야 한다. 그렇다면 매력(호감)이라는 감정은 어떤 요인에 기인하는 것일까? 사회심리학자들의 연구에 따르면, 호감 형성에 개인적 특성, 근접성, 친숙성, 유사성과 상보성, 호혜성의 다섯 가지 요인이 중요한 영향을 준다는 사실을 밝혀냈다(제1장의 '대인매력' 참조).

(2) B-형성

초기 매력의 단계를 거친 후에는 **형성**(building)의 단계에 진입하게 된다.

이 단계에서는 가벼운 이야기와 조심스러운 자기개방을 주고받으면서, 서로에 대한 호감을 깊어지게 만든다.

① 1단계: 안면 트기

이 단계에서 이루어지는 활동은 '눈맞춤'을 통해 시작된다. 눈맞춤을 한다는 것은 서로가 서로에게 접근할 의향이 있음을 의미하는 신호이다. 만일 상대가 눈맞춤을 피한다면, 첫째, 수줍어서, 둘째, 접근할 의향이 없어서일 수 있다. 만일 상대방에 대해 알아 가고 싶은 의향이 있다면 상대에게 미소를 띠고 눈맞춤을 하라. 그리하여 서로 눈맞춤이 이루어졌다면 다음에 제시한 인사, 질문, 칭찬 등의 방법을 사용하여 말을 트라.

- **인사**: "안녕하세요."라고 활기차게 인사한 후 친근하게 상대를 쳐다보면 상대방도 나에게 매력을 느끼는지에 대한 정보를 얻을 수 있다. 만일 상대도 미소를 띠고 눈을 맞추며 "예, 안녕하세요."라고 화답해 준다면 주변 환경이나 상대의 행동, 혹은 내 이름을 이야기함으로써 대화를 이어나가면 된다.
- **칭찬**: "스카프가 참 멋지시네요."
- **질문**: "어떻게 지내세요?" "인테리어가 참 멋져요. 어디서 하셨어요?"
- **상대방의 행동에 대한 언급**: "매주 일요일 아침마다 여기서 뵙게 되네요."

② 2단계: 호구 조사하기

서로 안면을 트면서 관계가 시작된 후에는 공통점을 찾아내는 활동이 이루어진다. 우리가 소개팅으로 처음 만났을 때 하게 되는 말들이 여기에 해당하는데, 보통 서로의 이름, 직업, 결혼 상태, 고향, 취미 등을 탐색하기에 '호구 조사하기'라고 한다. 표면적으로는 서로 이러한 정보를 나누지만, 그 이면에는 두 사람을 묶어 줄 만한 공통의 지점을 찾고자 하는 노력이 머릿속에서 끊임없이 이루어지고 있는 단계이기도 하다.

이 단계에서 대화를 시도함에 있어 알아 두어야 할 암묵적인 규칙이 있다(Knapp, 1984, p. 170). 그것은 바로 상대방과 내가 동일한 수준으로 정보를 나누어야 한다는 점이다. 가령, 상대방이 자신의 고향에 대한 정보를 알려 주면 나도 알려 준다는 식으로 말이다. 만일 상대방이 이 규칙을 따르지 않았다면, 첫째, 그 사람이 나에 대해 관심이 없어서, 둘째, 이 규칙을 몰라서, 셋째, 상대가 나에 대한 흥미를 읽게끔 내가 뭔가를 유발해서일 수 있다.

그렇다면 자기개방, 즉 상대방에게 나에 대한 정보를 드러내는 것은 어떻게 해야 할까? 연구에 따르면, 초면인 사람들 사이에서는 개인의 정보를 빠르게 공개하는 것보다는 느리게 공개하는 것이 더 성숙하며, 안전하게 여겨지는 것으로 보고되었다(Punyanunt-Carter, 2006). 다시 말해서, 차근차근 상대방과 보조를 맞추어 갈 필요가 있다는 뜻이다. 안면 트기와 호구 조사 등 가벼운 이야기와 가벼운 자기개방을 통해 피상적인 수준에서의 접촉이 성공적으로 이루어졌다면(즉, 서로 만족감을 느꼈다면), 서로에 대한 호감이 더욱 깊어져 친밀한 관계로 이어질 수 있다(Abell et al., 2006). 그리하여 서로 비밀과 친밀한 느낌을 나눌 수 있을 만큼 서로에 대해 충분히 신뢰할 수 있게 되면 자기개방이 보다 깊은 수준으로 진행된다.

참고로, 연구결과에 따르면 자기개방에 있어 남녀의 차이는 크게 존재하지 않는 것으로 보고되었다. 다만, 여성이 남성에 비해 자신의 감정을 더 드러내는 경향이 있다고 알려져 있다(LaFrance, Hecht, & Paluck, 2003). 하지만 '사랑한다'는 표현은 여성보다는 남성이 먼저 하는 경향이 있다고 한다(Ackerman, Griskevicius, & Li, 2011).

우리는 어떤 단계일까

지금까지 학습한 내용을 토대로 이성관계의 발전단계에 대해 스스로 진단해 볼 수 있는 단서들을 요약해 보았습니다. 다음의 문항을 보고 현재 나와 관심 있는 이성 간의 관계의 진전이 얼마나 이루어지고 있는지 진단해 봅시다.

- 서로 모르는 상대인데 나도 모르게 시선이 자꾸 상대에게 향하게 된다.
- 상대에 대해 더 알고 싶은 마음이 든다.
- 공통점을 찾아서 상대방과 공감대를 형성하고 싶어서 상대가 좋아하는 색상, 좋아하는 영화, 주말에 뭐하는지 등의 탐색 질문을 하고 있다.
- '나' '너'가 아닌 '우리'라는 말을 사용하게 되었다.
- 서로에게 '사랑한다'는 말을 할 수 있게 되었다.
- 나의 부족한 점은 숨기고, 멋진 부분만 보여 주고 있다. 즉, 나의 취약한 부분을 보여 주면 상대가 나를 싫어할지도 모른다는 두려움이 있다.
- 나의 취약한 부분을 보여 주어도 상대는 나를 아끼고 사랑해 줄 것이라는 믿음이 생겼다.

(3) C-지속

관계가 형성되었다고 해서 그 관계가 지속되는 것은 아니다. 관계가 지속되려면 노력이 필요하다. 연구자들은 관계가 지속되려면 서로 공평하다고 지각되어야 하며, 서로에 대한 전반적인 만족감이 지속되어야 한다고 말한다. 공평함이란 관계에서 내가 상대에게 투자하는 것과 얻는 것이 동일하다는 느낌을 말한다. 한쪽이 너무 희생하게 되면 섭섭함과 원망이 쌓이게 되어

관계는 균형을 잃고 만다. 서로가 공평하다고 생각해야 그 관계가 만족스럽게 느껴질 수 있다.

이렇듯 공평하고 만족스러운 감정을 지속하기 위해서는 상대에게 다양한 모습을 보여 주고, 지속적으로 관심, 돌봄, 헌신, 신뢰를 주어야 하며, 내가 상대를 좋아하고 있다는 증거를 지속적으로 보여 주어야 한다. 항상 동일한 모습으로 있기보다는 가끔 새로운 모습을 보여 줌으로써 관계를 풍성하게 꾸려가는 노력이 필요하다. 그러나 무엇보다도 나의 취약한 부분을 나누고자 상대에게 드러냈을 때 놀리거나 피해를 받기보다는 관심과 지지를 받는 경험을 하는 것이 중요하다. 이러한 경험은 신뢰감을 형성시키는 데 기여하며, 신뢰감은 관계의 지속에 중요한 역할을 하기 때문이다. 이렇듯 신뢰가 증진됨에 따라 상대를 위해 기꺼이 헌신하고자 하는 마음도 커지며, '나'에서 '우리'로 인식되는 인지적 변화도 발생하게 된다(Deci et al., 2006; Neff & Harter, 2003).

■ 사랑할 때 나타나는 반응들

사랑하는 사람에게 우리는 마음의 빗장을 열고 서로의 솔직한 모습을 내어놓으며 더 깊은 사랑에 빠지기도 한다. 또한 사랑에 빠지면 연인이 더 잘생겨 보이고, 더 예뻐 보이는 콩깍지, 즉 **핑크렌즈 효과**가 생기며, 질병에 대한 저항력이 높아지고, 우울증 감소, 노화도 지연시키는 것으로 알려져 있다. 하지만 솔직한 모습에는 긍정적인 측면만 있는 것이 아니어서 잦은 갈등을 경험하기도 한다. 왜냐하면 사랑하는 사람에게는 나도 모르게 그동안 미뤄 두었던 욕심도 꺼내어 놓게 되고, 그동안 못다 한 욕망도 연인과의 관계를 통해 채우고 싶은 마음이 들기 때문이다. 그 모습이 상대방에게 놀라움이나 부담감 혹은 실망감으로 올 수 있다. 가령, 이럴 때 상대방이 내게 실망하는 반응을 보이면 '나를 받아줄 것이다'라고 예상했던 기대감은 실망감으로 변하고, 연인에 대한 애정은 미움으로 변하는 등 온갖 감정이 롤러코스터를 탄 듯 강렬하게 뒤섞이며 서로의 밑바닥까지 경험하게 된다.

따라서 행복한 연인관계를 형성하기 위해 이 시기에 주의할 점은, 첫째, 나 혼자만 사랑에 빠진 것은 아닌지 점검할 필요가 있다. 상대방은 아직 사랑으로 진전되지 않은 상태에서 상대방이 내게 보인 호의를 사랑이라고 성급히 판단해서 내 욕망과 욕심을 상대방에게 꺼내어 놓게 되면 상대방은 놀라서 달아나게 된다. 혹은 나는 상대방을 사랑하는데 상대방은 나를 사랑하지 않는, 즉 상대는 사랑이 아닌 다른 목적으로 나와 연인관계를 유지하고 있는 것인데 나는 이를 알지만 상대의 사랑을 필요로 하므로 이런 현실을 묵인하고 '연인'인 척 넘어가는 경우가 있다. 이런 방식의 사랑을 하면 훗날 상대의 배신으로 인해 커다란 마음의 상처를 입을 수 있다.

둘째, 서로에게 바라는 사랑의 의미가 다를 수 있다. 리(Lee, 1977)의 사랑의 유형에 비추어 예를 들어 보면, 나는 상대에게 마니아적인 사랑을 바라는데 상대방은 나와 루두스적인 사랑을 원할 수 있는 것이다. 애니메이션 〈하울의 움직이는 성〉에서의 하울과 황무지 마녀와의 관계가 그랬다. 황무지 마녀를 만났을 때 하울은 황무지 마녀에 대해 단순히 '저런 특이한 사람도 있구나' 하는 호기심에 잠시 즐기는 마음이었다. 반면, 황무지 마녀는 하울을 몹시 마음에 들어해 독점적으로 소유하고 싶은 욕구에 강렬하게 사로잡힌다. 때문에 하울이 사랑하는 여자가 소피라는 것을 알았을 때, 소피에게 저주를 내리기까지 했다.

셋째, 서로 사랑하게 될 때 사람들은 서로가 완벽하게 일치되기를 바란다. 때문에 사랑하는 사람이 나와 다르다는 사실을 마주하게 되면 그 사실을 못 견디고 괴로워한다. 그래서 정말 아무것도 아닌 일인데 목숨 걸고 싸우고, 다른 사람에게는 절대 하지 않을 치명적인 말도 서슴없이 내뱉게 되는 것이다. 물론 그렇게 한바탕 싸우고 상처를 입은 상태에서 미안하다는 말 한마디로 풀리거나 혹은 미안하다고 말 하는 것이 쑥스러워 말없이 한끼 식사를 하는 것만으로 저절로 마음이 풀리기도 한다. 하지만 서로에게 상처 내기가 지속되면 종국에는 헤어짐으로 마무리될 수 있다.

우리는 모두 불완전하고 모순적인 존재이다. 자신조차 항상 상대의 모든 것을 이해해 주고 다독여 줄 수 없으면서 상대에게는 그렇게 해 주기를 바란다. 우리가 이러한 모순적인 존재라는 것을 알고, 우리 자신을 자애롭게 안아주는 시간을 갖자. 그리고 사랑하는 사람의 실수도 따듯하게 감싸 안아 주자. 나아가 사랑하는 사람에게 내가 진심으로 관심을 가지고 있는지 반문해 보자. 상대에 대해 마음에 들지 않는 부분이 있을 때, 지적하려는 행동을 하기에 앞서 상대에게 어떤 말 못할 사정이 있는 것은 아닌지 염려되지는 않는가?

사랑이란 물을 한 번 가득 채웠다고 영원히 채워진 상태로 있는 물병이 아니다. 사랑은 화분에 피어 있는 식물과 같아서 시들지 않도록 끊임없이 관심을 기울이고 가꾸어야 할 대상이자 과정이다.

학습활동

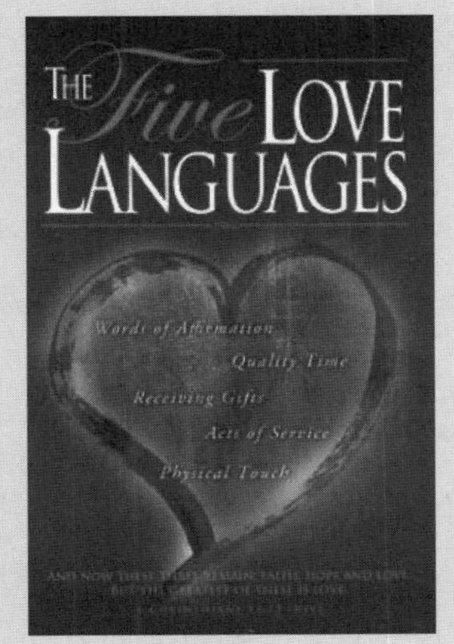

게리 채프먼(Gary Chapman)은 사람들이 바라는 사랑의 언어가 각기 다르다고 말하면서 다섯 가지 사랑의 언어를 제시했습니다. 어떤 사람은 연인으로부터 사랑한다는 말을 들었을 때(word) 자신이 사랑받는다고 여기며, 어떤 사람은 연인으로부터 스킨십을 받았을 때(touch) 사랑받는다고 느낀다고 합니다. 또 어떤 사람은 선물을 받았을 때(gift), 서로가 함께 즐거운 시간을 보낼 때(quality time), 그리고 상대로부터 내가 원하는 서비스를 받았을 때(service) 자신이 사랑받는다고 느끼므로 사랑을 성공적으로 유지하려면 상대가 원하는 방식의 사랑을 보내 주는 것이 좋다고 조언합니다(Chapman, 1992).

여러분과 여러분의 연인은 게리 채프먼이 말한 다섯 가지 사랑의 언어 중 어떤 언어를 원하는 사람인지 다음의 표에 체크해 봅시다.

구분	사랑한다는 말 (word)	스킨십 (touch)	선물 (gift)	시간 (time)	서비스 (service)
나					
연인					

출처: Chapman, G. (1992).

(4) D-악화

모든 관계가 악화되는 것은 아니다. 하지만 악화의 기로에 접어드는 관계들도 있다. 관계의 악화는 둘 사이의 관계가 예전에 비해 가치가 없다고 인식하는 것에서부터 시작되며, 이때 관계를 악화시키는 요인으로는 관계 유지를 위해 들여야 할 시간과 노력을 줄이는 것, 관계가 악화되어도 그냥 방치하는 것, 적어도 한 사람이 관계를 끝내기로 결심하는 것 등이 있다.

그렇다면 관계 악화를 예방하거나 개선하기 위해서 필요한 것은 무엇일까? 학자들에 의하면, 관계 유지를 위해 시간과 노력을 투자하고, 갈등관계에 놓였을 때 인내심을 갖고 적극적으로 해결하기 위해 노력해야 한다고 설명한다.

■ 배신과 속임수

연인 간의 사랑이 발전되는 과정에 대해 이 장에서 제시한 여러 학자의 설명모델은 매우 합리적이고 이상적인 사례에만 해당될지도 모른다. 현실에서는 많은 커플이 이러한 점진적인 단계를 거치지 않고 특정 매력(조건 혹은 가치)에 끌려 성급히 연인이 되거나 결혼에 이르는 경우가 많다. 따라서 그 매력이 사라지면 사랑도 사라지게 된다. 함께 지내면서 상대로부터 그 매력요소의 대안이 될 수 있는 다른 매력을 발견하거나, 상호교류를 통해 유대관계

가 견고하게 다져지지 못했다면 말이다. 또한 학자들이 설명한 사랑의 발전단계가 본인에게는 적용된 반면, 상대방은 그렇게 느끼지 않고 있는 상황, 즉 혼자만 사랑이 깊어지는 경우도 상당히 많다. 다시 말해서, 자신은 이 단계를 거쳐 상대방을 사랑하게 되었으나, 상대방은 나에게 거짓으로 사랑에 빠진 척 반응했을 수 있다. 사랑에 빠지게 되면 상대방의 단점이 보이지 않기 때문에 거짓으로 사랑에 빠진 듯 보이는 반응을 알아차리기란 무척 어렵다. 그럼에도 불구하고, 이로 인한 상처를 예방하기 위해서는 나의 감정뿐 아니라 상대방의 감정을 지속적으로 확인하려는 노력이 필요하다.

하지만 상대로부터 배신을 당하지 않으려는 목적으로 상대방의 반응을 살피는 노력을 해야 한다고 생각을 하면 무척 거부감이 들고, 서글프게 느껴진다. 이에 대해 이렇게 생각해 보면 어떨까? 서로가 만족감을 느낀다는 말은 연애의 당사자인 두 사람이 모두 만족해야 성립되는 것이라는 점을 상기해 보자. 내가 상처받을까 봐 두렵고, 내가 불행할까 봐 두려워서 나의 행복만을 우선시한다면 이미 그 말에는 상대방보다 내가 우선이라는 의미가 내포되어 있는 것이다. 물론 나 자신을 아끼고 보살피는 것은 필요하다. 다만, 함께 연인관계를 꾸려 감에 있어 내가 사랑하는 상대의 안녕도 나만큼 아끼고 보살펴 줄 필요가 있다는 의미이다. 내가 행복감을 느낄 때 상대방도 기뻐하는지를 살피고 배려한다면 두 사람의 관계는 진정성 있는 좋은 관계로 유지될 수밖에 없다.

(5) E-종결

관계의 **종결**은 관계의 마지막 단계이다. 사회교환이론에 따르면, 관계에서 서로 만족하지 못할 때, 대체할 만한 상대가 있을 때, 갈등 발생 시 봉합하기 어려울 정도로 서로의 연령, 인종, 종교, 사회, 재력 등의 수준이 크게 다를 때 관계는 종결에 가까워진다고 한다. 대체로 관계가 끝나는 가장 흔한 이유는 질투, 의사소통에서의 문제 때문인 것으로 알려졌다.

관계의 종결은 많은 상처와 아픔을 주기도 하지만, 경우에 따라서는 관계를 끝맺는 것이 서로에게 새로운 사람과 행복한 관계를 갖는 기회를 제공할 수 있으므로 부정적으로만 볼 필요는 없다. 또한 연구자들은 관계 종결 시 허심탄회하게 관계에 대해 솔직하고 충분한 정도로 서로 이야기를 나눌 것을 권장하는데, 이렇게 할 경우에 비록 낭만적인 관계는 끝났을지라도 우정과 같은 친근한 느낌은 이어 갈 수 있다고 한다.

2) 올트먼과 테일러의 사랑의 발전과정 5단계

Irwin Altman

Dalamas A. Taylor

보통 우리는 '사랑'이라는 상태에 도달하기까지 어떤 단계를 거치게 될까? 앞서 조지 레빈저가 말한 사랑의 발전단계 중 A, B, C에 해당하는 단계를 '사랑에 도달하기까지의 단계'로 조망한 이론들이 있다. 여기에서는 이 이론들을 간략하게 소개하고자 한다. 먼저 올트먼과 테일러(Altman & Taylor, 1973)는 인간관계가 심화되는 과정을 **사회적 침투**(social penetration)라 명명하며, 이를 기준으로 사랑의 발전과정을 5단계로 나누어 설명하였다.

(1) 1단계: 첫인상 단계

첫인상 단계(first impression stage)에서는 주로 상대방의 외모나 행동 관찰을 통해 호감이 형성되는 단계이다. 이 단계에서 호감을 갖게 되면 상대방에 대해 더 알고 싶은 마음이 생겨난다. 가령, 모임에서 처음 만난 '김지영' 씨에게 호감이 생겼을 경우, 나와 친하면서 김지영 씨와도 친한 관계에 있는 사람들

에게 '김지영' 씨의 취미나 관심사에 대해 물어본다거나, 혹은 일상에서 만나는 사람들과 이야기를 나눌 때 주로 내가 꺼내는 화두가 '김지영' 씨와 관련된 내용이라면 첫인상 단계에 해당한다고 볼 수 있다.

(2) 2단계: 지향 단계

지향 단계(orientation stage)란 서로 자신에 대한 피상적인 수준의 정보를 교환하는 단계로, 상대방에게 좋은 인상을 주려고 노력하는 한편, 상대방이 자신에게 호감을 가지고 있는지를 파악하는 단계이다. 가령, 함께 공부하거나 일을 하는 동료 사이에서 곁에서 이를 타진해 보는 단계가 이 단계에 해당한다. SNS 등을 통해 사진을 보고 마음에 들었거나, 파티나 모임, 혹은 지나가다가 직접 보고 마음에 들어 지인에게 주선을 부탁하여 만난 소개팅 당일에 이성 간에 나누는 대화가 이에 해당한다. 소개팅의 경우, 이러한 피상적인 정보의 교환과정에서 상대에 대한 호감이 더 커지면 애프터 신청을 통해 만남을 지속하게 되고, 그렇지 않은 경우라면 이 단계에서 만남이 종결된다. 이성 간의 대부분의 만남이 이 단계에서 끝나는 것으로 알려져 있는데, 일방적으로 거절을 당했든, 서로 거절을 했든 자존심이 상할 수는 있다. 하지만 이후의 단계에 비해 그 마음의 상처가 깊지는 않다.

(3) 3단계: 탐색적 애정교환 단계

탐색적 애정교환 단계(exploratory affective exchange stage)란 상대방에게 호감 이상의 감정을 느끼게 되는 단계로, 자신이 상대방을 좋아한다는 감정을 어떻게든 표현하고 싶어 하며, 이때 상대방이 자신을 어떻게 생각하는지, 상대방도 자신을 사랑하는지를 확인하고 싶어 한다. 이 단계는 살얼음판을 걷듯 가장 예민하고 불안정한 단계로, 이미 감정이 상당히 개입되었기 때문에 상대로부터 거절당할 경우에 상당한 마음의 상처가 남을 수 있다. 흔히 서로 '밀당(밀고 당기기)'을 하며 '썸을 탄다'고 말하는 시기가 이 시기에 해당된다. 이 단계로의 성공적인 진입을 위해 주의할 점은 애정 감정의 진전 속도에 있어 서로 보폭을 맞출 필요가 있다는 점이다. 가령, 상대방에 비해 나 혼자 급속도로 지나치게 깊은 수준으로 애정표현을 하게 되면 상대방이 부담을 갖게 되어 관계로부터 이탈할 가능성이 있다. 따라서 내가 금방 사랑에 빠져 버려서 이를 표현하고 싶은 마음이 아무리 굴뚝같더라도 관계의 진전을 위해서는 상대방의 반응을 살펴 가며 애정표현의 수위를 조절하는 노력이 필요하겠다.

(4) 4단계: 애정교환 단계

애정교환 단계(affective exchange stage)란 서로 사랑하는 연인관계라는 것을 암묵적으로 인정한 상태이지만 아직 사랑에 대한 확신은 없는 상태를 말한다. 이 단계에서는 전화 통화나 데이트가 빈번히 이루어지고, 선물, 편지, 이벤트를 준비하기도 하며, 상대방에 대한 칭찬이나 비판을 편안하게 할 수 있다. 하지만 사랑에 대한 확신이 생긴 상태가 아니므로 자신의 약점이나 단점, 마음 속 깊이 갖고 있는 속마음을 털어놓지는 못한다. 이 단계는 조심스럽게 상대의 사랑을 확인하고 신뢰를 형성해 가는 단계로 볼 수 있다.

(5) 5단계: 안정적 교환 단계

안정적 교환 단계(stable exchange stage)란 상대방의 사랑에 대해 확신을 갖게 되고, 결혼을 약속하게 되며, 신뢰와 친밀감에 바탕을 둔 애정교환이 이루어지는 단계이다. 흔히 이 시기에 육체적 애정교환이 이루어지기도 한다. 이 단계에 도달하면 자신의 단점이나 약점, 속마음을 두려움 없이 내보일 수 있고, 이야기할 수 있으며, 서로의 소유물에도 마음 놓고 접근할 수 있다. 하지만 모든 사람이 이렇게 안정된 애정교환 단계를 지속하다가 결혼에 이르게 되는 것은 아니다. 비록 안정된 애정교환 단계를 지속해 왔음에도 불구하고 부모의 반대, 이사, 질병, 죽음, 유학 등의 사유로 인해 결혼에 이르지 못하고 헤어지게 되는 경우도 많다. 이 단계에서 헤어지는 경우, 두 사람 모두 평생

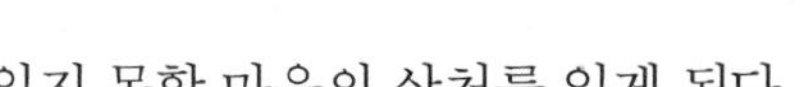
잊지 못할 마음의 상처를 입게 된다.

3) 크룩스와 바우어의 사랑의 발전과정 7단계

크룩스와 바우어(Crooks & Baur, 2002)도 사랑의 발전과정을 제시하였는데, 이들은 남녀 간에 사랑이 이루어지기에 앞서 먼저 자기사랑의 단계가 존재한다고 주장하였다. 이들은 만족스러운 이성관계가 이루어지기 위해서는 먼저 자기 자신에 대한 긍정적이고 안정적인 관계의 형성이 전제되어야 한다고 말했다. 그렇지 못한 상태에서 타인과 관계를 맺을 경우, 관계는 삐끗할 수밖에 없다고 설명했다. 왜냐하면 자신에 대해 불안하거나 불만스러운 상태에서 타인과 관계를 맺게 되면 상대로부터 자신의 부족한 면을 채우려고 하여 관계가 불안정해질 수 있다는 것이다.

자기 스스로에 대한 사랑이 충족된 경우에 남녀 간 사랑의 단계로 이어질 수 있는데, 남녀 간의 사랑은 7단계에 거쳐 이루어진다고 설명했다.

(1) 1단계: 접촉 단계

접촉 단계란 남녀 간에 일상적인 접촉이 이루어지는 단계이다. 가령, 가볍게 인사를 나누거나 서로의 일상에 대해 호기심을 갖고 안부를 주고받는 단계이다. 이렇듯 접촉이 이루어져야 사랑이 싹틀 수 있기 때문이다. 서로에 대해 싫어하는 상황에서 우연한 기회에 한집에 살게 됨으로써 서로를 좋아하게 되는 과정을 그린 TV 드라마의 내용은 접촉 단계의 중요성을 보여 주는 대표적인 예라고 하겠다.

(2) 2단계: 반응 단계

반응 단계란 한쪽에서 어떤 반응을 했을 때, 상대편에서 이에 대해 어떻게 반응하는지를 살피는 단계이다. 흔히 서로 '밀당(밀고 당기기)'를 하며 '썸을 탄다'고 말하는 시기가 이 시기에 해당된다. 이 단계를 사랑으로 발전시키기 위해서는 마음에 드는 상대방이 나에게 관심을 가지고 접근해 오면 나 역시 열의와 성의를 다해서 적극적으로 응하는 태도가 필요하다. 하지만 내가 미소를 보냈음에도 불구하고 상대가 무관심하거나 인상을 찌푸리는 모습을 보이거나 시선을 피하는 반응을 보인다면 주의해서 볼 필요가 있다.

(3) 3단계: 보살핌 단계

보살핌 단계는 서로가 서로의 행복에 대해 진심에서 우러나오는 깊은 관심을 보여 주는 단계로서 서로가 서로에게 특별한 존재임을 확인하는 단계를 말한다. 단, 상대방이 나에게 잘해 주고 보살펴 줄 때 이에 상응하는 노력을 하지 않으면 사랑은 식는다.

(4) 4단계: 신뢰 단계

신뢰 단계란 상대방이 나를 불쾌하게 만드는 행동을 한 상황임에도 불구하고 이를 비난하거나 관계를 종결시키는 것이 아니라, 그러한 행동에는 그럴 만한 이유가 있을 것이라고 믿어 주는 단계를 말한다. 이러한 신뢰가 형성되기 위해서는 평소에 서로가 행동의 일관성을 보여 주는 것이 중요하다.

(5) 5단계: 애정 단계

애정 단계란 서로에게 따뜻한 애착의 감정을 느끼는 단계를 말한다. 다시 말해서, 함께 많은 시간을 보내고 싶고, 신체적으로 접촉하고 싶으며, 정서적으로 의지하고 싶은 마음이 생기는 단계를 말한다. 애정이 있는 커플은 정신적, 감정적, 육체적으로 애정표현을 하는 경향이 있다.

(6) 6단계: 즐거움 단계

즐거움 단계란 서로를 편안하게 느끼고 즐거움을 공유하게 되는 단계를 말한다. 서로 만나 장난을 치거나 웃고 즐기는 행동이 매우 자연스러워진다. 하지만 여전히 상대방이 자신을 버릴 것에 대한 두려움도 존재한다. 대체로 이 단계에서는 상대에 대해 긍정적인 감정이 더 많다.

(7) 7단계: 성적 단계

성적 단계란 상대방을 수용하여 인격적인 만남의 관계가 형성되면서 서로 친밀감과 성적 쾌감을 나누는 단계를 말한다. 즉, 사랑을 나눔에 있어 단순히 성적 쾌감만을 누리는 것이 아니라 인격적인 교류를 함을 의미한다.

1. 지금까지 살펴본 사랑의 발전단계를 토대로 나의 연인관계의 발전단계를 기술해 봅시다.

- 나와 내 연인이 연인이 되기까지의 발전단계를 가장 잘 설명해 주는 이론은 누구의 이론인가요?
- 그 이론에서 우리의 연인 사이를 잘 설명해 주는 부분은 어떤 부분이며, 잘 설명해 주지 못하는 부분은 어떤 부분인가요?
- 내가 사랑의 발전단계에 대해 이론을 세운다면 사랑이 어떤 단계를 거쳐서 발전한다고 설명할 수 있나요? 나와 내 주변 사람들이 사랑했던 경험을 근거로 들어 설명해 봅시다.

2. 영화 〈클루리스〉를 보고, 남녀 주인공이 연인이 되기까지의 심리적 변화를 단계별로 설명해 봅시다. 앞에서 제시한 사랑의 발전단계를 토대로 기술해도 좋고, 이론들의 설명이 불충분하다면 여러분이 생각하는 기준으로 영화 속 연인들의 사랑이 진전되는 단계를 설명해 봅시다.

[그림 3-4] 영화 〈클루리스〉의 여자 주인공과 남자 주인공

출처: 영화 〈클루리스〉의 한 장면.

4. 사랑의 붕괴단계

1) 덕의 사랑이 끝나가는 과정 4단계

Steve Duck

사랑의 발전단계 중 D와 E의 단계에 대해 '사랑이 붕괴되는 단계'로 조망한 이론이 있다. 덕(Duck, 1982)은 사랑이 끝나가는 과정을 설명하는 4단계의 모형을 제시하였다.

(1) 1단계: 일반적 심리 단계

이 단계에서는 연애관계를 종결하는 데 있어 발단이 될 만한 사건을 경험하는 단계이다. 그 사건을 경험하고, 이에 대해 '이제는 더 이상 참을 수 없는' 것으로 인식하게 되는 단계이다. 이 단계에서는 사랑을 종결시키는 원인이자 '더 이상 참을 수 없는' 상대의 행동을 평가한다.

(2) 2단계: 쌍방적 인지 단계

두 사람의 사랑을 끝내게 만드는 어떤 특성이나 사건을 인지하고, 이 문제로 인해 두 사람이 상당한 정도의 시련을 경험한 상태이다. 이 단계에 접어들면서 이들은 사랑을 유지할지 아니면 끝낼 것인지를 결정하게 된다. 사랑을 유지하기로 결정한다면 갈등의 원인을 제거함으로써 관계를 개선할 수 있는 방안을 모색하게 된다. 반면, 관계를 끝내기로 결정한다면 헤어진 후에 서로가 감수해야 할 부분을 고려하게 된다.

(3) 3단계: 사회적 단계

관계를 개선할 방법이 도저히 없다고 판단이 되어 사랑을 끝내기로 결심한 단계이다. 따라서 헤어진 후를 위한 준비가 이루어지는 단계이다. 이 단계에서 두 사람은 사회적 적응을 위한 시도들을 하게 된다. 자존심을 보존하기 위해서 그리고 다른 사람과의 사랑에 대비하기 위해 두 사람은 주위 사람들을 상대로 자신들의 관계가 종결된 데 대한 변명을 마련한다.

(4) 4단계: 정리 단계

두 사람의 관계를 정신적, 육체적으로 완전히 끝내는 시기이다. 이 단계에서 두 사람은 이들의 사랑이 실패한 이유가 합리적으로 보이도록 하기 위해 의도적으로 주위 사람들에게 이들의 사랑이 종결된 이유를 설명하려는 모습을 보인다. 또한 이 시기에 이들은 새로운 사랑을 위한 대비도 한다.

2) 왜 사랑이 붕괴되는 것일까

연인 간의 사랑이 붕괴되는 원인에 대한 설명을 시도한 몇몇 학자의 의견(예: 권석만, 2017; Hill et al., 1979; Rubin, 1979)을 종합해 보면, 그 원인은 크게 두 가지로 볼 수 있다.

첫째, **상대방에 대한 매력(호감)의 상실**이다. 매력의 상실은 시간의 경과에 따른 열정의 감퇴로 인해 기인할 수도 있고, 현재의 연인보다 더 강력한 매력을 지닌 새로운 연인의 등장으로 인해 기인한 것일 수도 있다. 또한 성장 배경과 취향의 차이 혹은 인지적 · 정서적 · 행동적인 측면에서 서로 주고받는 정도의 균형이 깨짐으로 인한 불만족의 발생에서 기인한 것일 수 있다.

둘째, **갈등해결의 실패**이다. 갈등 역시 전술한 바와 같은 요인들로 인해 기인할 수 있는데, 이에 대한 대처방식의 미숙함으로 인해 갈등을 더 악화시키고 사랑의 붕괴로 이어질 수 있다.

3) 사랑을 유지하려면 어떻게 해야 할까

"사랑이란 즐거운 감정이라기보다는 일종의 기술(art)이며,
사랑하기 위해서는 지식과 노력이 필요하다."
– 에리히 프롬[Erich Fromm(1956)] –

그렇다면 사랑의 붕괴를 막기 위해서는 어떤 노력이 필요할까? 이에 대해 많은 전문가가 다양한 의견을 제시해 왔는데, 이를 종합해 보면 두 가지 측면, 즉 **연인을 대하는 태도**와 **의사소통 방식**에 대한 내용임을 알 수 있다.

"사랑은 서로를 쳐다보는 것이 아니라 같은 곳을 바라보는 행위이다."
– 앙투안 드 생텍쥐페리(Antoine de Saint-Exypéry)–

이 말은 연인과 사랑, 그리고 관계를 대하는 태도에 대해 생각하게 만드는 말이다. 서로를 쳐다보는 행위가 사랑에 빠진 상태라면 같은 곳을 바라보는 행위는 그 단계를 넘어 사랑하는 관계로 발전한 것을 의미한다. 즉, 열정만이 아니라 신뢰에 기반한 애착을 가진 단계로까지 관계를 진전시켰음을 의미한다. 이렇듯 상대방을 좀 더 이해하고, 신뢰하며, 책임감으로까지 이어지는 성숙한 관계가 될 수 있도록 서로 노력하는 태도가 필요하다.

"경청하는 사람은 싸우지 않고, 싸우는 사람은 경청하지 않는다."

– 프리츠 펄스(Fritz Perls) –

펄스의 말은 경청의 중요성을 강조한 말이다. 상대에게 자기주장을 하기보다 상대를 이해하려는 태도로 임한다면 갈등은 줄어들 수 있다. 실제로 결혼의 위기에 처한 2만 5천여 부부들을 위한 세미나 결과를『화성에서 온 남자, 금성에서 온 여자』라는 책으로 집필한 그레이(Gray, 1992)는 사랑할 때 성별의 차이를 받아들일 것을 역설하였다. 이 책에 따르면 여성이 관심을 원할 때 남성은 신뢰를, 여성이 이해를 원할 때 남성은 인정을, 여성이 존중을 원할 때 남성은 감사를, 여성이 헌신을 원할 때 남성은 찬미를, 여성이 공감을 원할 때 남성은 찬성을, 여성이 확신을 원할 때 남성은 격려를 필요로 한다고 설명하고 있다. 이렇듯 서로의 차이를 인식하고 받아들여야 비로소 사랑이 유지될 수 있다고 주장한다.

물론 서로의 차이를 수용하는 것만으로 해결되지 않을 때도 있다. 가령, 자신이 원하는 바를 요구해야 할 때가 이 경우에 해당한다. 이럴 때에는 서로의 차이를 존중하는 태도를 잃지 않되, 원하는 바를 주장할 때 세련되고 예쁘게 표현하는 것이 중요하다. 이렇게 말하는 것을 보통 'I-message' 표현이라고 부르기도 하고, '비폭력 대화' 혹은 일종의 '협상' 전략이라고 부르는 사람들도 있다. 이 부분에 대해서는 제7장에서 자세히 다루도록 하겠다.

남녀 간의 사랑을 흔히들 화초에 비유하기도 한다. 화초에 물을 주고 사랑으로 가꾸지 않으면 시들어 버리듯, 남녀 간의 애정도 서로에 대한 관심, 시간, 돈, 그리고 에너지의 투자가 필요하다.

5. 실연의 극복방법

1) 실연의 심리적 반응

사랑은 아름답지만 때로는 쓰라린 경험이기도 하다. 실연의 상처는 잘 아물지 않아 우리의 삶에 큰 후유증을 남기기도 한다. 실연을 한 사람들이 보이는 보편적인 반응은 다음과 같다(Cheikin, 1981).

첫째, 실연으로 인한 대표적인 신체적 반응으로는 식욕 상실, 체중 감소, 피로감, 불면증, 가슴의 답답함, 목과 어깨의 뻣뻣함, 소화장애, 심장박동의 변화 및 각종 통증이 있다.

둘째, 실연으로 인한 대표적인 정서적 반응으로는 우울, 분노, 슬픔, 외로움, 실망감, 불행감, 무가치한 느낌, 무망함, 죄의식, 불안 등이 있다.

셋째, 실연으로 인한 대표적인 인지적 반응으로는 주의 산만, 집중력 저하, 일시적인 기억력과 판단력의 저하, 자신에 대한 부정적 인식, 다른 사람에 대한 불신, 앞으로의 이성관계 형성에 대한 부정적인 전망 등 각종 비관적이고 회의적인 생각이 들 수 있다.

넷째, 실연으로 인한 대표적인 행동적 반응은 술이나 음식에 대한 탐닉, 무절제한 생활에 빠짐, 다른 사람과 일로부터의 도피, 결석, 학업의 어려움, 친구관계에 소원함, 사람과 활동에 대한 흥미 상실, 상대방에 대해 계속적으로 생각하거나 과거에 집착하고 몰두하는 행동 등을 들 수 있다.

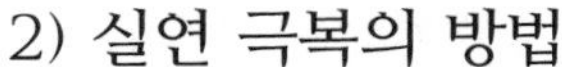

2) 실연 극복의 방법

실연한 사람은 실연의 아픔에서 벗어나지 못할 것 같은 느낌에 압도당한다. 다시는 누구를 사랑할 수 없을 것 같은 생각이 든다. 하지만 사람마다 극복하는 데 소요되는 시간이나 극복하는 방법에 차이만 있을 뿐 대부분의 사람은 실연의 아픔을 극복해 낸다.

실연 직후 충격과 고통에 휩싸이는 단계를 거쳐 주변 사람에게 도움을 요청하거나 여행을 떠나거나 스스로 마음을 정리하는 시간을 갖는 등의 노력을 통해 실연의 상처를 치유하는 단계에 이른다. 또한 이 시기에 삶의 빈자리를 채울 수 있는 새로운 활동을 시도해 본다거나, 자신에 대해 한 번 돌아본다거나, 자신이 추구하는 삶의 가치에 대해 생각해 보는 활동에 몰두하기도 한다. 그리고 용기 내어 자신의 아픔을 보듬기도 한다. 이러한 활동을 통해 실연의 상처가 서서히 아물어 가고, 실연의 아픔이 극복되며, 자신에 대한 반성, 사랑에 대한 새로운 시각을 갖게 되는 성숙의 단계에 이르게 된다(권석만, 2017).

실연의 고통을 극복하는 과정도 '**애도과정**(mourning process)'이 필요하다(권석만, 2017). 왜냐하면 실연도 사랑하는 사람을 떠나보내는 상실의 경험을 극복하는 과정이기 때문이다. 따라서 사랑하는 사람의 상실을 충분히 현실로 인정하고, 슬퍼하는 과정을 통해 차근차근 시간을 가지고 마음을 치유하는 단계를 거치면 다시 일상으로 돌아올 수 있다.

※ 다음은 사람들이 연애를 하면서 호소하는 어려움입니다. 지금까지 학습한 내용을 토대로 다음의 고민을 설명하고, 분석해 봅시다. 그리고 해결방안을 제시해 봅시다.

우리는 서로 사랑했으나 시간이 지남에 따라 점차 열정이 사라진 채로 우정과 같은 친밀함과 익숙함으로 살아오고 있었습니다. 그런데 느닷없이 내 연인에게 다른 매력적인 이성이 생겼다고 합니다. 그(녀)에게 떠나 버린 내 연인, 저는 앞으로 어떻게 해야 하나요?

참고문헌

EBS 다큐프라임 (2015). 결혼의 진화.

권석만(2017). **(젊은이를 위한) 인간관계의 심리학**(3판). 서울: 학지사.

시사상식사전 (2019). 핑크렌즈 효과. https://terms.naver.com/entry.nhn?docId=5680304&cid=43667&categoryId=43667

신경희(2018). **정신신경면역학 개론**. 서울: 학지사.

장대익(2017). **울트라 소셜**. 서울: 휴머니스트.

진정일(2019). 사랑의 화학. 화학산책. https://terms.naver.com/entry.nhn?docId=3567545&cid=58949&categoryId=58983

최혜경, 신수진, 강진경(2004). **사랑학**. 경기: 교문사.

Abell, J., Locke, A., Condor, S., Gibson, S., & Stevenson, C. (2006). Trying similarity, doing difference: The role of interviewer self-disclosure in interview talk with young people. *Qualitative Research, 6*, 221-244.

Ackerman, J. M., Griskevicius, V., & Li, N. P. (2011). Let's get serious: Communicating commitment in romantic relationships. *Journal of Personality and Social Psychology, 100*, 1079-1094.

Altman, I., & Taylor, D. A. (1973). *Social penetration: The development of interpersonal relationships*. New York: Holt, Rinehart & Winston.

Chapman, G. (1992). *The five love languages: How to express heartfelt commitment to your mate*. Northfield Publishing.

Cheikin, M. L. (1981). Loss and reality. *The Personnel and Guidance Journal, 59*, 335-338.

Crooks, R., & Baur, K.(2002). *Our Sexuality*. Belmont, CA: Thomson Wadsworth.

Deci, E. L., La Guardia, J. G., Moller, A. C., Scheiner, M. J., & Ryan, R. M. (2006). On the benefits of giving as well as receiving autonomy support: Mutuality in close friendships. *Personality and Social Psychology Bulletin, 32*, 313-327.

Domes, G., Heinrichs, M., Michel, a., Berger, C., & Herpertz, S. (2007). Oxytocin improves "mind-reading" in humans. *Biological psychiatry, 61*(6), 731-733.

Duck, S. (1982). *Topography of relationship disengagement and dissolution, personal relationships: Dissolving personal relationships*. London, England: Academic Press.

Gray, J. (1992). *Men are from Mars, women are from Venus: A practical guide for improving communication and getting what you want in your relationships*. New York: Harper Collins.

Fromm, E. (1956). *The art of loving*(World perspectives; v.9). New York: Bantam Books.

Hendric, C., & Hendrick, S. (1986). A theory and method of love. *Journal of Personality and Social Psychology, 50*, 392-402.

Heinrichs, M., & Domes, G. (2008). Neuropeptides and social behaviour: effects of oxytocin and vasopressin in humans. *Progress in brain research, 170*, 337-350.

Hill, C. T., Rubin, Z., Peplau, L. A., & Willard, S. G. (1979). The volunteer couple: Sex differences, couple commitment and participation in research on interpersonal relationships. *Social Psychology Quarterly, 42*, 415-420.

Knapp, M. L. (1984). *Interpersonal communication and human relationships*. Boston: Allyn & Bacon.

LaFrance, M., Hecht, M. A., & Paluck, E. L. (2003). The contingent smile: A meta-analysis of sex differences in smiling. *Psychological Bulletin, 129*, 305-334.

Laswell, T. E., & Lasswell, M. E. (1976). I love you but I'm not in love with you. *Journal of Marriage and Family Counseling, 38*, 211-224.

Lee, J. A. (1977). A typology of styles of love. *Personality and Social Psychology Bulletin, 3*, 173-182.

Lee, J. A. (1988). Love-styles. In R. J. Sternberg & M. L. Barnes (Eds.), *The psychology of love* (pp. 38-67). New Haven, CT: Yale University Press.

Levinger, G. (1980). Toward the analysis of close relationships. *Journal of Experimental Social Psychology, 16*, 510-544.

Levinger, G. (1983). Development and change. In H. H. Kelley, E. Berscheid, A. Christensen, J. H. Harvey, T. L. Huston, G. Levinger, E. McClintock, L. A. Peplay, & D. R. Perterson (Eds.), *Close relationships* (pp. 315-359). New York: W.H. Freeman.

Neff, K. D., & Harter, S. (2003). Relationship styles of self-focused autonomy, other-focused connectedness, and mutuality across multiple relationship contexts. *Journal of Social & Personal Relationships, 20*, 81-99.

Nevid, J. S., & Rathus, S. A.(2016). **심리학과 삶의 도전: 적응과 성장**. (오경자 역). 서울: 시그마프레스. (원저는 2013년에 출판).

Punyanunt-Carter, N. M. (2006). An analysis of college students' self-disclosure behaviors on the Internet. *College Student Journal, 40*, 329-331.

Rubin, Z. (1979). Seeking a cure for loneliness. *Psychology Today, 13*(4), 82-90.

Sternberg, R. J. (1986). A triagular theory of love. *Psychological Review, 93*, 119-135.

Sternberg, R. J. (1990). *A triangular theory of love scale*. Department of Psychology.

New Haven, CT: Yale University Press.

Taylor, S., Klein, L., Lewis, B., Gruenewald, T., Gurung, R., & Updegraff, J. (2000). Biobehavioral responses to stress in females: Tend-and-befriend, not fight-or-flight. *Psycholog Rev, 107*(3), 411–429.

제4장

부부관계

학습목표

1. 결혼에 이르는 단계를 이해한다.
2. 이혼에 이르는 단계를 이해한다.
3. 이혼의 극복방법을 안다.
4. 재혼 가족을 형성하는 방법을 안다.

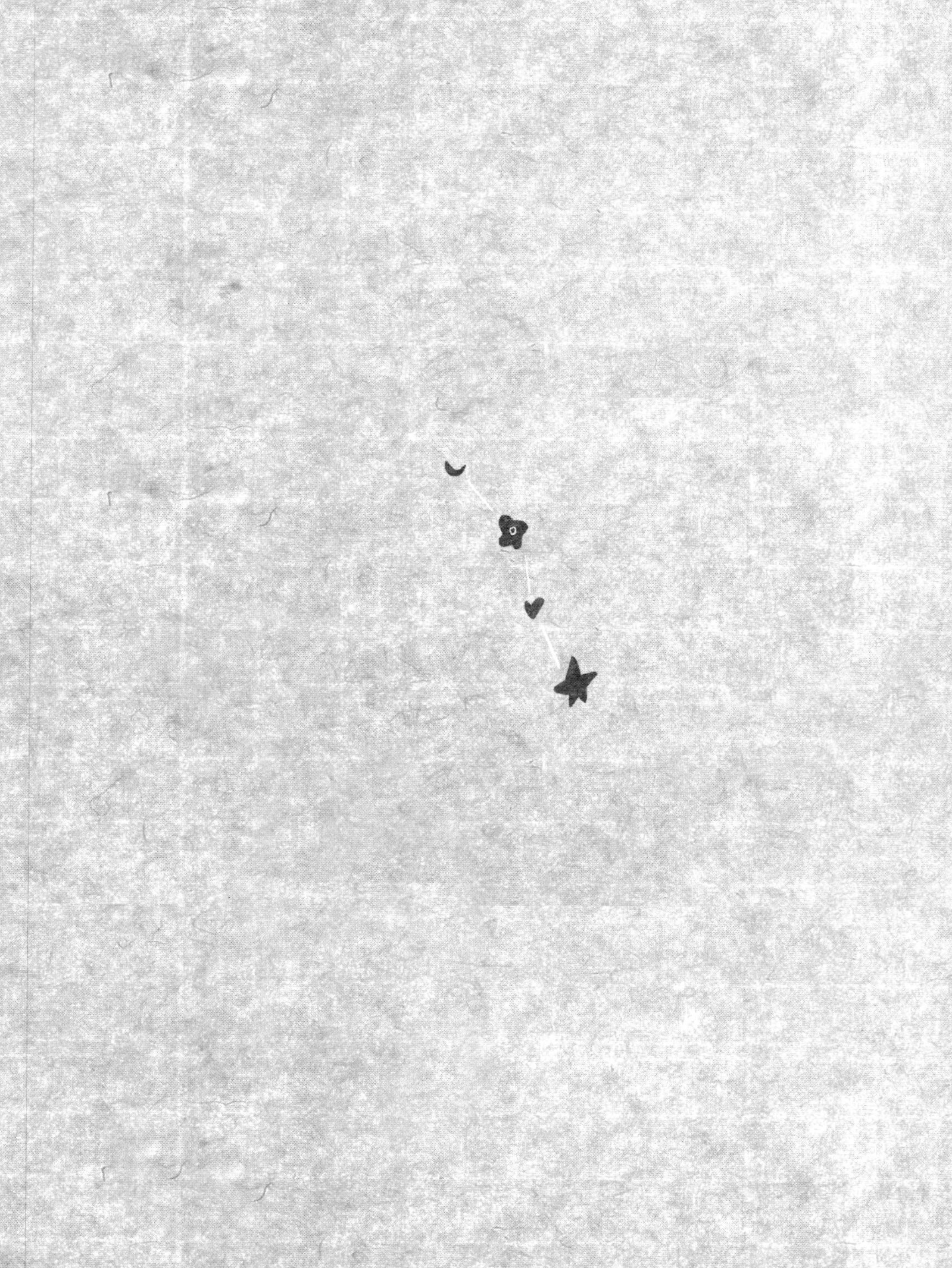

1. 결혼에 이르는 단계

결혼이 무엇인지에 대한 생각은 사람마다 다르다. 가령, 레비-스트로스(Lévi-Strauss, 1987)라는 학자는 여성들의 교환을 통한 남성 집단의 통합으로, 델피(Delphy, 1977)는 여성의 노동력이 남편에 의해 착취되는 노동계약이라고 결혼을 정의하였다. 물론 결혼에 대한 정의는 학자나 문화권에 따라 각양각색일 수 있으나 그럼에도 불구하고 대체적으로 합의된 견해에 따르면, 결혼이란 남녀 두 사람의 사회적으로 인정된 성적 · 경제적 결합이며(문화인류학사전, 2018), 단순히 사랑하는 남녀의 결합이 아니라 오랫동안 가문과 권력, 그리고 부가 대물림되는 과정으로 정의될 수 있다. 또한 결혼 제도의 이면에는 시대에 따른 정치, 경제, 그리고 사회적 변화가 작용하고 있다(글터 반딧불, 2018).

한편, **결혼의 형태**는 동서양을 막론하고 시대에 따라 모두 약탈혼에서 거래혼, 연애결혼으로 변모하였다(남정욱, 2014). **약탈혼**의 잔재는 현대에도 남아 있는데, 가령, 결혼식장에서 여성이 쓰는 면사포는 과거 북유럽에서 여성을 약탈할 때 게르만족이 사용했던 어망에서, 결혼반지는 신부를 약탈할 때 채웠던 족쇄에서 유래한다고 한다(EBS 다큐프라임, 2015). 서양의 경우 18세기 이전까지 **거래혼**이 성행했는데, 결혼이라는 제도에서 '여성'이란 사회경제적 측면에서는 노동력을 제공해 주는 존재로, 상류층에게는 집안의 신분을 과시하는 존재로 기능을 했다. 이러한 거래혼의 잔재는 동양에서도 또한 이어졌는데, 신부라는 인적자원을 신랑 측에 제공해 주는 대가로 신부 측이 돈을 제공받는 풍습이 그것이다(EBS 다큐프라임, 2015). 당사자의 욕구를 반영하여 이루어지는 **연애결혼**이라는 것이 가능한 환경이 갖추어진 것은 서양의 경우, 프랑스 혁명 등 많은 혁명이 일어났던 시기, 동양의 경우 역시 현대에 와서이다(글터 반딧불, 2018). 하지만 현대에도 여전히 결혼은 당사자의 결정만으로 오롯이 이루어지지 않은 경우가 많다.

또한 결혼은 **법적 제도**와도 밀접한 관련이 있다(이하 결혼 관련 설명의 출처: 찾기 쉬운 생활법령정보, 2019). **법률혼**이란 결혼의 실질적 요건과 형식적 요건을 모두 갖추어 법에 의해 인정된 결혼을, **사실혼**이란 결혼의 형식적 요건을 갖추지 않고, 즉 혼인신고를 하지 않고 부부공동생활을 하는 것을 말한다. 사실혼은 결혼의 형식적 요건만 갖추지 않았을 뿐 혼인하겠다는 의사의 합치, 결혼적령, 근친혼금지, 중혼금지 등 결혼의 실질적 요건은 충족한 상태라고 할 수 있다. 하지만 우리나라는 혼인신고라는 명시적 방법에 의해 부부관계를 인정하는 법률혼주의를 채택하고 있어(「민법」 제812조 제1항), 사실혼 상태의 부부에게는 법률혼에서 인정되는 권리와 의무가 일부 제한된다(찾기 쉬운 생활법령정보, 2019).

국내법의 측면에서 볼 때, **결혼의 실질적 성립요건**은 다음과 같다.

첫째, 결혼의사가 합치(合致)할 것(「민법」 제815조 제1호)

둘째, 혼인적령(만 18세)에 이를 것(「민법」 제807조)

셋째, 근친혼(近親婚)이 아닐 것(「민법」 제809조)

넷째, 중혼(重婚)이 아닐 것(「민법」 제810조)

이렇듯 실질적 요건을 갖추더라도 혼인신고라는 행위를 하지 않으면 법률상의 부부로 인정되지 않기 때문에 부부의 권리와 의무의 행사에 제약이 따르게 된다. 따라서 법률상 결혼이 성립하려면 「가족관계의 등록 등에 관한 법률」에 따라 반드시 혼인신고를 해야 한다(「민법」 제812조 제1항). 혼인신고란 법적으로 인정된 남녀 간의 결합을 위해 혼인사실을 시(구) · 읍 · 면의 장에게 신고하는 것을 말하는 것으로 결혼의 형식적 성립요건에 해당한다. 「민법」 제812조 제1항에 의하면, 혼인은 「가족관계의 등록 등에 관한 법률」에 따라 신고함으로써 그 효력이 생기므로 신고기간이 별도로 존재하지는 않는다. 혼인신고는 신고인의 등록기준지 또는 주소지나 현재지에서 할 수 있는데, 신고인의 관할 시(구)·읍·면의 사무소에 하면 된다(「가족관계의 등록 등에 관한 법률」 제20조 제1항 본문 및 제3조 제1항·제2항).

혼인신고서에는, 첫째, 당사자의 성명·본·출생연월일·주민등록번호 및 등록기준지(당사자가 외국인인 경우 그 성명·출생연월일·국적 및 외국인등록번호), 둘째, 당사자의 부모와 양부모의 성명·등록기준지 및 주민등록번호, 셋째, 부모가 혼인신고 시 모의 성과 본을 따르기로 협의한 경우에는 그 사실(「민법」 제781조 제1항 단서), 넷째, 8촌 이내의 혈족(친양자의 입양 전 혈족 포함) 사이에서는 혼인을 하지 못하므로 이러한 근친혼에 해당되지 않는다는 사실, 다섯째, 성년자인 증인 2인의 연서를 포함한 사항이 기재되어야 한다(「가족관계의 등록 등에 관한 법률」 제71조).

우리나라에서 **혼인으로 발생하는 권리와 의무**는 다음 네 가지가 있다.

첫째, 부부는 동거하며 서로 부양하고 협조해야 한다. 그러나 정당한 이유로 일시적으로 동거하지 않는 경우에는 서로 인용해야 한다(「민법」 제826조 제1항).

둘째, 미성년자가 혼인을 한 때에는 성년자로 간주한다(「민법」 제826조의2).

셋째, 부부는 일상의 가사에 관해 서로 대리권이 있다(「민법」 제827조 제1항).

넷째, 부부의 공동생활에 필요한 비용은 당사자 간에 특별한 약정이 없으면 부부가 공동으로 부담한다(「민법」 제833조).

가족관계의 등록 등에 관한 법률 (약칭: 가족관계등록법)
[시행 2017. 10. 31.] [법률 제14963호, 2017. 10. 31., 일부개정]

제7절 혼인

제71조(혼인신고의 기재사항 등) 혼인의 신고서에는 다음 사항을 기재하여야 한다. 다만, 제3호의 경우에는 혼인당사자의 협의서를 첨부하여야 한다. 〈개정 2010. 5. 4.〉

1. 당사자의 성명 · 본 · 출생연월일 · 주민등록번호 및 등록기준지(당사자가 외국인인 때에는 그 성명 · 출생연월일 · 국적 및 외국인등록번호)
2. 당사자의 부모와 양부모의 성명 · 등록기준지 및 주민등록번호
3. 「민법」 제781조 제1항 단서에 따른 협의가 있는 경우 그 사실
4. 「민법」 제809조 제1항에 따른 근친혼에 해당되지 아니한다는 사실

제72조(재판에 의한 혼인) 사실상 혼인관계 존재확인의 재판이 확정된 경우에는 소를 제기한 사람은 재판의 확정일부터 1개월 이내에 재판서의 등본 및 확정증명서를 첨부하여 제71조의 신고를 하여야 한다.

제73조(준용규정) 제58조는 혼인취소의 재판이 확정된 경우에 준용한다.

혼인관계증명서(일반)

등록기준지	

구분	성명	출생연월일	주민등록번호	성별	본
본인					

혼인사항

구분	성명	출생연월일	주민등록번호	성별	본
배우자					

구분	상세내용
혼인	[혼인신고일] [배우자]

위 혼인관계증명서는 가족관계등록부의 기록사항과 틀림없음을 증명합니다.

○○○○년 ○○월 ○○일

전산정보중앙관리소 전산운영책임관 ○○○

※ 위 증명서는 가족관계의 등록 등에 관한 법률 제15조 제2항에 따른 등록사항을 현출한 일반증명서입니다.

[그림 4-1] 혼인관계증명서

출처: 대법원 전자가족관계 등록시스템

이렇듯 결혼은 법적인 권리와 의무를 수반하는 복잡하고 중요한 발달과업 중 하나이다. 때문에 사람들은 결혼할 배우자를 선택하는 일에 신중을 기한다. 이에 학자들은 사람들이 어떻게 결혼할 상대를 선택하며, 결혼을 결심하기까지 어떠한 심경의 변화가 발생하는지에 대해 상당히 관심을 가져왔다.

1) 어드리의 배우자 선택의 6단계

J. Richard Udry

어드리(Udry, 1971)는 결혼 상대가 선택되기까지의 과정이 마치 정수기의 여과망을 거치는 과정처럼 사람들이 배우자를 선택함에 있어 결혼시장에서 점차적으로 자신에게 맞는 요소들을 찾아 나간다는 **여과망 모델**(filter model)을 주장하였다.

어드리(Udry, 1997)에 따르면, 결혼 상대자를 선택하기까지 6개의 여과망을 거친다고 한다. 모든 가능한 결혼 상대자 후보는 이러한 여과망을 하나씩 거치면서 걸러져 그 대상이 좁혀지고, 마침내 한 사람의 적임자가 선택된다.

어드리의 모델은 그동안의 이론들을 종합하여 정리한 것으로, 자세히 살펴보면 각 단계에서 말하는 여과망이라는 것이 사회심리학 분야에서 알려진 호감 형성에 기여하는 여러 요인(앞서 설명한 근접성, 유사성과 상보성, 개인적 특질 등의 개념)을 명명하는 것이라는 점을 알 수 있다. 구체적인 내용은 다음과 같다.

(1) 1단계: 근접성 여과망

근접성이란 배우자감으로 모든 가능한 대상자 중 현실적 · 지리적으로 가깝고 쉽게 만날 수 있는 사람들로 그 대상이 제한된다는 의미이다. 내가 한국의 서울에 거주하고 있다면 미국의 뉴욕에 거주하고 있는 사람보다는 서울에

결혼상대가 선택되기까지도 밟아야 할 단계가 있다.

거주하고 있는 사람과 만나 결혼할 가능성이 높을 것이며, 내가 일하고 있는 직장 반경에서 자주 부딪히게 되는 사람과 만나 결혼할 가능성이 높다는 말이다. 근접성의 원리를 어떻게 적용할 수 있을까? 내가 원하는 이상형이 없다면 이렇듯 우연히 근처에 있는 이성을 만나게 될 확률이 높을 것이고, 원하는 이상형이 구체적으로 존재한다면 이상형의 사람이 거주하는 거주지, 직장, 그 밖에 자주 활동하는 곳에 나도 자주 방문하면 된다. 가령, 신데렐라가 왕자님을 만나기 위해 왕자가 개최한 무도회에 참석했듯이 말이다. 이러한 실제 사례로 스티브 잡스의 아내 로렌 파월이 있다. 로렌 파월은 스티브 잡스가 초청된 강연의 맨 앞자리에 앉아서 스티브 잡스가 자신의 강연 순서를 기다리는 동안 옆에서 우연한 기회에 대화를 나눔으로써 인연을 만들어 갔다고 한다.

(2) 2단계: 매력 여과망

매력 여과망이란 근접한 곳에서 만난 후보자들 중 매력이 느껴지며, 호감이 가는 사람으로 잠재적 배우자 대상이 좁혀지는 것을 말한다. 앞서 호감 형성에 기여하는 여러 요인 중 특히 개인적인 요소, 즉 외모(신체적 매력), 능력(직업, 소득), 인성(성격) 등이 포함된다. 이 중 첫인상에서는 신체적 매력이 호감 형성에 중요한 영향을 주지만, 장기간 사귀는 과정에서는 능력과 성격적 요인이 매력으로 작용한다.

(3) 3단계: 사회적 배경 여과망

사회적 배경 여과망이란 인종, 연령, 종교, 사회경제적 지위, 직업, 교육 수준 등이 유사한 사람들로, 잠재적 배우자의 대상을 좁히는 과정을 말한다.

■ 한국인의 사회적 배경 여과망

우리나라의 미혼 남녀들이 배우자 선택 시 '사회적 배경 여과망'의 단계에서 고려하는 요소는 무엇일까? 한국일보(2018)에 의하면, 과거에는 학력이었으나 1990년대 후반에 외환 위기를 겪고 나서부터는 부모의 재력을 중시하는 경향을 보이기 시작하였다고 한다. 이는 오늘날 전 세계적인 문제현상이기도 한 저성장 경제성장률로 인해 생긴 변화인 듯하다. 경기침체는 높은 취업난을 가져왔고, 이로 인해 청년층의 결혼도 어렵게 만들고 있다. 한 조사에 따르면, 청년층의 미혼 인구비율은 2000년에는 82.1%였지만 2015년 이후로는 94.1%로 올라갔다고 한다(한국보건사회연구원, 2017). 취업도 버거운 우리나라 청년 세대들에게 결혼은 또 다른 짐처럼 여겨질 것 같다.

그렇다면 청년층이 '이 정도라면 결혼할 수 있을 것' 같다고 생각하는 배우자의 최저 조건은 무엇일까? 취업포털 인크루트(2017)가 20~30대 미혼 남녀를 대상으로 한 조사에 의하면, 남성이 여성 배우자에게 기대하는 최저 연봉 수준은 3,822만 원, 여성이 남성 배우자에게 기대하는 최저 연봉 수준은 3,699만 원인 것으로 나타났다([그림 1-8] 참조). 남성이 여성 배우자가 다녔으면 하고 바라는 직장 유형은 공기업(25%)이 가장 많았으며, 희망 고용형태는 정규직 사원(90%)이었다. 여성은 남성 배우자가 어떤 직장을 다니든 상관없다는 의견(45%)이 가장 많았지만, 여성도 남성 배우자가 정규직 사원이었으면 좋겠다는 의견(83%)이 가장 많았다.

(4) 4단계: 상호의견일치 여과망

상호의견일치 여과망이란 인생관, 가치관, 결혼관 등 여러 영역에 대해 유사한 견해를 지닌 사람으로, 배우자의 대상이 좁혀지는 과정을 말한다.

(5) 5단계: 상호보완성 여과망

상호보완성 여과망이란 서로의 단점을 보완해 줄 수 있는 상대, 서로의 욕구와 필요를 충족시켜 줄 수 있는 사람으로, 잠재적 배우자의 대상을 좁히는 단계를 말한다.

(6) 6단계: 결혼 준비상태 여과망

결혼 준비상태 여과망이란 결혼에 필요한 준비를 갖춘 사람으로, 잠재적 배우자의 대상을 좁히는 단계를 말한다. 흔히 말하는 '혼기'에 있는 사람이 이 단계에 해당한다. 다시 말해서, 결혼해서 함께 살 공간, 경제력 · 물리적으로 함께 거주할 수 있는 상태 등 결혼에 필요한 준비를 갖춘 상태를 말한다.

사람들은 어떤 배우자를 선택하는가? 여과망 모델로 충분히 설명이 될까?

배우자 선택에 신체적 매력이 얼마나 영향을 줄까? 연구에 따르면, 사람들은 신체적 매력에 있어 '자신과 유사한 정도의 신체적 매력'을 지닌 사람에게 데이트를 신청하는 경향이 높다고 한다(Lee et al., 2008). 하지만 때로는 부족한 신체적 매력을 재산이나 사회적 지위로 보상하기도 하며, 태도나 성격, 교육 수준, 연령, 인종, 종교의 유사성을 통해 균형을 맞춘다고 한다(예: Luo & Klohnen, 2005; Rushton & Bons, 2005).

한편, **성별에 따른 배우자의 선택 기준**을 살펴보면 동서양을 막론하고 남성은 여성의 신체적 매력을, 여성은 남성의 사회경제적 지위를 중시하는 것으로 나타났다. 구체적으로, 서양의 경우 남성은 신체적 매력, 요리 실력, 검소함을 갖춘 여성을 선호하였고, 여성은 직업적 지위와 잠재적인 소득이 높고, 친절한 남성을 선호하는 것으로 나타났다(Furnham, 2009; Nevid, 1984; Shackelford, Schmitt, & Buss, 2005). 이미 배우자를 선택한 서울과 수도권에 거주하는 25~35세 사이의 성인 남녀를 대상으로 조사한 최연희(2010)의 연구에 따르면, 배우자를 선택하는데 있어 대체로 남성은 여성의 외적 매력을, 여성은 남성 부모의 사회경제적 지위, 남성의 성격과 가치관, 부모의 결혼 승낙 여부를 고려한다는 점을 확인하였다. 보다 세부적으로 살펴보면, 월평균 소득이 높은 남성이 배우자를 고름에 있어 여성의 얼굴과 몸매를 더 중시하는 것으로 확인되었다. 여성의 경우에도 남들의 소개를 통하지 않고, 본인이 직접 배우자감을 선택한 여성의 경우에는 상대 남성의 얼굴과 몸매를 더 중시하는 것으로 확인되었다. 한편, 부모의 사회경제적 지위가 상위에 속하는 남녀 모두 배우자 선택 시 상대 부모의 직업과 소득, 즉 사회경제적 지위를 중요하게 고려하는 것으로 나타났다. 또한 사회경제적 지위가 높은 부모를 지닌 남성과 연령이 어린 여성일수록 결혼을 하는 데 있어 부모의 허락을 중요시하는 경향이 있는 것으로 보고되었다.

2) 루이스의 결혼에 이르는 심리적 과정 6단계

루이스(Lewis, 1972)는 배우자를 선택하는 과정에서 일어나는 심리적 과정을 6단계로 묘사하였다.

(1) 1단계: 유사성의 단계

유사성(similarity)의 단계란 상대방의 사회적 배경, 성격, 가치관 등이 유사함을 지각하는 단계이다.

(2) 2단계: 라포의 단계

라포(rapport)의 단계란 상대방에 대해 서로 긍정적으로 평가하며 호감과 친밀감을 느끼는 단계이다.

(3) 3단계: 자기공개의 단계

자기공개(self-disclosure)의 단계란 상대방에 대해 신뢰감이 쌓이면서 서로에게 솔직하게 자기표현을 자유롭게 할 수 있는 관계로 발전한 단계이다.

(4) 4단계: 역할채택의 단계

역할채택(role taking)의 단계란 두 사람 사이에서 자신의 역할을 구축해 가고, 상대방의 역할에 대한 기대를 형성하는 단계를 말한다. 이 단계에서는 상대방의 성격과 능력을 구체적으로 파악하여 기대한 역할에 대한 실제 수행능력을 평가하는 일이 이루어진다.

(5) 5단계: 역할조화의 단계

역할조화(role fit)의 단계란 서로에 대한 역할 기대와 역할 수행을 조정하여 상호보완적인 조화를 이루어 가는 단계이다. 상대방에게 자신이 무리한 기대를 걸었다면 이러한 기대를 변화시키고, 상대방이 내게 거는 기대에 맞추어 나의 역할을 조정해 나가는 과정이 이루어진다.

(6) 6단계: 상호결정의 단계

상호결정(dyadic crystalization)의 단계란 서로의 역할이 확정되는 단계이다. 서로의 역할을 수용하여 한 쌍의 동반자로서 정체감과 일체감을 느낀다. 커플이 결혼을 통해 주위 사람들에게 공식적인 부부로 인정받는 단계가 이 단계이다.

학습활동

아무리 사랑하는 사이일지라도 지금껏 서로 다른 환경에서 다른 성격으로 살아온 만큼 앞으로 두 사람이 경험할 갈등의 소지들은 존재하기 마련입니다. 앞으로 더 많은 날들을 함께 살아가야 하는 만큼 결혼 전에 이러한 문제들에 대해 충분히 대화를 하고 고려해야 할 필요가 있습니다. 이러한 필요 때문인지 결혼 전 예비부부가 고려해야 할 사항에 대한 내용은 책과 SNS 등 다양한 매체에서 소개되어 왔습니다. 결혼을 결정하기 전 고려해야 할 사항에는 어떤 것들이 있으며, 이에 대해서 당신은 얼마나 고려해 보았나요? 생각이 나지 않는다면, 다음 질문들에 답해 봅시다.

- 당신이 결혼하려는 동기는 무엇인가? 혹시 그릇된 동기로 결혼하려는 것은 아닌가?
- 당신은 사랑과 결혼에 대해 현실적인 기대를 가지고 있는가? 혹시 비현실적인 기대를 가지고 있는 것은 아닌가?
- 당신과 배우자 모두 원 가족으로부터 충분히 심리적인 분화가 이루어졌는가?
- 당신과 배우자가 결혼생활에서 하게 될 역할은 무엇이며, 서로 이 부분에 대해 동의하는가?
- 당신과 배우자는 경제적 재원을 어떻게 사용하기로 하였는지 합의를 이루었는가?
- 당신과 배우자는 여가시간을 어떻게 사용하기로 하였는지 합의를 이루었는가?
- 당신과 배우자는 성생활에 대해 어떻게 영위하기로 하였는지 합의를 이루었는가?
- 당신과 배우자가 자녀출산 및 양육에 대한 문제에 대해 합의된 사항은 무엇이며, 얼마나 합의가 되었는가?
- 당신과 배우자가 갈등하게 될 상황에서, 이를 극복하기 위해 서로 어떻게 소통해야 하는지에 대해 어떤 이야기를 얼마나 나누어 보았는가?

그렇다면 결혼 이후의 삶에서 결혼생활은 어떤 의미로 유지될까? 이에 대해 심리상담전문가인 모드 러헤인(Maud Lehanne)은 부부가 함께해 온 기간에 따라 결혼의 의미도 자연스럽게 변한다고 설명했다. 20대 신혼에게 결혼이란 함께 있고 싶은 욕망, 30~40대에게 결혼은 아이를 낳고 재산을 쌓아 가는 생산의 시기로 열렬히 사랑하는 관계라기보다는 앞날을 개척해 나가는 동지적 관계, 50~60대에게 결혼은 자아로의 환원의 의미를 지닌다고 한다. 둘이서 하나로 살았으니 이제 다시 나로 돌아가고 싶은 독립의 욕구가 강해진다는 것이다. 70~80대에게 결혼은 죽음을 생각하고 준비해 나가는 과정이라고 하였다. 이렇듯 오랜 기간 결혼을 유지하기 위해서는 서로 정서적 유대의 끈을 놓지 말아야 한다. 아무리 바쁘더라도 서로 함께할 수 있는 활동을 만들어 정서적 교감을 나눌 수 있어야 한다.

학습활동

성공적인 결혼생활을 영위하기 위해 의사소통능력은 매우 중요하다고 알려져 있습니다. 다음은 부부(혹은 연인)간 의사소통이 얼마나 잘 되고 있는지를 측정하고자 개발된 검사도구입니다. 다음 문항들을 읽고 해당된다고 생각하면 ○를, 해당되지 않는다고 생각하면 ×를 표시해 봅시다.

	문항	해당 여부
1	내 배우자(연인)는 종종 내 마음을 이해하지 못한다.	
2	우리는 서로의 차이점을 해결하는 방법을 개선해야 할 필요가 있다.	
3	우리는 다툴 때 서로의 감정을 솔직하게 이야기한다.	
4	내 배우자(연인)는 내가 하는 비판을 어려움 없이 받아들인다.	

5	우리는 언쟁할 때마다 같은 문제를 반복하는 것 같다.	
6	견해 차이가 있을 대, 내 배우자(연인)는 서로 수용할 수 있는 대안을 찾기 위해 노력한다.	
7	내 배우자(연인)는 어떤 문제에 대해서는 너무 민감하게 반응하여, 내가 말조차 꺼낼 수 없는 경우가 있다.	
8	우리 사이에는 같이 이야기할 수 없는 것들이 있다.	
9	우리는 의견 차이가 있을 때 그 문제에 대해 의논한다.	
10	배우자(연인)와의 사소한 의견차이가 종종 큰 언쟁으로 발전한다.	
11	우리 사이에 해결되지 않은 문제가 있더라도 겉으로는 아무렇지 않게 지낼 때도 있다.	
12	내 배우자(연인)는 나에게 화가 나더라도 내 의견을 존중한다.	
13	내 배우자(연인)는 때때로 내 성격의 어떤 면을 의도적으로 변화시키려는 것처럼 보인다.	
14	내 배우자(연인)는 종종 내가 자신을 이해하지 못한다고 불평한다.	
15	우리는 언쟁을 할 때 그 문제에 대해서만 이야기한다.	
16	우리의 언쟁은 대부분 결론 없이 우울하게 끝나고 만다.	
17	우리의 언쟁은 자주 둘 중 한 명이 감정이 상하거나 우는 것으로 끝난다.	
18	우리는 의견 차이가 있을 때 이성을 잃고 화를 내곤 한다.	
19	내 배우자(연인)는 너무 쉽게 감정이 상한다.	

※채점방법

- 1, 2, 5, 7, 8, 10, 11, 13, 14, 16, 17, 18, 19번을 ○로 표기, 3, 4, 6, 9, 12, 15번을 ×로 표기했을 때 1점을 부여하여, 총 합계 점수를 계산하시오.
- 다음에 제시한 점수대 중 자신의 총점이 속한 부분으로 결과를 해석하시오.

결과해석	
1~8점	커플관계에서 겉으로 드러난 불화가 거의 없는 경우이다.
9~12점	잦은 언쟁으로 갈등이 다소 장기화되어 있고, 이를 체념하거나 사소한 문제로 치부할 수 있다. 그러나 커플 관계에 대한 만족도를 떨어뜨릴 수 있는 중요한 이유가 될 수 있다.
13점 이상	장기간 해결되지 않은 갈등이 많고 언쟁을 할 가능성이 높다. 커플갈등을 해결하는 중요한 노하우를 배울 필요가 있다.

출처: 신민주, 주용국(2019).

2. 이혼에 이르는 단계

이혼이란 혼인한 남녀가 생존 중에 성립된 결합관계를 해소하는 행위를 말한다(한국민족문화대백과, 2019). 국내법상 이혼은 협의이혼과 재판상 이혼의 두 가지가 있다. 부부가 이혼에 합의한 경우에는 협의이혼을 할 수 있으며, 합의가 이루어지지 않는 경우에는 당사자 일방의 청구에 의해 법원의 재판으로 이혼하는 재판상 이혼을 할 수 있다. 부부 사이에 이혼하려는 의사가 있으면, 법원에 이혼신청을 하고 일정 기간이 지난 후 법원의 확인을 받아 행정관청에 이혼신고를 하면 이혼의 효력이 발생하는데, 이것을 **협의이혼**이라고 한다. 협의이혼을 할 때 양육할 자녀가 있는 경우에는 자녀의 양육과 친권에 관한 사항을 부부가 합의해서 정하고, 그 협의서를 이혼확인을 받을 때 법원에 의무적으로 제출해야 한다. 합의가 이루어지지 않는 경우에는 법원이 직권 또는 당사자의 청구에 의해 정하게 된다. 위자료나 재산분할에 관한 사항도 부부가 합의해서 정하게 되는데, 합의가 이루어지지 않는 경우에는 법원이 당사자의 청구에 의해 정하게 된다(「민법」 제4편 제3장 제5절 제1관).

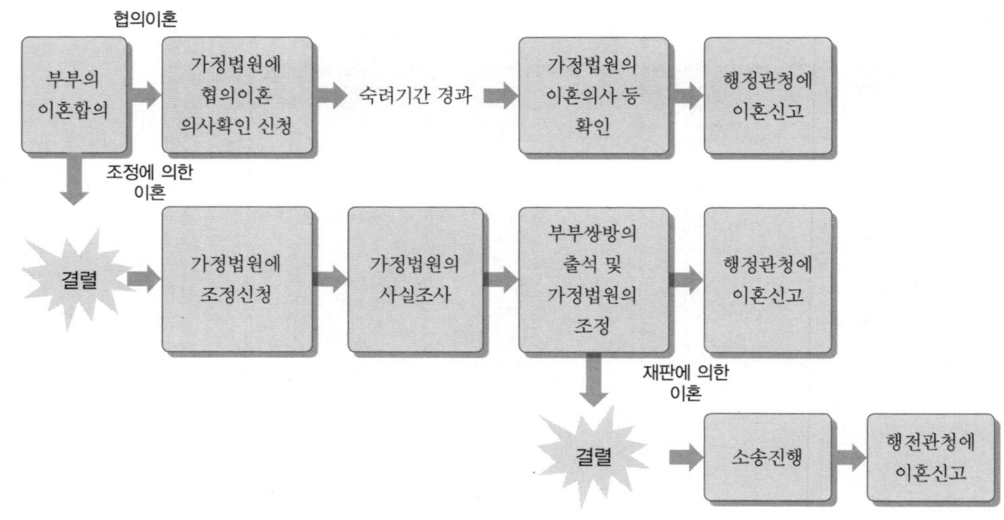

[그림 4-2] 국내법상 이혼절차

출처: 찾기 쉬운 생활법령정보(2019a, b, c, d)에서 발췌하여 정리.

협의이혼이 불가능할 때 부부 중 한 사람이 법원에 이혼소송을 제기해서 판결을 받아 이혼할 수 있는데, 이것을 **재판상 이혼**이라고 한다. 재판상 이혼이 가능하려면 다음과 같은 사유가 있어야 한다(「민법」 제840조).

- 배우자의 부정한 행위가 있었을 때
- 배우자가 악의로 다른 일방을 유기한 때
- 배우자 또는 그 직계존속으로부터 심히 부당한 대우를 받았을 때
- 자기의 직계존속이 배우자로부터 심히 부당한 대우를 받았을 때
- 배우자의 생사가 3년 이상 분명하지 않은 때
- 그 밖에 혼인을 계속하기 어려운 중대한 사유가 있을 때

이때, 이혼소송을 제기하려면 먼저 법원에 **이혼조정신청**을 해야 하는데, 조정을 신청하지 않고 바로 이혼소송을 제기하면 법원이 직권으로 조정에 회부

하게 된다. 이 조정단계에서 합의를 하면 재판절차 없이 (조정)이혼이 성립되며, 조정이 성립되지 않으면 재판상 이혼으로 이행된다(찾기 쉬운 생활법령정보, 2019).

가족관계의 등록 등에 관한 법률(약칭: 가족관계등록법)
[시행 2017. 10. 31.] [법률 제14963호, 2017. 10. 31., 일부개정]

제8절 이혼

제74조(이혼신고의 기재사항) 이혼의 신고서에는 다음 사항을 기재하여야 한다. 〈개정 2010. 5. 4.〉

1. 당사자의 성명ㆍ본ㆍ출생연월일ㆍ주민등록번호 및 등록기준지(당사자가 외국인인 때에는 그 성명ㆍ국적 및 외국인등록번호)
2. 당사자의 부모와 양부모의 성명ㆍ등록기준지 및 주민등록번호
3. 「민법」 제909조제4항 또는 제5항에 따라 친권자가 정하여진 때에는 그 내용

제75조(협의상 이혼의 확인) ① 협의상 이혼을 하고자 하는 사람은 등록기준지 또는 주소지를 관할하는 가정법원의 확인을 받아 신고하여야 한다. 다만, 국내에 거주하지 아니하는 경우에 그 확인은 서울가정법원의 관할로 한다.
② 제1항의 신고는 협의상 이혼을 하고자 하는 사람이 가정법원으로부터 확인서등본을 교부 또는 송달받은 날부터 3개월 이내에 그 등본을 첨부하여 행하여야 한다.
③ 제2항의 기간이 경과한 때에는 그 가정법원의 확인은 효력을 상실한다.
④ 가정법원의 확인 절차와 신고에 관하여 필요한 사항은 대법원규칙으로 정한다.

이혼은 가족 구성원에게 매우 큰 영향을 주는 사건으로, 모든 가족 구성원에게 크나큰 압박감을 주며, 정서적인 취약감에 노출되는 위태로운 시기이다.

하지만 이혼 전후에 가족이 겪게 되는 정서적 어려움을 알고, 이를 극복할 수 있는 방안을 알아 둔다면 가족 구성원이 힘을 회복하고, 다시 적응할

Betty Carter(좌)와 Monica McGoldrick(우)
출처: Multicultural Family Institute.

수 있도록 도울 수 있다. 카터와 맥골드릭(Carter & McGoldrick, 2000)은 이혼 전후의 가족이 겪게 되는 정서적 어려움을 소개하고, 이를 극복하기 위해 해야 할 과업에 대해 소개하였다.

1) 이혼 전

(1) 1단계: 이혼을 결심함

이 시기는 부부가 결혼관계를 유지하는 데 필요한 문제 해결 능력이 없음을 인정하는 시기이다. 이 시기에 필요한 발달과업은 결혼 실패의 책임은 두 사람 모두가 지닌다는 점을 수용하는 일이다.

(2) 2단계: 현존하는 가족체계를 붕괴시키고자 계획함

이 시기는 현 가족체계에 속한 모든 사람을 위해 적절한 배려를 제공해야 하는 시기이다. 먼저 공동 양육, 방문, 재정 지원 등의 문제를 협력하여 해결해야 하고, 확대가족 구성원과도 부부의 이혼문제를 다루는 과업을 수행해야 한다.

(3) 3단계: 별거를 함

이 단계는 자녀에게 부모가 공동부모로서 역할을 할 것이며, 재정 부담을 할 것이라는 의사를 밝히고, 배우자에 대한 애착을 떼는 작업을 수행하는 시기이다. 이 시기의 발달과업은, 첫째, 정상 가족체계를 상실하게 된 데 대한 애도작업, 둘째, 부부관계, 부모자녀관계, 재정문제를 재구조화하고, 별거생

활에 적응하는 노력이 필요하며, 셋째, 확대가족과의 관계를 재정비하고, 배우자의 확대가족과 지속적인 관계 유지를 하려는 노력이 필요하다.

(4) 4단계: 이혼을 함

이 단계는 정서적 이혼에 대해 더 열심히 작업해야 하는 시기이다. 다시 말해서, 상처, 분노, 죄책감 등의 감정을 극복할 수 있도록 노력해야 한다. 이 시기의 발달과업은, 첫째, 정상 가족체계를 상실하게 된 데 대한 애도를 해야 하며, 특히 다시 재결합할 것이라는 환상을 단념하여야 한다. 둘째, 새로운 결혼에 대해 희망, 꿈, 기대를 회복할 수 있어야 한다. 셋째, 확대가족과 지속적인 관계를 유지해야 한다.

더 알아가기

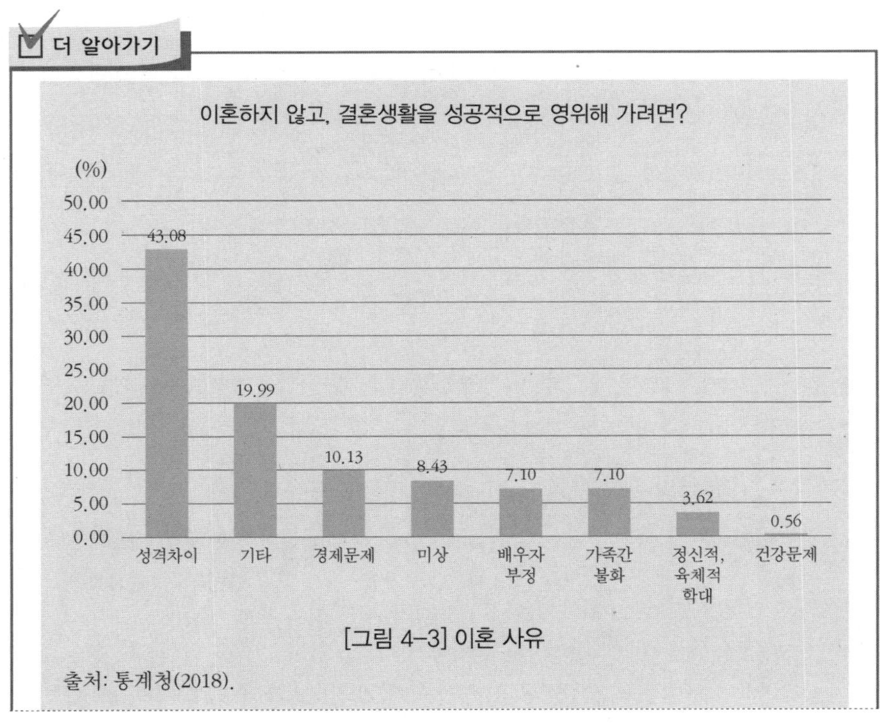

[그림 4-3] 이혼 사유

출처: 통계청(2018).

John M. Gottman

부부가 결혼을 하여 생의 마지막을 맞는 순간까지 함께 행복할 수 있다면 좋겠지만, 성격차이나 현실적인 어려움으로 인해 어쩔 수 없이 헤어짐을 선택해야 하는 경우도 많습니다. 이혼을 하게 되는 이유도 사랑이 끝나게 된 이유와 마찬가지로 서로에 대한 이해 및 의사소통의 부족 때문이라고 알려져 있습니다(Carter & McGoldrick, 2000). 통계청의 인구통계조사 중 2018년 혼인 · 이혼 통계자료에서도 국내 부부들의 이혼사유의 약 절반 이상이 성격차이와 가족 간 불화로 인한 사유였다고 보고되고 있습니다([그림 4-3] 참조). 가트맨(Gottman, 1999)도 그러한 이유 때문에 이혼의 아픔을 경험한 사람 중 한 사람이었습니다. 수학자였던 그는 이혼을 경험한 후 자신이 이혼하게 된 원인을 찾고자 오랜 기간 수백 쌍의 부부들이 어떻게 상호작용을 하는지를 관찰하여 다음과 같은 성공적인 결혼 원칙을 발견하였습니다.

- 원칙 1: 배우자의 삶에 대해 상세한 부분을 잘 알도록 노력할 것. 가령, 배우자의 꿈, 취미, 내면의 심리세계, 좋아하는 음식, 음악, 배우, 영화, 친구 등 될 수 있는 한 서로에 대해 많이 알고 있어야 한다.
- 원칙 2: 서로에 대한 호감과 존중을 발달시킬 것. 호감과 존중은 한 번 생기고 나서 저절로 유지되는 것이 아니므로, 노력을 통해 발달시켜야 한다.
- 원칙 3: 다가가는 대화를 할 것. 특히 갈등이 생겼을 때 회피하기가 쉬운데, 이렇듯 멀어지는 방식으로 반응하는 것이 아니라 상대를 이해하고 지지하는 등 다가가는 방식으로 반응할 수 있어야 한다.
- 원칙 4: 배우자의 영향력(influence)을 받아들일 것. 부부 사이에 긍정적인 감정이 많을 수 있도록 노력해야 한다. 이를 위해서는 배우자의 입장이나 의견 등을 더 잘 수용하고 협조하며 살아가야 한다.
- 원칙 5: 해결 가능한 갈등사안에 대해서는 성공적인 결혼생활을 하는 부부들이 사용하는 기술을 사용할 것. 가령, 감정적으로 흥분하거나 화가 날 때에는 서로 진정될 때까지 기다렸다가 감정이 가라앉고 나서, 융통성 있고, 개방적인 자세로 상대방의 이야기를 경청하고, 문제 해결을 위해 인내심을 가지고 노력해야 한다.
- 원칙 6: 서로의 꿈을 발견하고 존중할 것. 이는 지속되는 문제로 인해 정체 상태에 빠지지 않도록 하기 위해 부부가 노력해야 할 부분이다.

- 원칙 7: '우리'라는 공동의식을 형성하여 하나의 팀으로서 함께 행복한 결혼생활을 하도록 노력할 것. 성공적인 결혼생활을 하는 부부들은 서로의 꿈, 전통, 가치 등에 대해 지속적으로 이야기를 나누면서 경험을 공유하고, 서로가 공유하는 의미를 만들어 나간다.

2) 이혼 후

- **보호자 입장**: 주 양육자의 입장에서 재정적 책임을 지면서 전 배우자와 공동양육관계를 유지하는 시기이다. 전 배우자와 그의 가족이 자녀와 접촉을 유지하도록 지지해야 한다. 이 시기의 발달과업은, 첫째, 전 배우자와 그의 가족이 방문할 수 있도록 방문시간을 융통성 있게 조절해야 한다. 둘째, 자신의 재정적 수단을 재정립해야 한다. 셋째, 자신의 사회적 관계망을 재정립해야 한다.

- **비보호자 입장**: 비보호자 입장에서는 전 배우자와 부모관계를 위한 접촉을 유지하고, 그와 자녀와의 관계를 지지해 주어야 한다. 이 시기의 발달 과업은, 첫째, 효율적인 부모관계를 지속하는 방법을 찾아야 한다. 둘째, 전 배우자와 자녀에 대한 재정적 책임을 유지해야 한다. 셋째, 자신의 사회적 관계망을 재정립해야 한다.

이혼은 법적으로는 하나의 사건이 일단락되는 것으로 볼 수 있지만 심리사회적으로는 일련의 사건들이 얽혀 있는 복합적인 과정이다. 이혼의 경험은 부부뿐 아니라 아동의 심리 · 사회발달에도 많은 영향을 미칠 수 있다(Kelly & Wallerstein, 1976). 이러한 부분에 대해 발달관계에 따른 아동의 인지특성으로 조명하고자 하는 학자들이 있다. 아동이 부모의 이혼에 대한 일반적으로 보이는 반응을 요약한 정상규(2010)의 연구를 소개하면 다음과 같다.

첫째, **학령전기**(2.5~6세)에 이혼을 경험한 자녀의 반응이다. 학령전기의 자녀들은 부모의 이혼에 매우 놀라고, 혼란스러워하며, 부모의 이혼이 자신의 탓이라고 생각한다. 아동은 자신이 유기되거나 다른 곳으로 보내질 것을 두려워한다. 5~6세경의 아동은 자신의 감정을 표현할 수도 있으나, 이혼과 관련된 변화의 일부만을 이해할 수 있다. 이 시기의 아동은 성인과의 많은 신체적 접촉이 요구된다.

둘째, **초기 잠복기**(7~8세)에 이혼을 경험한 자녀의 반응이다. 이 시기의 아동은 슬픔, 두려움, 불안전성, 상실감을 나타낸다. 자신들이 거부당했거나 유기되었다고 느끼나 자신을 비난하지는 않는다. 이들은 아버지를 다른 곳으로 보낸다고 믿기 때문에 어머니에 대해 분노를 느끼지만, 이런 행동이 어머니를 화나게 하므로 이를 두려워한다. 이들은 부모의 재결합에 대한 강한 열망을 가지고 있으며, 가족은 '안전을 위해서는 필수적이며 계속 성장하는 것'이라고 믿는다.

셋째, **후기 잠복기**(9~10세)에 이혼을 경험한 자녀의 반응이다. 이 시기의 아동은 이혼에 대해 좀 더 현실적으로 이해하며 자신들의 감정이나 강렬한 분노를 잘 표현할 수 있다. 이혼에 대해 창피함을 느끼며, 도덕적인 면에서 분노를 느낀다. 부모에 대한 사랑에 있어 갈등을 느끼고, 자주 외로움을 느끼며, 부모로부터 자신들이 거부되었다는 사실에 분노를 느낀다.

넷째, **청소년기**(15~18세)에 이혼을 경험한 자녀의 반응이다. 이들은 가장 개방적으로 이혼에 대해 분노를 표현한다. 이들은 강한 분노, 슬픔, 부끄러움, 당혹감을 나타낸다. 그러나 이혼으로 인해 청소년들은 부모를 한 명의 인간으로 인식하게 되며, 부모 각자와의 관계에 대해 새롭게 평가하기도 한다. 또한 훌륭한 결혼생활에 대한 자신들의 가치나 개념들을 재평가한다. 대부분의 청소년은 부모의 이혼 1년 후 부모들의 갈등을 극복한다.

3. 이혼의 극복방법

흔히 이혼에 대해 적응하는 것이 배우자와의 사별에 적응하는 것보다 어렵다고 한다. 배우자가 사망했을 경우 법적인 의무는 거의 없으나, 이혼 시에는 서로에 대한 원망과 감정 소모, 법적 다툼, 대량의 서류작업, 끝없는 기다림의 시간, 그리고 많은 시간과 에너지, 비용이 소요되기 때문이다. 또한 누군가 죽었을 때 나머지 가족은 가족 구성원으로 온전하게 존재하는 반면, 이혼 시에는 가족 구성원이 어느 한쪽을 선택하여야 하며, 아버지나 어머니 중 누군가를 비난하게 된다.

이혼은 자신이 배우자나 부모로서 실패했다는 느낌을 주고, 외로움, 불확실성, 우울감 등 높은 수준의 스트레스와 낮은 수준의 통제감을 경험하게 한다(Carrere et al., 2000). 또한 자녀의 삶을 송두리째 흔들어 놓는다(Amato, 2006; Lansford, 2009). 가령, 이혼가정의 자녀들은 약물남용과 같은 행동문제를 더 많이 보이며, 학교에서의 학업성적도 더 낮다는 연구결과들이 보고되고 있다(Amato, 2006; O'Connor et al., 2000).

이렇듯 이혼이 부부 당사자 및 자녀 모두에게 힘든 경험임에는 틀림없으나, 다음의 방식으로 서로 노력한다면 이혼이 자녀에게 미치는 부정적인 영향을 최소화할 수 있다고 심리학자들은 말한다.

첫째, 서로 차이가 있을지라도 자녀를 양육하는 방법에 대해서는 합의에 이를 수 있도록 노력해야 한다.

둘째, 자녀의 삶에서 각자가 부모로서 중요한 역할을 지속하도록 서로 도와야 한다.

셋째, 자녀 앞에서 부부간에 서로 비난하거나 깔보지 말아야 한다.

그렇다면 이혼 후 새로운 연인을 만나거나 재혼을 하기에 앞서 고려해야 할 점은 무엇일까? 한부모 가족을 위한 정보와 자원을 제공하는 웹사이트(www.singleparentscentral.com)에서는 이들을 위해 다음의 열 가지 지침을 제공한다.

1. 새로운 관계를 갖기 전에 스스로를 치유하고 자신의 삶을 되돌아볼 시간을 충분히 가질 것
2. 가족의 일상과 구조를 좋게 갖춰 놓을 것
3. 가족 내에서 예측 가능한 구조를 갖춰 놓음으로써 자녀가 일관되게 성장할 수 있도록 신경 쓸 것
4. 양육권이 없는 부모의 경우, 데이트 시간과 양육시간을 분리할 것
5. 아이들과 보내는 시간이 소중하다는 것을 자녀에게 알릴 것. 만일 이 시간을 새로운 사람(부모의 새 애인)에게 침해받을 경우, 아이들에게 원망을 받기 쉽다.
6. 자녀가 있을 때, 새 애인을 집에서 자게 하지 말 것
7. 많은 사람을 소개하는 것은 자녀로 하여금 혼란과 불안정감을 느끼게 만들므로 새 애인과 장기적인 관계가 될 것이라는 확신이 들 때에만 자녀에게 소개할 것
8. 새 애인을 친척이라고 소개하지 말 것
9. 새 애인을 엄마, 아빠, 삼촌과 같은 이름으로 부르게 하지 말 것. 관계가 잘되지 못할 경우, 자녀에게 혼란을 줄 수 있기 때문이다.
10. 천천히 진행할 것

4. 재혼 가족을 형성하는 방법

현대 사회에서 재혼 가족은 또 다른 가족 형태이다. 재혼은 초혼과는 두 가

지 차이점을 지닌다. 첫째, 첫 번째 결혼이 두 가족의 결합을 의미하는 것이라면, 두 번째 결혼에는 둘 이상의 가족이 결합한다는 특징을 지닌다. 둘째, 첫 번째 결혼으로 이루어지는 가족생활주기는 배우자의 사망이나 이혼으로 끝나지만, 재혼으로 이루어지는 가족생활주기는 배우자 입장에서 이전 배우자에 대한 상실 경험, 자녀 입장에서 이전 부모의 상실 경험을 가지고 있는 상태에서 새로운 배우자(자녀 입장에서는 새로운 부모), 새로운 자녀(자녀 입장에서는 새로운 형제자매)를 받아들여야 하는 좀 더 복잡한 과정이 필요하다.

카터와 맥골드릭(Carter & McGoldrick, 2000)은 재혼 전후의 가족이 겪게 되는 정서적 어려움을 소개하고, 이를 극복하기 위해 해야 할 과업에 대해 다음과 같이 소개하였다.

1) 1단계: 새로운 관계의 형성

이 단계에서는 첫 결혼에 대한 상실로부터 회복될 필요가 있다. 상실로 인한 괴로움이 크겠지만, 새로 맞이하게 될 배우자의 지지를 통해 과거의 결혼으로부터 벗어날 수 있도록 적절한 정서적 이혼을 할 필요가 있다. 이 시기에 필요한 발달과업은 재혼으로 인해 맞이하게 될 복잡성과 모호성을 다룰 준비를 갖추고, 새로운 결혼과 가족 형성을 위해 다시 헌신하는 것이다.

2) 2단계: 새로운 결혼과 가족에 대한 개념화와 계획 세우기

이 단계에서는 재혼과 계가족 형성에 대한 자신, 새로운 배우자, 자녀가 갖는 두려움을 수용할 필요가 있다. 새롭게 수행해야 할 다양한 역할, 시간, 공간, 소속감, 권위에 있어 경계를 설정 짓는 일, 죄책감, 충성심, 갈등, 상호성에 대한 욕구, 해결되지 않은 과거의 상처로 인해 복잡하고 모호한 마음이 들고 내적인 스트레스를 경험하게 되는데, 이러한 상황에 적응하기 위해서는 인내심과 시간이 필요하다는 점을 인정할 필요가 있다. 이 시기에 필요한 발달과업은, 첫째, 거짓으로 상호성을 보이는 행동을 하지 않도록 해야 한다. 이를 위해 새로운 관계에 개방성을 가지고 임할 수 있도록 노력해야 한다. 둘째, 전 배우자와 공동 재정, 공동 부모관계를 유지하기 위해 계획해야 한다. 셋째, 자녀가 두 체계 안에서 겪는 두려움, 충성에 대한 갈등, 소속감을 다룰 수 있도록 도와야 한다. 넷째, 배우자와 자녀를 포함시키기 위해 확대가족과의 관계를 재정비할 필요가 있다. 다섯째, 자녀가 전 배우자의 확대가족과 관계를 유지하도록 계획할 필요가 있다.

3) 3단계: 재혼 및 가족의 재구성

이 단계에서 각 배우자는 전 배우자에 대한 애착을 여전히 끊어 내지 못하고 있을 수 있는데, 이를 끊어 낼 수 있어야 한다. 또한 처음 형성했던 가족을 사별할 때까지 끝까지 고수해야 하는 것이 이상적이라는 생각에 집착하고 있는 모습을 보일 수 있다. 이에 대해 현실적이고 합리적인 안목을 형성함으로써 이러한 비합리적인 신념 혹은 집착으로부터 벗어날 수 있어야 한다. 또한 경계를 투과성 있게 하여 새로운 가족모델을 수용할 수 있어야 한다. 이를 위해 첫째, 새 배우자-계부모를 포함하도록 가족경계선을 재구조화하고, 둘째, 여러 체계가 섞일 수 있도록 관계와 재정적 배려를 하위체계를 통해 재조정해야 한다. 셋째, 자녀가 보호자의 친부모, 조부모 및 확대가족과 관계를 지속하도록 허용하여야 한다. 넷째, 재혼 가족 구성원의 통합을 강화시키는 추억과 역사를 공유하여야 한다.

※ 다음은 어느 부부의 고민 사례입니다. 지금까지 학습한 내용을 토대로 다음의 고민을 설명하고, 분석해 봅시다. 그리고 해결방안을 제시해 봅시다.

배우자의 취약한 모습에 대해 있는 그대로 존중하고, 포용해 주어야 할까요, 아니면 헤어져야 할까요? 다음의 예시를 참고하여 진정한 신뢰란 무엇인지에 대해 생각해 보고, 질문에 답해 봅시다.

멋진 내 남편의 모습만큼이나 예뻤던 저. 우리는 첫눈에 서로가 마음에 들었고, 서로를 알아 가면서 신뢰가 쌓여 결혼하기에 이르렀습니다. 하지만 우리의 행복은 오래가지 못했습니다. 남편이 제 친정아버지에게 사업조로 투자를 요청했고, 제 친정아버지는 기꺼이 남편의 사업을 위해 거금을 주셨습니다. 덕분에 남편의 사업은 번창했지만, 남편은 회사의 여직원과 사랑에 빠져 사업에서 번 돈을 모두 정리하여 여직원과 함께 다른 지방으로 떠나 버렸습니다. 그로부터 3년 후 남편이 다시는 안 그러겠다고 사죄하면서, 진심으로 반성하는 눈물을 흘리며 저에게 돌아왔습니다. 그 모습에 마음이 흔들렸고, 있는 그대로의 취약성을 지닌 남편을 용서하고, 감싸 주어 새 사람이 되게 해 주자는 마음을 가지고 다시 함께 행복해지기로 결심하였습니다. 남편은 경제적으로 무능한 모습을 보이기 싫다며, 다시 사업을 하고 싶어 하였습니다. 이번에도 친정아버지에게 도움을 요청하였고, 친정아버지께서도 기꺼이 거금을 들여 남편의 사업을 꾸려 주셨습니다. 사업은 번창하였습니다. 하지만 이번에도 남편은 거래처 여직원과 사랑에 빠져 사업을 처분하고, 전 재산을 가지고 사랑의 도피를 하였습니다. 다시 3년이 지나 남편이 돌아왔습니다. 남편은 지난번과 똑같이 저에게 무릎을 꿇고 사죄하였습니다. 다시는 그런 모습을 보이지 않겠다. 내가 또 그러면 사람이 아니라며, 받아달라고 요청합니다. 그 말에 '남편이 이제는 정신을 차렸겠지' 하는 생각이 들어 흔들립니다. 어떻게 하면 좋을까요?

참고문헌

EBS 다큐프라임(2015). 〈결혼의 진화 1부〉 '인류, 결혼하다'(2015. 7. 20.).

글터 반딧불(2018). **알콩달콩 결혼의 역사가 궁금해**. 서울: 꼬마이실.

남정욱(2014). **결혼**. 경기: 살림.

문화인류학사전(2018). 혼인의 정의. https://terms.naver.com/entry.nhn?docId=2169070&cid=50852&categoryId=50852

민원24(2019). 혼인신고. http://www.minwon.go.kr/main?a=AA020InfoCappViewApp&HighCtgCD=A01004&CappBizCD=12700000050

사회학 사전(2000). 결혼. https://terms.naver.com/entry.nhn?docId=1520131&cid=42121&categoryId=42121

신민주, 주용국(2019). 커플 의사소통 검사지. **끌림과 설렘으로 다가서는 대인관계 의사소통**(pp. 200-201). 서울: 학지사.

정상규(2010). 부모의 이혼과 자녀문제. **인권복지연구**, (8), 29-57.

찾기 쉬운 생활법령정보(2019a). 법률혼과 사실혼. http://www.easylaw.go.kr/CSP/CnpClsMain.laf?popMenu=ov&csmSeq=170&ccfNo=1&cciNo=1&cnpClsNo=2

찾기 쉬운 생활법령정보(2019b). 재판상 이혼의 절차. http://www.easylaw.go.kr/CSP/CnpClsMain.laf?popMenu=ov&csmSeq=233&ccfNo=3&cciNo=2&cnpClsNo=1

찾기 쉬운 생활법령정보(2019c). 협의이혼과 재판상 이혼. http://www.easylaw.go.kr/CSP/CnpClsMain.laf?csmSeq=233&ccfNo=1&cciNo=1&cnpClsNo=1

찾기 쉬운 생활법령정보(2019d). 협의이혼의 절차, 재판상 이혼의 절차. http://www.easylaw.go.kr/CSP/CnpClsMain.laf?csmSeq=233&ccfNo=2&cciNo=2&cnpClsNo=1

최연희(2010). 결혼을 결정한 성인 남녀가 지각한 상향혼과 배우자선택요인별 중요도. 서울대학교 대학원 석사학위논문.

취업포털 인크루트(2017). 결혼할 수 있는 배우자의 최저 조건.

통계청(2018). 2018년 혼인 · 이혼 통계자료. 인구통계조사. http://kosis.kr/statisticsList/statisticsListIndex.do?menuId=M_01_01&vwcd=MT_ZTITLE&parm

TabId=M_01_01&parentId=A.1;A2.2;#SelectStatsBoxDiv

한국민족문화대백과(2019). 이혼. http://encykorea.aks.ac.kr

한국보건사회연구원(2017). 성인자녀 부양 특성과 정책과제.

한국일보(2018. 07. 10.). 김경근 칼럼–결혼세태 속 신세습사회 그림자.

Amato, P. R. (2006). Marital discord, divorce, and children's well-being: Results from a 20-year longitudinal study of two generations. In A. Clarke-Stewart & J. Dunn (Eds.), *Families count: Effects on child and adolescent development The Jacobs Foundation series on adolescence* (pp. 179-202). New York, NY, US: Cambridge University Press.

Carrére, S., Buehlman, K. T., Gottman, J. M., Coan, J. A., & Ruckstuhl, L. (2000). Predicting marital stability and divorce in newlywed couples. *Journal of Family Psychology, 14*(1), 42-58.

Carter, B., & McGoldrick, M. (2000). **가족생활주기와 치료적 개입.** (정문자 역). 서울: 중앙적성출판사. (원저는 1989년에 출판).

Delphy, C. (1977). *The main enemy: A materialist analysis of women's oppression.* Women's Research and Resources Centre.

Furnham, A. (2009). Sex differences in mate selection preferences. *Personality and Individual Differences, 47*, 262-267.

Gottman. M. (1999). *The marriage clinic: A scientifically based marital therapy*. New York: W.W. Norton.

Kelly, J., & Wallerstein, J. (1976). The effects of parental divorce. *American Journal of Orthopsychiatry, 46*(1), 20-32.

Lansford, J. E. (2009). Parental divorce and children's adjustment. *Perspectives on Psychological Science, 4*, 140-152.

Lee, L., Loewenstein, G., Ariely, D., Hong, J., & Young, J. (2008). If I'm not hot, are you hot or not? Physical-attractiveness evaluations and dating preferences as a function of one's own attractiveness. *Psychological Science, 19*, 669-677.

Lehanne, M. (2014). **파리의 심리학 카페: 더 이상 혼자가 아닌 그곳.** (김미정 역). 서울:

갤리온. (원저는 2005년에 출판).

Lewis, R. A. (1972). A developmental framework for the analysis of premarital dyadic formation. *Family Process, 11*(1), 17-48.

Levi-Strauss, C. (1993). **구조주의 인류학**[*Structural Anthropology 1*]. (김진욱 역). 서울: 종로서적. (원저는 1987년에 출판).

Luo, S., & Klohnen, E. C. (2005). Assortative mating and marital quality in newlyweds: A couple-centered approach. *Journal of Personality and Social Psychology, 88*, 304-326.

Nevid, J. S. (1984). Sex differences in factors of romantic attraction. *Sex Roles, 11*, 401-411.

O'Connor, T. G., Caspi, A., DeFries, J. C., & Plomin, R. (2000). Are associations between parental divorce and children's adjustment generally mediated? An adoption study. *Developmental Psychology, 36*, 429-437.

Rushton, J. P., & Bons, T. A. (2005). Mate choice and friendship in twins: Evidence for genetic similarity. *Psychological Science, 16*, 555-559.

Shackelford, T. L., Schmitt, D. P., & Buss, D. M. (2005). Universal dimensions of human mate preferences. *Personality and Individual Differences, 39*, 447-458.

Udry, J. R. (1971). *The social context of marriage*. New York: Lippincott.

Udry, J. R. (1997). A research design for studying romantic partners. In J. Bancroft (ed.), *Researching sexual behavior* (pp. 309-319). Bloomington: Indiana University Press.

A single Parents Network. www.singleparentscentral.com

가족관계

학습목표

1. 가족의 개념과 기능을 설명할 수 있다.
2. 가족생활주기를 이해하고, 한국인의 가족생활주기를 설명할 수 있다.
3. 각 가족생활주기별 과업을 이해하고, 해결방안을 찾을 수 있다.
4. 자녀의 발달단계에 따른 부모 역할을 설명할 수 있다.
5. 자신의 가족 내 역동을 분석할 수 있다.

1. 가족의 개념

가족이란 주로 부부를 중심으로 한 친족관계에 있는 사람들의 집단을 말한다(네이버 사전). 이와 유사하게 가정이라는 용어가 있는데, 가정이란 한 가족이 함께 살아가며 생활하는 사회의 가장 작은 집단을 말한다(한국민족문화대백과, 2018). 한국민족문화대백과사전(2018)의 구분에 따르면, **가족**은 애정으로 맺어진 인간관계의 결합을, **가정**은 인간관계의 결합에 의식주 등 생활을 영위하기 위해 물자를 생산하고 소비하는 기능이 더해진 형태를 지칭한다.

가정은 인간이 임하는 최초의 사회적 환경이자, 주로 인간에게 가장 친밀한 혈연 집단으로 구성된 생활공동체이므로 인간에게 주요한 안식처가 되어준다. 따라서 행복한 가정을 이루기 위해서는 가족 구성원 간의 인간관계인 가족관계를 화목하게 영위할 수 있어야 한다.

참고

가족관계등록부

가족관계등록부란 국민 개개인별로 출생, 혼인, 사망 등의 신분 변동 사항을 전산정보처리 조직에 따라 기록 · 관리하는 등록부를 말하는데, 증명하려는 목적에 따라 기본증명서, 가족관계증명서, 혼인관계증명서, 입양관계증명서, 친양자관계증명서의 형태로 발급받을 수 있다.

기본증명서란 개인의 인적 사항을 증명하기 위해 발급하는 문서이며([그림 5-1] 참조), 가족관계증명서란 발급자를 기준으로 한 가족 구성원을 증명하기 위해 발급하는 문서이다([그림 5-2] 참조). 기본증명서에는 본인의 등록기준지, 성명, 성별, 출생년월일, 주민등록번호, 본인의 출생, 사망 등에 관한 기본적인 정보사항이 담겨 있으며, 변동내역이 있는 경우에 이를 확인할 수 있다. 가족관계증명서는 발급자 기준 부모, 배우자, 자녀에 대한 사항이 담겨 있다.

기본증명서(일반)

등록기준지	

구분	상세내용
작성	[가족관계등록부 작성일] ****년 **월 **일 [작성사유] 가족관계의 등록 등에 관한 법률 부칙 제3조 제1항

구분	성명	출생연월일	주민등록번호	성별	본
배우자					

일반등록사항

구분	상세내용
출생	[출생장소] [출생일] ****년 **월 **일 [신고일] ****년 **월 **일

위 기본증명서(일반)는 가족관계등록부의 기록사항과 틀림없음을 증명합니다.

전산정보중앙관리소 전산운영책임관 ○○○

※ 위 증명서는 가족관계의 등록 등에 관한 법률 제15조 제3항에 따른 등록사항을 현출한 일반증명서입니다.

[그림 5-1] 기본증명서

출처: 대법원 전자가족관계등록시스템.

가족관계증명서(일반)

등록기준지	

구분	성명	출생연월일	주민등록번호	성별	본
배우자					

가족사항

구분	성명	출생연월일	주민등록번호	성별	본
부					
모					

배우자					

자녀					
자녀					

위 가족관계증명서(일반)는 가족관계등록부의 기록사항과 틀림없음을 증명합니다.

○○○○년 ○○월 ○○일

전산정보중앙관리소 전산운영책임관 ○○○

※ 위 증명서는 가족관계의 등록 등에 관한 법률 제15조 제2항에 따른 등록사항을 현출한 일반증명서입니다.

[그림 5-2] 가족관계증명서

출처: 대법원 전자가족관계등록시스템.

현대의 한 가정의 가족 구성원은 주로 핵가족의 형태, 즉 부부와 자녀로 구성되는 경우가 많은데, 이때의 가족관계에는 부부, 자녀, 형제라는 하위체계와 하위체계 간의 모든 가족관계를 포함된다. 국내법에서는 가족관계등록부상에 기재되는 구성원과의 관계를 가족관계로 보고 있다.

가족은 개체 보전과 종족 보전의 기능, 인간의 가장 기본적인 성격을 형성시키는 기능, 생존을 위한 필수요소인 의식주의 욕구를 충족시키는 기능, 가장 강력한 정서적 지지를 주는 기능을 한다(권석만, 2017). 이러한 가족은 개인이 아니라 구성원과 함께 동고동락하는 공생의 단위로서 마치 개인에게 탄생에서 죽음에 이르는 생애주기가 있는 것처럼, 가족도 가족단위로서 발전되는 생애주기를 지닌다. 결혼을 하여 새로운 가정이 탄생하고, 부부가 자녀를 낳아 자녀가 성장함에 따라 변화를 겪게 된다. 이를 가족생활주기라고 부른다. 이러한 변화주기는 공통점이 있고, 발달단계에 따라 해결해야 할 과업도 공통적인 부분이 있다. 이에 대해 설명을 시도한 학자들이 많지만, 그중 카터와 맥골드릭(Carter & McGoldrick, 2000)의 6단계 가족생활주기를 가장 보편적으로 사용하고 있어 소개하고자 한다.

2. 카터와 맥골드릭의 가족생활주기

카터와 맥골드릭은 가족생활주기를 결혼전기, 결혼적응기, 자녀아동기, 자녀청소년기, 자녀독립기, 노년기의 6단계로 구분하여 설명하였다. 각 단계에는 대부분의 가족이 해당 단계에 위치해 있을 때 겪어야 할 공통적인 어려움이 존재한다. 이때 구성원이 힘을 모아 극복해야 할 어려움을 카터와 맥골드릭은 '발달상의 과업'이라 명명하여 소개하였고, 발달을 위해 필요한 가족체계의 변화과제를 상세하게 안내하였다.

1) 1단계: 결혼전기

이 시기는 부모님과 나의 관계가 분리된다는 것을 받아들이고, 이제 새로운 가정을 운영하는 주체로서 정서적 · 재정적 책임을 수용해야 하는 발달상의 과업을 마주하게 되는 시기이다.

새로운 가족을 만들기 위해서 해야 할 가족체계상의 변화과제는, 첫째, 원가족과의 관계에서 분화하기, 둘째, 새로 만들게 될 가족의 주요 구성원인 배우자와 친밀한 이성관계를 발달하기, 셋째, 일과 재정적인 독립을 확립하기의 과제가 있다.

2) 2단계: 결혼적응기

이 시기는 결혼을 해서 부부 두 사람으로 가정이 꾸려지는 시기이다. 이렇게 만들어진 새로운 가족체계를 받아들이고 가족으로서 잘 유지될 수 있도록 서로 맞추어 가고, 만들어 가기 위해 최선을 다해야 하는 시기이다. 새로운 가족을 만들기 위해서 해야 할 가족체계상의 변화과제는, 첫째, 부부체계를 형성하는 것, 둘째, 확대가족과 친구관계에 배우자가 포함되도록 관계를 재정비하는 일이다.

3) 3단계: 자녀아동기

이 시기는 부부 두 사람으로 구성되었던 가정에 자녀가 태어남으로써 새로운 가족 구성원이 가족체계에 수용될 수 있도록 노력해야 하는 시기이다. 새로운 가족을 받아들이기 위해서 해야 할 가족체계상의 변화과제는, 첫째, 부부 2인체계였던 것에서 자녀라는 존재가 수용될 수 있도록 물리적 · 정신적으로 공간을 만들 필요가 있다. 둘째, 배우자라는 역할뿐 아니라 부모라는 역할이 생기는 시기이다. 육아, 가사, 재정 등에 공동으로 참여함으로써 부모라는 역할을 적극적으로 인정하고 받아들여야 한다. 셋째, 부모, 조부모의 역할이 포함되도록 확대가족과의 관계를 형성해야 한다. 즉, 자녀의 존재로 인해 부부는 부모라는 새로운 역할이, 부부의 부모는 조부모라는 새로운 역할이 부여되는 것이다.

4) 4단계: 자녀청소년기

이 시기는 자녀가 서서히 독립을 향해 나아가는 시기이며, 조부모가 신체적으로 허약해지는 시기이다. 이로 인해 가족경계가 유연하게 변화될 수 있는 시기이다. 이 시기에 해야 할 가족체계상의 변화과제는, 첫째, 청소년자녀가 가족체계에서 출입이 자유롭도록 부모-자녀관계를 변화시킬 필요가 있다. 둘째, 이 시기가 되면 부부는 중년기 부부가 된다. 부부갈등, 퇴직 등 부부에게도 다양한 이슈가 발생할 수 있어 이들의 결혼 및 진로 문제에 다시 관심을 두어야 한다. 셋째, 허약해진 조부모, 즉 노인세대를 돌보기 위한 준비를 시작해야 한다.

5) 5단계: 자녀독립기

이 시기는 자녀가 결혼을 해서 새로운 구성원이 들어오거나, 조부모의 사망 등 가족 구성원의 증감이 이루어지는 시기이다. 이 시기에 해야 할 가족체계상의 변화과제는, 첫째, 부부체계를 2인 관계로 재조정해야 한다. 둘째, 성장한 자녀를 이제 성인으로 대해야 하므로 부모-자녀관계가 성인 대 성인의 관계로 발전되어야 한다. 셋째, 자녀가 형성한 가족 구성원인 사돈, 며느리, 사위, 손자녀가 가족 구성원에 포함되도록 관계를 재정비해야 한다. 넷째, 부모나 조부모의 무기력과 죽음에 대처해야 한다.

6) 6단계: 노년기

이 시기는 역할 변화를 수용해야 하는 단계이다. 이 시기에 해야 할 가족체계상의 변화과제는, 첫째, 자신과 배우자의 신체적 쇠퇴에 직면하고, 신체적 기능과 관심사를 유지해야 한다. 둘째, 이제는 내 자녀의 세대, 즉 다음 세대가 중추적 역할을 하도록 지원해 주는 역할을 해야 한다. 셋째, 연장자가 할 수 있는 일을 다음 세대가 대신하게 하지 않음으로써, 연장자로서 자신의 지혜와 경험이 활용될 수 있을 여지를 여전히 마련하고 있어야 한다. 넷째, 배우자, 형제, 친구들과의 사별을 자주 겪게 되는 시기이다. 가까운 이들의 죽음에 대처할 뿐 아니라 자신의 죽음도 대비할 필요가 있다. 삶을 되돌아보고 통합하는 시간이 필요하다.

3. 한국의 가족생활주기

이상의 가족생활주기를 한국인에게 적용하여 살펴보자.

1) 1단계: 결혼전기

결혼전기는 미혼의 자녀가 원가족을 떠나 자신의 가족을 이루기 전까지의 기간이다. 미혼의 자녀가 직장을 갖고, 경제적인 독립을 이루고, 마음에 맞는 배우자감을 탐색하여 구애하고 조율하는 기간을 거쳐 결혼을 결심하기에 이르는 기간을 말한다.

하지만 이 단계는 자녀가 이미 성인이 되었으나, 부모 입장에서 자녀가 여전히 어린 아이로 보여 성인 대 성인의 관계가 확립되지 못하는 발달상의 과도기이다. 특히 경제적으로 독립하지 못할 경우, 의사결정의 주도권이 여전히 부모에게 있어 신체적으로나 연령상으로는 이미 성인임에도 불구하고 주체적이고 독립적인 객체로 생활하지 못할 가능성이 높아진다.

결혼전기에 행해지는 의례로는 약혼식이 있다. **약혼식**이란 양가의 직계가족이 모여 공식적으로 첫인사를 나누는 자리이다. 전통혼례에서는 약혼식이라는 개념이 없었고, 현대에 들어 호텔이나 식당을 빌려 약혼식을 하기도 했으나(정문자 외, 2013), 요즘은 약혼식은 생략하고, 대신 예비 신랑 신부가 양가 부모를 모시고 혼인 승낙을 받고, 혼인 절차를 의논하기 위해 만나는 공식적인 자리인 상견례로 대체하는 경향이 있다. 이에 여기에서는 성균예절차문화연구소(2015)가 발행한 공감생활예절의 내용을 참고하여 상견례의 예절에 대해 간략하게 소개하고자 한다.

상견례란 혼인이 결정된 후 양가의 어른들이 정식으로 만나 서로 인사하고 자식들의 혼사를 이야기하는 자리이다. 상견례는 양가 부모와 형제자매만 참석하는 것이 보편적이지만 조부모와 함께 만나기도 한다. 이 자리를 통해 양가의 분위기, 가정교육, 가풍 등을 서로 알 수 있고, 그날의 대화를 통해 혼인이 일사천리로 진행되기도, 잘 될 것 같던 혼사가 깨지기도 한다.

상견례를 위해서는, 첫째, 상견례를 할 날짜와 시간, 장소를 정해야 한다. 보통 예비 신랑 신부가 양가의 상황을 고려해서 결정한 후 양가에 통보한다. 단, 통보하기 전에 사전에 답사를 통해 확인해 보는 것이 안전하다. 장소는 양가 모두에게 교통편이 좋고 계절에 맞는 쾌적한 곳으로 정하는 것이 좋으며, 음식 메뉴와 가격, 분위기를 미리 파악하고 반드시 예약을 해 둔다. 좌석 배치도 사전에 장소 답사를 할 때 미리 계획해 둔다. 창밖 풍경이 잘 보이는 곳, 출입문에서 먼 곳, 테이블 중앙이 상석이다. 부모님이 앉으신 자리가 예절에서 정해지는 상석이 되는 것이다. 양가 부모님이 상석에 앉으시고, 그 옆에 신랑 신부가 앉고, 신랑 신부 옆에 형제자매가 앉는다. 상견례 전날 예약을 확인하고 당일은 예약 시간보다 10분 일찍 도착하는 게 좋다.

둘째, 의상예절이다. 양가 부모 및 예비 신랑 신부 모두 격식 있는 정장 차

[그림 5-3] 상견례 모습

출처: MBC 〈빛나는 로맨스〉의 한 장면.

림을 갖추어야 한다. 예비부부의 의상이 조화를 이루면 좀더 보기가 좋아 보인다고 하며, 남자는 정장과 넥타이, 신발 색상을 맞춰서 갖추는 게 좋고, 여자는 치마 정장을 입는 것이 좋다고 한다.

셋째, 인사예절이다. 상견례는 당사자들과 양가의 어른이 함께하는 자리이므로 기본적인 예의와 교양이 무엇보다 중요하다. 약속 장소가 아닌 입구에서 만났을 경우, 상대를 처음 만난 것이라면 서로 가볍게 인사를 하는 것이 좋다. 모두가 자리에 앉기 전이거나 한쪽 집안이 먼저 도착해 있는 상황이라면 시선을 맞추고 목례로 인사한다. 어른들을 상석에 모시고 양가가 모두 착석하면 가족의 소개와 정중한 인사로 상견례를 시작하면 되는데, 이때 소개는 예비 신랑이 하는 것이 좋다고 한다.

넷째, 대화예절이다. 대화는 날씨, 주변 분위기, 음식 등을 주제 삼아 부담없는 이야기로 시작한다. 서로 긴장하여 대화가 단절되면 어색한 분위기가 되기 때문에 미리 이야기할 내용을 생각해 두고, 상대 집안에 대해서도 사전에 어느 정도 알아 두는 것이 좋다. 계절 인사, 좋아하는 음식, 운동 등에 관해 가볍게 물어보는 것도 좋다고 한다. 이때 그 날의 날씨나 식당의 음식, 서비스 등에 불평을 하지 않도록 주의가 필요하다. 왜냐하면 불평이 많으면 상대방에게 예민하고 까다로운 사람으로 보일 수 있기 때문이다. 따라서 만족스럽지 못한 점이 있더라도 좋게 넘어가야 양가의 첫 만남을 순조롭게 마무리할 수 있다.

한 상대방에 대한 칭찬을 하는 것도 서로에게 좋은 인상을 남길 수 있는 방법이다. 상대방 자녀의 칭찬을 사전에 몇 가지 준비하여 소중하게 만난 인연에 대한 감사를 표하면 분위기가 좋아질 수 있다. 물론 자기 자녀의 성품, 우리 가정의 가풍이나 가훈을 소개해도 괜찮지만, 자기 자녀의 성장 과정, 성품 등을 지나치게 칭찬하는 것은 피할 것을 권한다. 자칫 자신의 자녀만 소중하고, 상대방의 자녀는 소중하지 않다는 인상으로 비쳐질 수 있어 오해를 살 우려가 있기 때문이다.

당사자들은 어른들의 질문에 예의 바르고 정중하게 답하며, 자신의 생각을 천천히 또박또박 분명하게 말하면 되는데, 혹시 대화가 편안해지더라도 평소 사용하던 비어나 속어가 나오지 않도록 주의해야 한다. 또한 혼인 당사자들은 어른들 앞에서 '자기' '오빠' '너' 등의 호칭으로 서로를 부르지 말아야 한다. 대신 이름 뒤에다 씨를 붙여 'OO 씨' 라고 부르고, 부모님을 칭할 때에도 자신의 어머니는 '어머니'로, 상대의 어머니는 '어머님'으로 존칭을 쓰도록 한다.

상견례 자리에서는 혼인 날짜, 살림집, 신혼여행에 대해 의견을 나누되, 혼인을 반대했던 일이나 못마땅한 점에 관한 이야기들은 피해야 한다. 반대를 했더라도 앞으로 새 식구가 될 사람이니 좋은 점을 부각시켜 분위기를 편안하게 해 주는 것이 좋다. 좋은 대화를 유도하되, 다른 집안의 혼수나 예단과 같은 이야기도 하지 않는 게 좋다.

2) 2단계: 결혼적응기

결혼적응기는 두 사람이 결혼하여 하나의 가족을 형성하는 단계이다. 이 시기는 낭만적인 연인관계에서 현실적인 부부관계로 이행하는 시기로, 여러 가지 도전과제에 직면하는 시기이다. 낭만이 사라지고, 현실의 씁쓸함만이 너무 빨리, 그리고 많이 다가올 경우에 부부관계 자체에 금이 갈 위험이 생긴다. 또한 원가족과의 분리가 아직 완전히 이루어지지 않은 시기이다. 때문에 각자의 부모가 부부생활에 간섭을 하는 경우도 많다. 이러한 문제에 대해 경계를 잘 세우고 부부라는 새로운 가족단위를 영위해 가는 데 있어 주체성을 획득하지 못한다면 결혼생활은 파탄에 이르기 쉽다.

결혼은 혼자 이끌어 가는 것이 아니라 두 사람이 함께 이끌어 가는 것이다. 하지만 부부는 각기 다른 주체로 살아왔기 때문에 관심사나 결혼생활에 기대하는 바가 서로 다를 수밖에 없다. 아내는 남편에 대해, 남편은 아내에 대해 무엇인가를 해 줄 것을 기대한다. 만일 한 사람이 다른 한 사람의 기대를 저버리면 자신이 원하는 것을 관철하고자 싸우기도 한다. 이때 서로 양보나 협의를 도출해내지 못할 때, 부부관계도 와해될 위기에 처할 수 있다. 이에 서로

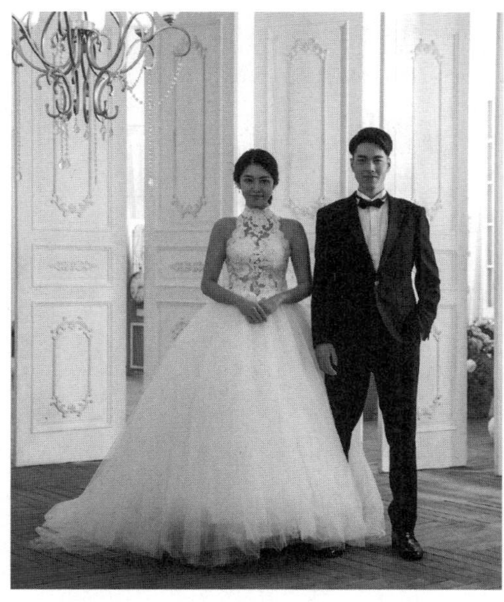

[그림 5-4] 결혼식

맞추고 조율하기 위해 삐걱거리는 조율시기를 잘 대처할 필요가 있다. 도움이 되는 조언자들을 만나 지혜로운 결혼생활을 만들 필요가 있겠다.

결혼적응기에 행해지는 의례로는 결혼식과 집들이가 있다. 요즘은 집들이는 생략되고, 결혼식만 하는 편이다. 과거에는 신랑과 신부의 부모님의 일가친척, 친구들, 신랑과 신부의 친구들을 모두 불러서 치르는 대규모의 결혼식을 치렀다면, 요즘은 가까운 지인만을 초대하는 소규모 결혼식으로 비용을 절감하고, 간소화하기도 한다.

이 시기의 대표적인 부부갈등 사례를 하나 소개하고자 한다. 부부들이 하는 흔한 오해 중 하나가 있다. 바로 우리가 진짜 사랑한다면 부부싸움 같은 게 생길 리가 있느냐는 것이다. 과연 그럴까? 많은 부부상담전문가[예: 롤프 메르클레(Rolf Merkle), 도리스 볼프(Doris Wolf), 앨런 프루제티(Alan E. Fruzzetti)]는 한목소리로 '아니'라고 답한다. 나아가 그들은 사람들이 대부분 결혼과 사랑에 대해 크게 착각하고 있다고 덧붙인다. 많은 부부상담 관련 경험과 저술을 종합해 보면, 사랑은 기본적으로 매우 이기적인 감정이라는 결론에 이른다. 안타깝게도 우리는 '김지영'이 '김지영'이어서 사랑하는 것이 아니라 '김지영'이라는 사람이 내 소망과 욕구를 만족시켜 주기 때문에 사랑하는 것이라고 한다. 다시 말해서, 사랑이란 내가 원하는 것을 내게 주는 '누군가'에게 느끼는 감정인 것이다.

연인이나 부부가 서로 소원해지는 이유도 결국 내가 상대방으로부터 더 이상 내가 원하는 것을 얻지 못하기 때문이라고 한다. 막 사랑에 빠졌을 당시에는 모든 커플이 상대를 칭찬하며 자신의 사랑을 표현하고 전달하고자 애를 쓴다. 이 시기에는 자신의 욕구보다 둘이 함께하는 것에 가치를 더 크게 부여하므로 사소한 갈등이 크게 문제가 되지 않는다. 서로 양보하고 맞춰 가기 때문이다. 하지만 시간이 지나면서 상대방의 좋은 면은 '공기'처럼 당연한 듯 여기고, 부정적인 면에 대해서는 발견되는 족족 전경으로 크게 부각된다. 또한 사랑에 빠지게 된 연인이 원래 지니고 있던 매력이 사라지게 되기도 한다. 이런 요소들이 커플에게 갈등을 야기하고, 결별로 이어지게 하는 촉매제가 된다.

커플이 사랑에 빠지게 되고, 소원해지게 되는 메커니즘을 사례를 들어 소개하면 다음과 같다.

이상훈 씨는 각고의 노력 끝에 직장에 들어가게 되었고, 직장 상사로부터 지금의 아내를 소개받았다. 소개받기 전 아내의 집안 배경에 대해 듣고 그 점이 마음에 들어 만나기로 하였는데, 소개팅 당일 아내의 미모를 보자마자 가슴이 쿵쾅거렸다. '그래. 이 여자야!' 라고 그의 마음이 그에게 말을 해 주고 있는 것 같았다. 데이트 초반에 그는 아내에게 푹 빠져 내가 아내를 얼마나 사랑하는지를 보여 주고자 꽃과 각종 선물공세를 이어 갔다. 가끔 의견이 불일치하기도 했지만 중요한 것은 두 사람이 함께하는 것이라는 마음이었기에 그의 욕심을 조금 희생해서라도 아내에게 맞추고자 하였고, 아내도 그에게 그렇게 대해 주었다. 하지만 이런 행복이 오래가지 못했다. 결혼한 지 얼마 지나지 않아 아내가 급격히 살이 찌기 시작한 것이다. 둘 사이에 아이가 생기지 않자 아내는 정신적 스트레스가 심해져 음식으로 스트레스를 해소하기 시작하였기 때문이다. 살이 찌면 찔수록 아내는 운동도 하지 않았고, 식생활은 더욱 악화되어만 갔다. 설상가상으로 아내의 집안이 크게 기울게 되었다. 장인어른이 하시던 사업이 세무조사에 들어가면서 크게 타격을 입고, 회생 불가능의 상태에 이르게 된 것이다. 때문에 아내는 심하게 의기소침해졌고, 대인기피증까지 생겼다. 아내는 더 이상 그가 결혼 전에 이상적인 배우자감으로 생각했던 여자가 아니었다. 아내는 더 이상 그가 좋아했던 점들을 가지고 있지 않기 때문이다. 그는 이렇게 변화된 상황으로 인해 무척 당황스럽다. 자신의 판단능력에 의심이 들 정도이다. 또한 중심을 잡지 못하는 아내의 모습을 보면 부담스럽다. 변화된 아내 집안의 사정에 대해서도 큰 실망감과 배신감이 올라온다. 거대한 짐처럼 느껴진다. 여기서 벗어나고 싶다는 마음이 목 끝까지 차오를 때쯤 올해 새로 들어온 신입사원의 미소가 눈에 띈다. 탈출구! 나지막한 외침이 마음에 큰 파문을 만든다.

이제 커플 앞에는 두 가지 옵션이 있다. 상대에게 긍정적인 부분을 발견하고자 노력을 할 것인가, 아니면 헤어질 것인가? 부부관계가 만족스러우려면 부부관계의 구성원인 두 사람 모두가 '관계'를 통해 뭔가 이익을 얻을 수 있어야만 하므로 부부관계를 지속시키기 위해서는 다음의 노력이 필요하다.

상대방에 대해 내가 어떤 점에 실망을 했는지 내 마음을 들여다보아야 한다. 그리고 자신이 상대에게 무엇을 원하는지를 구체적으로 정리해 본다. 이를 배우자에게 표현한다. 자신의 바람을 표현하는 것은 모든 배우자의 권리이자 의무이다. 자신의 바람을 표현하지 않으면 상대방은 내가 어떤 상태인지를 알지 못하므로 원하는 바를 고려해 줄 수 없기 때문이다. 이때 주의해야 할 점이 있다. 배우자에게 반드시 내 바람을 채워 줄 것을 강요해서는 안 된다는 점이다. 한 사람이 원하는 것만 채우고, 다른 한 사람은 계속 손해만 본다면 관계는 파국에 이를 수밖에 없기 때문이다. 부부관계가 성공적으로 유지되기 위해서는 서로 합의하고 양보할 줄 알아야 한다. 상대방이 무엇을 필요로 하는지를 보고, 물어보고, 상대방에게 기쁨을 주고, 나 또한 상대방에게 배려를 받는 '주고받는 교환관계'가 성립되어야 부부관계는 안정적으로 지속될 수 있다. 이러한 상호존중과 배려의 관계가 지속될수록 커플 사이에 신뢰가 두터워지고, 헌신의 정도가 높아지며, 관계가 더욱 탄탄해질 수 있다.

그렇다면 이상훈 씨 부부는 어떻게 부부갈등을 극복할 수 있을까? 이상훈 씨 부부는 두 사람이 갈등을 하는 구체적인 장면을 하나 선택하여 상담자와 함께 살펴보기로 하였다.

아내: (요즘 우울하고 피곤한 상태이다) 친구가 근처에 왔다고 하네요. 같이 백화점에 갔다가 저녁 먹기 전에 들어올게요.

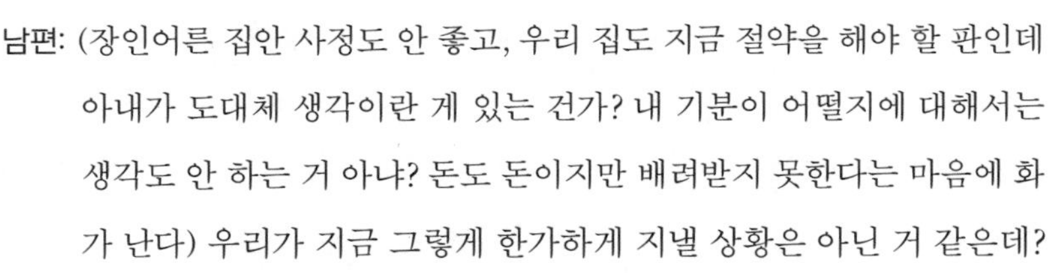

남편: (장인어른 집안 사정도 안 좋고, 우리 집도 지금 절약을 해야 할 판인데 아내가 도대체 생각이란 게 있는 건가? 내 기분이 어떨지에 대해서는 생각도 안 하는 거 아냐? 돈도 돈이지만 배려받지 못한다는 마음에 화가 난다) 우리가 지금 그렇게 한가하게 지낼 상황은 아닌 거 같은데? 쇼핑할 때는 아닌 것 같다.

아내: (마음이 울적해서 기분 전환 삼아 잠깐 바람이나 쐬고 오려고 했는데, 기분이 확 상한다. 자기는 지난주에 외제차도 새로 뽑고, 명품 정장까지 샀으면서 나는 쇼핑하지 말라고? 자기만 사람이고 나는 사람도 아닌가? 안 그래도 우리 부모님 집안 사정도 안 좋고, 내 모습에도 위축이 돼서 남편 눈치가 보이는데, 자기 생각만 하는 남편이 야속하다. 그보다는 사실 남편 말이 많이 상처가 된다) 자기, 지난주에 외제차 살 돈은 있었나 보네?

남편: (그동안 뼈 빠지게 일하고, 이제 처음 외제차를 사 본 건데 아내가 정말 너무하는 것 같아서 화가 난다) 당신 너무 무책임한 거 아냐? 내 돈 벌어 내가 쓰는 거야. 그리고 내가 돈 버느라 얼마나 뼈 빠지게 일하는 줄 알아? 당신은 집에서 살림이나 하면서. 그리고 솔직히 요즘은 살림도 제대로 안 하잖아. 이렇게 살다가 빚은 언제 갚을 거야? 내가 벌어 오면 당신이 절약하면서 관리를 좀 잘해야지.

아내: (절약해야 하는 건 알고 있다. 그래서 백화점 가는 것에 대해 죄책감도 느끼고 있다. 하지만 나를 전혀 배려하지 않고 매몰차게 말하는 남편에게 야속하고, 불공평하다는 마음이 든다. 남편을 위해 그동안 내가 헌신했다는 것을 알고나 있으려나? 자기만 아는 사람) 자기는 사고 싶은 거 다 사면서 나는 내 마음대로 좀 하면 안 돼? (화를 내며 밖으로 확 나가 버린다)

남편: (그냥 나가 버린 아내의 모습에 비참하고 화가 난다. 나도 아내를 피하기 위해 밖으로 나갔다)

상담실에 방문한 부부는 당시 있었던 일을 적어 보면서 그때 들었던 서로의 속마음(괄호 안에 적은 내용)을 읽어 보았다. 이를 읽고 나서 부부는 자신의 말에 상대방이 어떻게 상처를 받았는지를 알게 되었다. 또한 두 사람 모두 돈 문제로 걱정을 하고 있다는 점을 확인하였다. 이에 대해 추가적인 대화를 나누던 중에 아내도 돈을 절약할 생각이 있고, 그래야 할 필요성도 절감하고 있지만 남편이 항상 자신에게 '이래라 저래라' 하는 패턴이 있는데 그게 싫었다는 점을 발견하게 되었다. 남편 입장에서는 아내가 경제관념이 없고, 계획성이 없는 것 같아서 스트레스를 받고 있다는 것을 알았다. 이에 대해 두 사람은 부부재량으로 사용할 수 있는 액수를 정하기로 했다. 남편 입장에서는 구체적으로 액수를 정했으므로 부정적인 지출을 막을 수 있어 만족스러웠고, 아내 역시 남편의 감시로부터 벗어난 듯한 마음에 숨통이 트이는 듯했다.

앞의 사례에서 알 수 있듯이, 부부간의 문제는 마치 절대로 해결될 수 없을 듯 묵직하게 보여도, 알고 보면 미처 알지 못했던 사소한 부분을 서로 배려함으로써 회복될 수 있다. 앞의 사례의 부부는 이러한 활동을 통해 서로에 대해 더 잘 이해할 수 있게 되었으며, 자신이 한 말이 상대에게 어떤 영향을 줄 수 있는지에 대해서도 알게 되었다. 이를 통해 대화를 함에 있어 자신의 솔직한 마음을 전달하되, 상대를 배려하는 방식으로 전달할 수 있도록 노력이 필요하다는 점도 깨닫게 되었다.

3) 3단계: 자녀아동기

자녀아동기는 부부만으로 구성되었던 가족단위가 자녀의 탄생으로 인해 확장되는 시기이다. 이 시기는 자녀가 탄생하여 아동기에 이르는 시기를 일컫는다. 이제 부부는 부부라는 역할과 더불어 부모라는 역할을 수행하게 되며, 부부의 부모도 조부모라는 역할을 추가하게 된다.

자녀아동기에 행해지는 의례로는 임신, 출산, 백일, 돌잔치, 입학식 등이 있다([그림 5-5] 참조). 과거에는 백일, 돌잔치, 입학식 등을 일가친척이나 지인들을 불러 축하하는 의례를 거행하였으나, 요즘은 부부와 직계가족만 모이는 방식으로 간소화하고 있다.

이 시기의 여성들의 경우, 흔히 경력단절로 인한 우울증과 두려움, 자녀양육에 대한 미숙함으로 인해 자신이 자녀를 망칠수 있다는 두려움, 육아 및 가사부담에 있어 소홀해 보이는 남편에 대한 원망 등으로 인해 산후 우울증을 경험하는 경우가 많다. 한편, 남성들의 경우에는 아내의 짜증에서 벗어나고 싶은 욕구, 혹은 아내의 애정이 자녀에게로만 쏠려 소외되는 느낌과 성적 불만족으로 인한 외도, 자녀라는 존재의 등장으로 인해 아내가 직장을 그만두고 남편 혼자 홑벌이를 하게 되는 경우에 책임감이 과중되어 부담감에 압도되는 경험을 하는 경우가 많다.

또한 이 시기의 부모들은 자녀양육에 대해 높은 관심을 보이는데, 이는 높은 교육열로 대표된다. 미국에서도 자녀에게 무용과 축구 뒷바라지를 하기

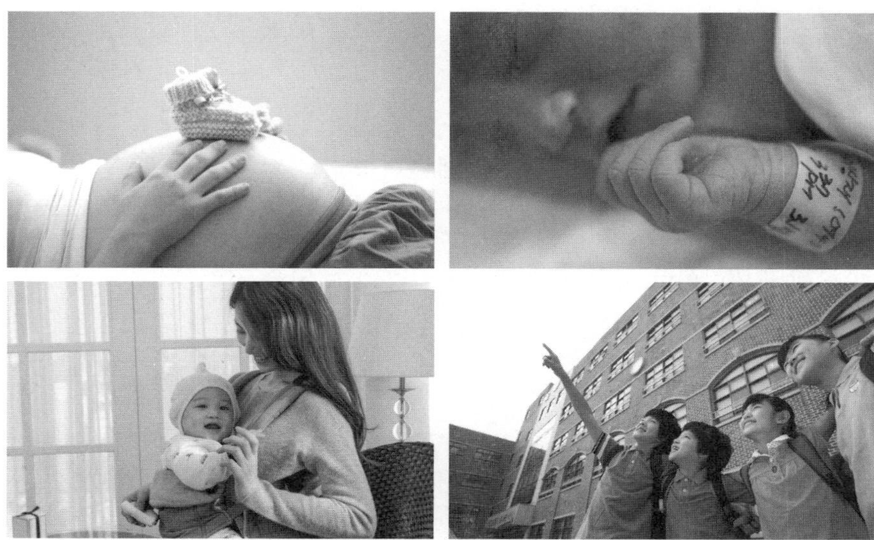

[그림 5-5] 임신, 출산, 육아, 입학

위해 24시간 자녀를 따라다니면서 지원하는 열혈엄마를 댄스맘, 사커맘이라고 지칭하는데, 우리나라에서는 '헬리콥터 맘' '매니저 맘'이라고 부른다.

과거에는 주로 공부 뒷바라지를 했는데, 최근에는 축구, 수영, 골프, 피겨, 발레, 피아노, 바이올린 등 재능을 보이는 분야를 찾아내 열성으로 뒷바라지하는 양상을 띤다. 이를 위해 엄마들은 자신의 노력과 물질, 시간 등 모든 것을 자녀교육에 투자한다.

이러한 헌신은 어떤 마음에서 나오는 것일까? 대부분의 부모로부터 비슷한 대답을 듣는다. "저는 어렵게 살았지만 제 아이는 부족한 거 모르고 자라서 남들에게 꿀리지 않게 해 주고 싶어요." "저는 대학을 못 나왔어요. 어려운 집안 사정 때문에요. 그래서 대학 못 간 게 한이에요. 그 꿈을 자식이 대신 이루어 주었으면 좋겠어요."라고 말이다. 이러한 부모의 속얘기를 들으면 가슴 한편이 뭉클해 오고 아프다.

그런데 과연 내가 배고팠고 아쉬웠던 부분을 자녀도 나와 똑같이 배고파할까? 안타깝게도 아니다. 왜 그럴까? 부모가 처했던 당시의 환경이 자녀가 처해 있는 현재의 환경과 다르기 때문이다. 처해 있는 환경이 다르기에 발생되는 욕구도 다른 것이다. 따라서 그런 뒷바라지는 부모의 욕구를 자녀가 대신 채워 줄 것을 요구하는 행위이지 자녀의 꿈을 발견하고 키워 주는 행위가 아닌 것이다. 따라서 정말 자녀를 사랑한다면 무한한 헌신으로 무장된 뒷바라지에 앞서 자녀가 무엇을 원하는지를 아는 것이 선행되어야 한다. 그리고 부모 자신에 대해서는 당시에 지니지 못했던 것을 이루지 못하고 떠나보내야 하는 데 대한 아픔과 슬픔을 위로하고 도닥여 주는 시간을 갖자. 그리고 지금부터라도 자신의 욕구와 꿈을 사랑해 주고, 돌보아 주자. 그러면 놀랍게도 나의 삶도, 자녀의 삶도 만족스러워질 것이다. 그리고 자녀가 부모의 사랑을 모르지 않는다. 자녀는 누구보다도 부모를 사랑하고 있다는 것을 잊지 말자.

4) 4단계: 자녀청소년기

자녀청소년기는 자녀가 주로 중·고등학교 재학 시기의 가정을 말한다. 자녀청소년기에 행해지는 의례로는 중·고등학교의 입학과 졸업, 그리고 대학입시가 있다. 한국에서 이 시기는 대학입시를 위한 자녀의 학업수행을 조력하는 데 온 신경이 집중되는 시기이다. 먼저, 청소년 자녀는 성인으로 이행하는 첫 번째 관문인 대학입시를 통과하기 위해 고군분투한다. 또한 청소년 자녀는 신체적으로 성인으로 변해 가는 과도기를 경험하며, 심리적으로도 사춘기를 경험하고, 부모와는 독립의 이슈로 인해 잦은 갈등을 경험하는 등 과도기를 경험하는 시기이다. 한편, 여성은 시댁과의 고부갈등이 심화되어 심리적인 어려움이 신체화되는 주부명절증후군을 겪기도 한다. 또한 청소년 자녀를 둔 여성은 연령대상 주로 40대 중반 전후에 해당하는데, 40대 중후반부터 갱년기가 시작되어 여성도 여성성의 상실, 젊음의 상실로 인한 아픔을 수용해야 하는 발달과업을 안고 있다. 또한 사회적으로 성공한 남편의 외도사건을 감내해야 하기도 하는데, 자녀양육을 위해 자신의 커리어를 포기한 여성의 경우에는 심각한 우울증에 시달릴 수도 있다. 남편의 조기퇴직을 맞이하게 된 여성의 경우에는 생활고를 해결하기 위해 산업전선에 뛰어들어야 하는 부담을 안게 되기도 한다.

[그림 5-6] 중·고등학교 시기를 거쳐 대학입학까지

한편, 남성도 연령대상 주로 40~50대에 해당하는데, 이 시기는 한창 자녀의 교육을 위해 많은 돈이 투자되어야 하고, 또한 원가족 부모님의 노쇠로 인한 심신쇠약에 대응하기 위해 심리적 · 물리적 비용이 요구되는 시기이자 '사오정'의 시기, 즉 직장에서 퇴직 압박을 받고, 실직을 경험하는 시기이다. 때문에 남성은 부양가족에 대한 막중한 부담감에 짓눌려 있을 수 있다. 또한 이른 출근과 늦은 퇴근으로 인해 가족 구성원으로부터 심리적으로 소원함을 느껴 외로움을 경험하기도 한다. 우리나라의 경우에는 '기러기 아빠'라고 해서 아내가 자녀교육을 위해 미국이나 유럽 등지로 이사를 가서 살게 되는 경우가 있는데 이런 경우 남성은 더 큰 외로움을 경험하게 되며, 이러한 형태에서 부부가 갈등이 해결되지 않고 헤어진다면 외도나 이혼으로 이어지기도 한다.

5) 5단계: 자녀독립기

자녀독립기는 주로 자녀가 대학에 입학하고, 군대에 입대하며, 취직을 하고, 이성을 만나 결혼을 하고, 아이를 낳아 새로 가정을 꾸리는 시기를 의미한다. 이 시기의 자녀는 부모를 떠나 독립된 주체로서의 발걸음을 딛게 된다. 자녀독립기에 주로 행해지는 의례로는 자녀의 군입대, 대학졸업식, 약혼식, 결혼식, 손자녀의 백일, 돌잔치 등이 있다.

한편, 부모는 자녀가 새로 꾸리게 될 가정이 온전할 수 있도록 마음을 쓰게 되며, 결혼 시 자녀의 결혼자금을 보태 주거나 조력해 주게 된다. 이제까지 기능해 왔던 양육자의 역할이 줄어들고, 떠난 자녀의 빈자리를 경험하게 된다. 하지만 요즘 한국은 경제적 사정으로 인해 신혼 부부 시기에 분가했던 자녀부부가 아이를 낳게 될 시기가 되면 다시 원가족 부모와 함께 사는 일이 새로운 트렌드로 자리를 잡았다. 맞벌이를 하지 않으면 생계를 유지하기가 어려워져 부부가 모두 산업전선에 뛰어들어야 하는 상황이다 보니 대신 아이를 양육해 줄 사람이 필요한 것이다. 때문에 이 역할을 조부모가 대신하게 되는 경우가 많다.

이 시기의 자녀부부는 일과 삶의 균형이 커다란 이슈가 된다. 이로 인해 부부간 갈등이 많이 발생하고, 잘 해결되지 못하면 이혼으로 이어지기도 한다. 또한 이들의 문제는 자녀부부의 원가족에게도 영향을 준다. 자녀부부가 맞벌이를 해야 하는 사정으로 인해 요즘 조부모들은 그들의 인생의 황혼기를 또다시 손자녀 양육에 헌신해야 한다. 20~40대에 해도 힘든 자녀양육을 50~60대에 다시 하려니 신체적으로도 부담을 느낀다. 한편, 자녀독립기의 부부들은 조부모로서 손자양육의 짐을 짊어져야 하는 과업뿐 아니라 졸혼이나 황혼이혼의 위기를 경험하기도 한다. 살면서 부부 사이에 갈등이 많았으나 그들의 이혼으로 인해 사회적 시선으로부터 자녀가 불이익을 받을까 봐 참아 왔던 부부들은 자녀가 결혼을 하고 나서 결별하기도 한다. 혹은 남편의 퇴직까지 기다렸다가 퇴직금을 받는 시기에 결별을 하기도 한다. 이로 인해 새로운 삶을 설계하게 된다. 반면, 졸혼이나 이혼을 하지 않은 자녀독립기의 부부들은 은퇴 후 생애를 설계하는 제2의 인생을 맞이한다.

자녀독립기를 경험하는 중장년층에게는 소위 '오춘기'라는 것이 오기도 한다. 오춘기란 중장년층이 새로이 정신적・육체적으로 변화를 겪는 시기를 이르는 신조어로, 10대에 겪었던 사춘기를 변형한 말이다. 여성의 경우에는 폐경기 이후로, 남성의 경우에는 정년이 다가올 무렵에 상대적인 소외감에 의해 감정 기복이 심해지고 우울을 느끼는 증상을 오춘기로 표현하는 경향이 있다. 대표적인 사례를 소개하고자 한다.

50대 후반의 김준현 씨는 오춘기 증상 때문에 상담실에 찾아왔다. 이전에도 오춘기 증상이 있었지만, 최근 아버지와의 사별을 겪고 그 증상이 심해져 상담실에 방문하기로 결심했다고 한다.

그의 말에 따르면, 그는 평생 아버지에게 인정받고 싶었지만 한 번도 아버지에게 칭찬 받아본 적이 없었다고 한다. 그가 선택한 직업, 배우자, 자녀교육법 등 그 어떤 것도 아버지의 기준에 들지 못했다고 한다. 그러던 어느 날

기어이 일이 터지고 말았다. 아버님이 위독하시다는 보이스피싱에 병원비조로 거금을 사기 당했다. 이 일이 알려지자 아버지는 "네가 제대로 하는 게 도대체 뭐냐? 정말 한심하구나."라고 불같이 화를 내셨다. 곧이어 "도대체 널 어떻게 하면 좋을지 모르겠다. 도무지 자랑할 구석이 없으니……."란 아버지의 말씀이 이어지자 김준현 씨는 몸 둘 바를 몰랐다. 얼굴이 후끈 달아오르고, 팔다리가 부들부들 떨리는 것을 느꼈다. 팔다리에 힘이 빠지는 것 같아 벽에 의지해서 간신히 참았다. 아버지의 말씀은 준현 씨에게 크나큰 상처로 다가온 것이다. 딱히 반박할 말이 떠오르지 않았으나 이 집에서 더는 이렇게 살 수 없겠다는 생각이 들었다고 한다. 그래서 그 날 이후 집을 떠나 아버지를 보지 않고 살았다.

아버지를 보지 않고 살면 더 이상 고통받지 않을 거라고 기대했으나 집을 떠난 것이 해결책이 되어 주지는 못했다. 아버지를 면전에서 뵙고 사는 것은 아닌데, 어린 시절부터 아버지에게 줄곧 들어왔던 온갖 비난이 여전히 준현 씨를 따라다니며 끈질기게 괴롭혔다. 평소에 회사나 사회 생활을 하면서 사람들과 대화를 나누는 중에도 아버지의 말씀이 준현 씨의 귓가에 맴돌았기 때문이다. 도대체 왜 그러는 걸까?

상담을 받으면서 준현 씨는 아버지가 자신을 본 시각으로 스스로를 보고 있다는 점을 알게 되었다. 아버지가 자신을 보던 잣대, 즉 열등하고 한심한 인간이라는 잣대로 자신을 보아 왔던 것이다. 이런 잣대로 보는 것이 맞을까? 나는 정말 열등하고, 한심하기만 한 종자인가? 이 점에 대해 자신의 내면에 머물러 바라보던 중 준현 씨의 마음속에서 다음과 같은 음성이 들려옴을 느꼈다.

'그래, 아버지의 생각을 바꿀 수는 없어. 아버지 보시기에 나는 영원히 모자란 놈으로 기억될지도 모르지. 그래서 무척 슬프다. 하지만 그건 어디까지나 아버지 생각이야. 물론 끝까지 아버지에게 인정을 받지 못했으니 마음은 여전히 아프지. 그렇지만 내가 무가치한 놈은 아냐. 내 주위를 둘러보면 날

인정해 주는 사람들이 꽤 있거든. 나를 사랑해 주는 아내도 있고, 나를 존경의 눈빛으로 보는 사람들도 몇 있지. 그리고 무엇보다 나도 내 나름대로 내가 꿈꿔온 삶을 살아가고 있고, 이룬 것들도 꽤 있고, 앞으로도 그럴 거야. 그러니까 나도 괜찮은 놈이야.'라고 말이다.

세상을 살다 보면 우리에게 상처를 주는 사람들도 있다. 무고한 나를 괴롭히는 사람도 있지만, 나의 약점을 건드려 괴롭히는 사람들도 있다. 나도 내가 부족한 점이 있다는 것을 이미 알고 있고, 그 부분을 개선하지 못해서 무척 속상해하고 있는 찰나에 기어이 아픈 그 부분을 건드리는 사람들 말이다. 하지만 살면서 이것만큼은 기억하고 있자.

남들이 뭐라고 하든 그들의 말이 내 가치를 결정할 수는 없다. 비록 내가 약점을 지닌 인간이지만 나에게는 장점도 있다. 그들만큼 나도 소중한 사람이고, 사랑받을 자격이 있는 사람이다.

잊지 말자. 내 삶의 주인은 나이다. 그리고 누구나 약점은 있다. 그 약점을 어떻게 포용하는지, 그리고 약점을 지닌 사람과 사람이 만나 어떻게 더불어 살아갈 수 있는지를 모색하는 것이 삶이다. 이러한 태도가 행복한 삶을 보증해 주지는 못할지라도 적어도 가끔 기적을 가져오기도 한다.

6) 6단계: 노년기

노년기는 그동안 해 왔던 중추적 역할들이 대부분 다음 세대에게 넘겨지고, 배우자, 형제, 친구, 친지들의 사별을 경험하는 상실의 시기이다. 이 시기에는 신체, 심리, 경제, 사회 등 여러 측면에서 상실을 경험한다.

노년기에 주로 행해지는 의례로는 환갑, 고희, 금혼식과 회혼식 등이 있다. 하지만 최근에는 수명의 연장으로 인해 환갑잔치는 거의 치르지 않는다. 대신 자녀부부가 해외여행을 보내 주거나 가족끼리 가볍게 식사시간을 마련하여 축하하는 자리를 갖는다. 그 밖에 금혼식이나 회혼식을 하는 가정도 많지는 않다.

요즘 60세 이상의 연령은 신체적으로 상당히 건강하고 젊기 때문에 여전히 노인보다는 장년처럼 여겨지는 경향이 있다. 우리나라 60대의 최대 관심사는 건강, 여행 등에 있으며, 은퇴 후 사회복지사 자격증을 취득하는 등 새로운 분야를 공부하여 파트타임으로 경제활동을 하거나 취미 계발에 힘쓰기도 한다. 한편, 요즘 국내의 경우 자녀의 결혼연령이 늦어짐에 따라 아직 미혼인 자녀를 둔 60대 부부가 많아 이들의 경우에는 자녀의 결혼 혹은 손자녀 출산에 많은 관심을 둔다.

하지만 연령이 더 많아지면서 심신이 쇠약해짐에 따라 결혼한 자녀에게 의존하고 싶어 하고, 가족 내에서 소외감 등을 경험하기도 한다. 이 시기에도 남편의 외도 등 부부간 갈등은 존재한다.

사실 요즘 한국에서 이 시기를 겪는 세대들은 자녀독립기의 연장선상에서 부양의 짐을 여전히 지고 살아가고 있다. 수명연장과 저성장 경제성장률 때문인데, 이는 비단 우리나라뿐 아니라 전 세계적인 현상이다. 이 문제를 책임져야 할 주체가 바로 노인기로 접어들고 있는 베이비부머 세대와 그의 자녀 세대인 청년층인 것이다.

먼저 '베이비부머'란 1955~1963년생으로, 현재 50대 중후반에서 60대 초반에 해당하는 세대이다. 이들은 젊어서 가족을 부양하고, 은퇴 후에도 부모 봉양, 자녀 부양, 손자녀 양육의 삼중고에 시달리고 있다. 몇몇 조사에 따르면, 베이비부머 세대가 노부모 부양에 평균 22개월, 자녀 취업 뒷바라지에 16개월, 손자녀 양육에 26.5개월이 소요된다고 한다(미래에셋 은퇴연구소, 2018; 신한은행, 2018).

한편, 베이비부머 세대의 자녀들이 요즘의 주요 청년층에 해당된다. 이들은 이미 성인기에 접어들었음에도 불구하고 성인기의 발달과업을 제대로 수행하지 못하고 있다. 그 이유는 앞서 언급한 저성장 경제성장률로 인한 경기침체 때문이다. 결국 이러한 상황은 청년층의 취업률 저조, 실업률 증가, 만

혼화를 야기하였다. 신한은행의 2018년 보고자료에 따르면, 청년들의 첫 취업 연령은 평균 26.2세로 5년 전보다 0.7세 늦어진 수치이다. 한편, 취업 시까지 준비기간이 평균 1.4년 정도 소요되며, 생활비를 제외하고 순수하게 취업 준비에만 평균 468만 원 정도의 비용이 소요된다고 하는데(신한은행, 2018), 실제 수치는 이보다 높을 수 있다.

이러한 어려움은 누가 원해서 된 게 아니라 환경 변화에 따른 어쩔 수 없는 현상이다. 이를 피할 수 없다면 사회경제적 제도를 개선하여 조금이라도 부담을 줄일 수 있는 방법을 모색할 필요가 있다.

이 밖에도 정문자(2001)에 따르면, 모든 생활주기를 아울러서 공통적으로 존재하는 한국의 가족문제가 있다고 보고되었다. 바로 가족 간 갈등, 대화 단절, 부부갈등, 불화, 폭력, 이혼, 경제적 문제이다. 이러한 문제들을 살펴보면 경제적 문제를 제외하고는 주로 구성원 간의 '소통'능력의 부재가 큰 문제를 차지하고 있음을 알 수 있다. 이에 건강한 가족관계를 만들어 가기 위해서 가족 구성원 간에 의사소통이 효과적으로 이루어질 수 있도록 노력할 필요가 있겠다. 가령, 가족 구성원이 규칙적으로 함께 대화를 나눌 수 있는 시간을 마련하여 서로의 안위를 살피고, 정서적인 지지를 보여 줌으로써 돈독한 관계를 형성하고, 갈등 발생 시 개방적이고 솔직하게 표현함으로써 갈등이 원만하게 해결될 수 있도록 할 필요가 있다.

4. 자녀의 발달단계에 따른 부모 역할

1) 영아기

영아기(infancy)란 출생 후부터 24개월까지를 말한다. 이 시기는 영아가 주 양육자(주로 '엄마')와 맺는 정서적 유대인 애착관계를 형성하는 시기이다.

John Bowlby

이 시기의 영아는 주 양육자와 최초의 사회적 경험을 하게 되는데, 총 4단계의 발달단계를 거쳐 애착을 형성하게 된다(Bowlby, 1953).

(1) 1단계: 전애착 단계

전애착 단계(preattachment phase)란 출생 후 6주 사이의 기간을 말한다. 영아는 미소, 울음, 눈맞춤과 같은 사회적 신호를 통해 주변인으로 하여금 자신을 돌보게끔 한다. 단, 이 시기의 영아는 자신을 편안하게 대해 주는 모든 사람에게 동일하게 반응하는 모습을 보이다가 점차 친밀한 사람들의 얼굴, 목소리, 냄새, 행동 특성을 인지하기 시작한다.

(2) 2단계: 애착형성 단계

애착형성 단계(attachment-in-the-making phase)는 6주 이후부터 생후 6~8개월 사이의 기간이다. 이 시기의 영아는 모든 성인이 아니라 자신을 정기적으로 돌보아 주는 성인에게만 미소를 보내는 등 사회적 교류를 기대하고 유지하는 모습을 점차 보이게 된다. 목욕을 시키거나 기저귀를 갈아 줄 때 엄마가 즐거운 노래를 불러 주었다면 목욕을 하거나 기저귀를 갈 때마다 영아는 즐거운 마음으로 그러한 엄마와의 상호작용을 기대하게 된다.

(3) 3단계: 제한된 애착형성 단계

제한된 애착형성 단계(clear-cut attachment phase)란 생후 6~8개월 이후부터 생후 1년 반까지의 시기이다. 이 시기는 '낯가림'의 시기로, 영아는 아주 소수의 특정한 사람들에게만 제한된 애착을 형성한다. 제한된 애착대상이 나타나면 알아보고 반가워하며, 그들과 떨어지면 강하게 저항한다. 평상시 부모가 영아를 편안하게 돌보아 준 편이라면, 다소 불편한 상황을 경험하게 되더

라도 부모가 있으면 어느 정도 위안을 받고 편안해질 수 있다. 한편, 애착대상이 아닌 낯선 사람은 두렵게 느끼기 때문에 울거나, 얼굴이 빨개지거나, 애착대상에게 달려와 안기는 반응을 보인다.

(4) 4단계: 상호적 관계형성 단계

상호적 관계형성 단계(formation of reciprocal relationship phase)란 생후 1년 반에서 2년까지의 시기이다. 이 시기의 영아는 신체적으로는 걸음마를 배우는 시기로, 부모에게 다가가는 모습을 보인다. 또한 영아의 인지능력과 언어능력도 발달하기 시작하여 자신의 욕구를 표현하기 시작하며, 부모가 보인 행동의 이유, 부모의 계획 등을 조금씩 추측할 수 있게 된다.

애착이 안정적으로 형성되면 이 시기뿐 아니라 성인이 되어서도 든든한 마음으로 모호하거나 어려운 일에 도전하여 극복해 낼 수 있으며, 만일 실패하더라도 애착대상이라는 피난처에 돌아와 다시 회복할 수 있는 힘을 얻게 된다. 실제로 영아는 초기에는 엄마와 타인을 구분하지 못하지만, 생후 10개월을 전후로 엄마에 대한 분명한 선호를 보이는 것으로 알려져 있다(Ainsworth, 1967). 엄마와 안정적으로 애착이 형성된 영아는 애착대상인 엄마와 가까이 있고자 한다. 한편, 영아의 호기심과 두려움을 자극하는 대상이 등장했을 때 잠시 엄마에게서 떨어져 탐험을 하고 난 후 다시 엄마에게로 돌아와 '재충전'을 한다. 그러고 나서 다시 탐험을 시도한다(Mahler, Pine, & Bergman, 1975). 한편, 영아가 느끼기에 생존에 위협이 될 만한 일에 직면하면 안전한 '피난처'로서 엄마가 역할을 한다. 이렇듯 생애 초기에 주 양육자와 형성된 안정적인 애착관계는 아이에게 심리적 안정감을 줄 뿐 아니라 용기를 북돋워 주는 기능도 한다. 이러한 영아기의 애착관계는 유아기의 애착관계와 상관관계가 있으며, 부모의 애착관계와도 상관관계가 있는 것으로 보고되었다(Main, 2000).

Mary Ainsworth

연구자들에 따르면, 안정된 애착관계가 형성된 영아는 타인과 인간관계를 맺을 때 상호신뢰를 바탕으로 한 인간관계를 형성할 수 있다. 하지만 불안정애착을 형성하게 된 영아는 인간관계에 대해 긍정적으로 보았다가 부정적으로도 보는 불안한 모습을 보이거나, 인간관계 시 정서적 유대가 약하거나, 인간관계에 소원한 관계패턴을 보일 수 있다.

이에 대해 아인워스(Ainsworth, 1983)는 애착유형을 안정애착과 세 가지 유형의 불안정애착의 총 네 가지로 구분 지을 수 있다고 주장하였다.

- **안정애착**: 이 유형의 영아들은 어머니를 안전기지라고 여긴다. 흥미로운 장난감들이 많이 있지만, 익숙지 않은 장소이더라도 안정애착이 형성된 영아는 어머니가 주변에 존재하면 더 자유롭게 환경을 탐색하며, 잠시 나갔다 돌아와도 이내 안정감을 회복한다.
- **회피애착형**: 이 유형의 영아들은 어머니가 낯선 방을 떠나든 다시 돌아오든 무관심하거나 모른 척하며 아무런 반응을 보이지 않는다. 낯선 사람에게도 같은 반응을 보인다.
- **저항애착형**: 이 유형의 영아들은 어머니가 방을 떠나지 않았음에도 불구하고 미리부터 불안해하며 어머니 옆에 딱 달라붙어 있는다. 어머니가 방을 나가면 심한 분리불안을 보이며, 어머니가 돌아보면 분노를 보이고 어머니를 밀어낸다.
- **혼란애착형**: 이 유형의 영아들은 회피애착과 저항애착이 결합된 형태로, 불안정애착의 가장 심한 형태이다. 어머니가 다시 돌아왔을 때 영아는 얼어붙은 표정을 하며 어머니에게 접근하는 모습을 보이거나 혹은 어머니가 안아 줘도 먼 곳을 쳐다보는 반응을 보인다.

그렇다면 안정된 애착관계를 형성하기 위해서 주 양육자는 영아기의 자녀에게 어떤 태도를 보여야 할까? 이에 대해 애착이론가들은 자녀의 요구에 민감하고 일관되게 반응하며, 계속적으로 정서를 표현해 주는 태도, 신체적 접촉을 충분히 하되, 자녀가 혼자 노는 것도 적절히 허용하는 태도를 보인다면 안정된 애착을 형성할 수 있다고 주장한다(Thompson, 2006).

2) 유아기

유아기는 만 2~6세를 말한다. 이 시기 역시 보울비(Bowlby, 1969)가 말한 주 양육자와 유아 사이에 애착관계가 형성되는 시기이다. 또한 이 시기는 대소변을 가리고, 밥을 혼자서 먹으며, 장난감을 선택해서 노는 등 혼자의 힘으로 무엇인가를 시도해 보는 경험을 다양하게 하게 되며, 어린이집과 같은 곳에서 새로운 것을 배우고, 또래 유아들과 만나 교류하며 경쟁하거나 함께 지내고, 규칙을 학습하는 시기이기도 하다. 이러한 경험을 통해 유아는 자율성, 주도성을 발달시킬 수 있으며, 여러 활동과 배움을 통해 무엇이 옳고 그른지를 학습하기도 한다. 신체적으로 이 시기는 발달의 결정적 시기이기도 하므로 주양육자는 유익한 학습경험을 다양하게 제공해 주고, 유아가 자율성, 주도성, 도덕과 규칙 등을 학습하고 신체적 역량과 인지 · 사회적 역량을 신장시킬 수 있도록 도와야 한다.

3) 아동기

아동기는 만 6~13세로, 초등학교 시기에 해당한다. 이 시기는 아동의 활동 반경이 넓어지며, '담임교사'라는 새로운 대상이 큰 영향력을 발휘하는 시기이기도 하다. 아동이 학교에서 잘 적응하여 교우관계를 원만하게 맺고, 담임교사의 지시와 안내를 잘 따르며 생활할 수 있도록 주 양육자는 아동의 생활을 세세하게 살펴야 한다. 아직 아동은 소근육, 대근육 등 신체적으로도 완성되지 않은 상태이고, 인지적으로도 발달이 한창 이루어지고 있는 시기이므로 학교의 준비물을 챙겨 주거나, 아동에게 무엇이 옳고 그른지, 어떤 일은 칭찬받을 일이고, 어떤 일은 그렇지 않은 것인지를 인식하게 하며, 적응적인 행동을 강화해 주는 노력이 필요하다. 다만, 이러한 양육과정에서 잘못한 것에 머물러 있기보다는 잘한 내용이나 개선 방향에 시선을 돌리게 하여 자기효능감을 증진시켜 주는 것이 필요하다. 또한 여러 사람이 더불어 생활할 수 있도록 서로 양보하며 협력하는 태도를 발달시켜 주는 것도 필요하다.

하지만 무엇보다도 이러한 조언으로 인해 부모로서 압도될 필요는 없다. 이상의 사항들을 다 지키지 못하더라도 괜찮다. 할 수 있는 만큼만 하면 된다. 다만, "넌 도대체 언제 크니?"라고만 다그치지 말자. 그런 마음이 들면 '내가 참 삶에 치여 살고 있구나' '많이 지쳤구나' 하고 자신을 돌아보며, 스스로를 다독여 주며 돌봐 주자. 내가 행복해야 자녀에게 행복이 전달된다.

4) 청소년기

청소년기는 중학교부터 고등학교 시기이다. 이 시기에는 급격한 신체적 · 정서적 변화가 이루어진다. 특히 자기와 타인을 구분하는 '정체감' 형성의 시기이기도 한데, 자의식이 발달될 수 있어 자기 내면의 생각에 빠져 있는 경향을 보인다. 이 시기의 자녀들은 '내가 어떤 사람인지' '다른 사람들이 나를 어떻게 보는지'에 신경을 많이 쓰며, 독립성이 발현되기 시작하는 시기로서 부모나 교사 등 중요한 인물에 대해 비판적인 시각을 갖기도 한다. 겉모습은 성인의 모습과 흡사해지지만 인지 · 정서적 발달속도는 다소 더디 발달하기 때문에 자녀가 다소 충동적, 자기중심적인 말을 하는 등 미숙한 모습을 보이더라도 발달상의 특징으로 이해할 필요가 있다. 대신 자녀의 인지, 정서, 행동적 발달을 돕기 위해 갈등 발생 시 부모는 자녀의 심정을 공감하고, 격려하되,

올바른 의사소통 모습을 직접 보여 줌으로써 상호 존중하며 더불어 살아가는 방법을 학습할 수 있도록 도와야 한다.

인간은 자신의 존재를 타인으로부터 확인받는다. 때문에 안타깝게도 타인이 주는 피드백을 통해 자신을 규정하고 살게 되는 경우가 많다. 가령, 자식이 공부를 잘할 때에만 기뻐하는 모습을 보여 준 부모를 보고, 자녀는 '만일 내가 공부를 못하게 되면 부모님은 나를 버릴지도 모른다'고 생각해 공부를 못할까 봐 전전긍긍하며 공부에 매달리게 된다. 때문에 공부를 못할 것 같은 예감이 들면 부모로부터 버림받을 것을 염려한 나머지 자살을 하기도 한다. 극단적으로 설명했지만, 극단적으로는 아니더라도 우리는 누구나 이런 경험을 하며 살아왔다. 나이가 들어감에 따라 우리는 타인의 피드백에 의해서 좌지우지되는 것이 아니라 자신의 주체성과 자신감을 찾아가지만, 대개의 경우 여전히 사람들의 피드백에 큰 영향을 받으며 살아간다.

그러한 점에서 모르는 타인이 아닌 부모, 즉 주 양육자가 자녀에게 미치는 영향은 막대하다고 할 것이다. 자녀가 불행하게 살길 바라는 마음을 가진 부모는 아무도 없을 것이다. 그리고 누구도 처음부터 자신이 훌륭한 부모라고 자부하며 자녀양육방법에 대해 자신감을 갖는 사람은 없을 것이다. 우리는 항상 미완성이고 부족한 존재이며, 현실적으로 그러하지만 제약이 있는 가운데 애정을 다해 서로에게 관심을 보여 주고, 지지와 격려를 보낸다면 그러한 마음 또한 자녀에게 전달될 것이다.

5. 가족관계 자가진단

지금까지 우리는 가족이 무엇이며, 시간의 추이에 따라 가족단위로 이룩해야 할 발달상의 과업, 부모로서 자녀의 발달단계에 맞게 조력해야 할 역할에 대해 알아보았다. 이렇듯 가족은 그 가족을 구성하고 있는 가족 구성원의 발달단계에 따라 공통적으로 해결해야 할 과업도 지니고 있지만, 개개의 가족별로 지니는 가족 고유의 특성들이 야기시키는 갈등을 해결해야 한다.

사람 각자가 별개의 생각과 감정을 지니고 행동하듯, 가족도 하나의 단위로서 보이는 행동패턴이 존재한다. 이러한 패턴은 그 가족을 구성하고 있는 구성원 개개인에게 영향을 줄 뿐만 아니라(미국가족치료학회), 만일 그 패턴이 가족 구성원에게 해가 되는 문제인데 현 세대에서 제대로 정리가 되지 못하면 그 문제는 다음 세대로까지 넘어가서 문제를 일으킬 수도 있다(Bowen, 1978). 이때 해당 가족에게 적응상의 갈등이 존재하는지의 여부는 개개의 가족 구성원이 서로에게 보이는 정서적 반응이 어떻게 나타나는지를 관찰하면 파악할 수 있다. 하지만 보통 우리가 일상에서 보이는 반응들을 일일이 인식하고 살지는 않기 때문에 만일 갈등하고 있는 가정의 문제점을 찾아내고자 한다면 다른 가정을 보는 듯한 마음으로 거리를 두고 제삼자의 시각으로 바라볼 필요가 있다.

이렇듯 가족 구성원 간의 역동을 통해 가족 구성원 혹은 가족이 지니는 어려움을 해결하는 방법을 **가족상담**(혹은 가족치료)이라고 부르는데, 이 절에서는 가족 구성원 간의 내적 역동을 설명하는 가장 고전적인 접근이자 가장 체계적이고 영향력 있는 이론을 정립한 것으로 인정받고 있는 머레이 보웬(Murray Bowen)의 개념을 소개하고자 한다.

Murray Bowen

보웬의 이론에서 가장 핵심적인 개념은 바로 '자기에 대한 분화(differen tiation of self)'이다. 분화란 개인이 타인의 방식에 따라 기능하는 것이 아니라 자신만의 방식에 따라 기능하는 것을 배우는 과정으로, 대인관계라는 측면으로 설명하자면 자신과 타인 사이의 분화를, 개인의 정신내적인 측면으로 설명하자면 자신의 생각과 감정을 분리할 수 있는 능력을 말한다.

보웬은 분화되지 못한 가정, 즉 **미분화된 가족 자아군**(undifferentiated family ego mass)은 가족 구성원의 편두통 등 신체적 증상, 우울증 등 정서적 증상, 만성적인 부부갈등, 자녀의 가출, 비행, 학업문제, 왕따, 조현병 등 정서장애 등 다양한 증상으로 고통받을 수 있다고 주장하면서 그 이유는 가족 구성원 간의 미분화로 인한 '지나친 가까움(over-closeness)' 때문이라고 설명하였다. 즉, 내가 어떠한 욕구를 지니고 있으면 이것을 상대방이 들어 주기를 바라는 강도가 센 것을 말한다.

스트레스 상황에서 서로가 지나치게 가까운 경우, 스트레스를 받고 있는 사람을 보는 상대방도 이러한 정서적 긴장감을 강렬하게 전달받게 되어 고통스럽다. 때문에 상대방도 불편하므로 피하고 싶어지는데, 이렇듯 원가족을 접촉함으로써 생기는 불안을 줄이기 위해 부모의 집에서 먼 지역으로 이주하거나 부모와 말을 하지 않는 등 부모와의 접촉을 끊는 '정서적 단절'로 이어지기도 한다.

가령, 사랑받고자 하는 욕구가 강한 아내와 독립적인 생활을 원하는 남편 간에는 긴장(불안)이 있을 수 있다. 남편에게 애인이 있다는 것을 알고 있으나 내색하지 않던 아내는 어느 날 외식하기로 약속해 놓고, 실천하지 않은 남편에게 화가 났다. 표면상으로는 남편이 약속을 지키지 않아서 화가 난 것이지만, 그 이면에는 다른 여자를 사랑하는 남편에 대한 속상함과 원망감이 크게 자리하고 있는 것이다. 그러나 표면의 이유이든 이면의 이유이든 아내는 남편에게 화를 내지 못한다. 화를 낸다는 것은 자신이 남편에게 정서적으로 매달리고, 연연해한다는 것을 드러내는 것이어서 그런 일로 화를 낸다는 것이 몹시 자존심 상하기 때문이다. 다른 여자를 애인으로 둔 비도덕적이고 저열한 남편과 자신은 격이 다른 사람이고 싶은 것이다.

대신 아내는 남편으로 인해 올라온 분노를 딸에게 푼다. "밥 먹으라고 말했는데, 넌 왜 여태껏 손도 안 씻고 있니?"라는 식으로 딸의 어떠한 행위를 트집

잡아 화를 낼 명분을 만들고, 부부갈등의 희생양으로 삼는다. 아내는 딸이 잡힌 트집에 비해 과도한 강도의 분노를 딸에게 화산처럼 배출한다. 아내에게 딸은 자신의 연장선상에 있으며 자신과 한몸과 같은 존재라고 여기기 때문에 이에 대해 죄책감을 느껴 본 적은 없다. 그냥 당연하다고 생각한다. 왜냐하면 아내는 자신이 가족에게 무척 잘해 주고 있다고 생각하기 때문이다.

아내는 자신이 어렸을 때 배우고 싶었지만 가난해서 못 배웠던 바이올린 교습을 딸에게 시켜 주었고, 자신이 어렸을 때 부모로부터 묵살당한 학업에 대한 욕구를 딸에게만은 채워 주었다. 그리고 아내는 자신의 욕구에 비해 사랑을 덜 주는 남편 때문에 받은 마음의 상처를 딸이 미래의 남편에게 받지 않게 해 주고 싶어서 남편을 닮지 않은 남자를 찾아 주고자 열심히 노력하고 있다. 이렇듯 자신이 딸에게 최선을 다하고 있다고 여기기에 아내는 자신이 화가 날 때, 딸한테는 마음 편하게 화를 내도 된다고 여기고 있다.

하지만 딸은 어머니가 아버지에게 서운했고, 상처받았던 마음을 자신에게 느닷없이 화풀이하는 것에 몹시 스트레스를 받는다. 어머니는 당신의 서운함을 왜 당사자인 아버지가 아니라 자신에게 푸는지, 그리고 아버지는 그 순간 왜 수동적인 태도로 가만히 있는지 답답하다. 그리고 왜 이러한 갈등 해결 방식이 되풀이되는지 모르겠다. 어머니가 아버지가 아닌 자신에게 분노를 폭발하는 순간이 주로 식사시간인데, 그렇게 사건이 벌어지면 긴장으로 인해 먹은 게 체한다. 왜 이럴 때 자신이 체하는지도 모르겠고, 반복되는 이러한 갈등이 너무 불편하다.

이렇듯 부모와 함께하기만 하면 불편한 일이 발생하므로 이러한 불편하고 불안한 감정으로부터 벗어나기 위해 딸은 부모로부터 먼 지역에 사는 남자를 만나 그 지역에서 새로운 삶을 꾸리는 선택을 하였다. 간혹 부모님 댁에 방문을 하더라도 아주 짧은 시간 동안만 머물다 간다. 부모님과 떨어져 있으면 무척 보고 싶다가도 막상 만나는 순간 여러 가지 불편함이 올라와 '아, 내가 이래서 멀리 떨어져 나왔지.' 하는 자각이 온다. 그래서 남편을 재촉하여 서둘러 나오고는 한다.

그렇다면 가족의 분화는 어떻게 이룩할 수 있을까? 주로 부모가 자녀에게 자신의 미숙함을 노출하는 경향이 있는데, 이때 부모가 자신의 불안감을 노출하는 것도, 노출하지 않으려고 억압하는 것도 모두 소용이 없다. 결과적으로는 둘 다 자녀에게 부모의 불안감이 전달되기 때문이다. 분화를 이루려면 부모 스스로 분화 수준을 높이도록 노력해야 한다. 만일 자녀가 성인이라면 자녀 스스로 부모와 분화할 수 있도록 사건, 생각, 느낌 등을 구분해서 살펴보고, 자신의 정서적 욕구 등을 처리할 수 있도록 노력하면 좋다.

여러분 가족의 분화 수준은 어떠한가? 가계도를 그려서 여러분 가족 구성원의 심리내적 역동과 관계 패턴에 대해 진단해 보자.

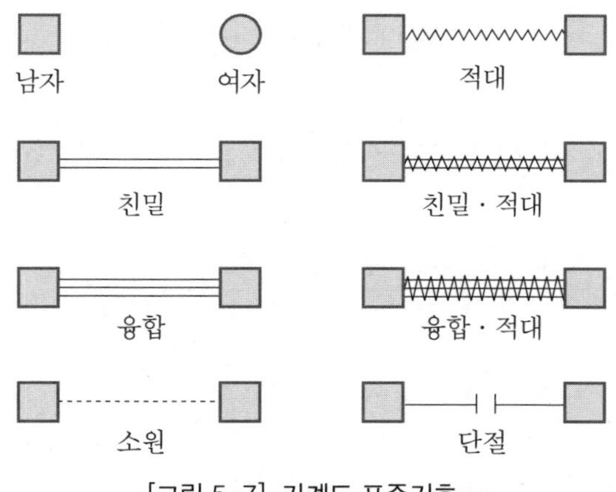

[그림 5-7] 가계도 표준기호

출처: McGoldrick, Gerson, & Shellenberger(2005). p. 249.

학습활동

1. 연구자들은 애착유형도 유전되는 듯 보인다고 주장합니다. 나의 대인관계 패턴은 어떠한가요? 그리고 나의 부모나 형제자매의 대인관계 패턴은 어떠한가요? 나는 가족으로부터 어떠한 영향을 받았나요? 물려받은 정신적 유산으로는 어떠한 것이 있나요? 3대 이상의 가족 구성원에 대한 가계도를 그려보고, 가족 내 대인관계 패턴, 사회생활에서 내가 보이는 대인관계 패턴을 비교·분석해 봅시다.

2. 우리는 가족생활주기에 대해 학습하였습니다. 우리 집의 가족생활주기를 그려 보고, 분석해 봅시다.

- 분석결과, 우리 집은 어느 단계에 해당되며, 구체적으로 어떤 발달상의 도전과제를 지니고 있나요?
- 이러한 도전과제는 해결된 상태인가요, 아니면 해결되어 가는 과정 중인가요?
- 도전과제가 잘 해결되려면 각 가족 구성원별로 어떠한 노력을 보여야 할까요?
- 그리고 내가 여기에 어떻게 기여할 수 있을까요?

3. 미국 노스캐롤라이나 대학 글렌 엘더(Glen H. Elder) 교수팀의 연구결과에 따르면, 조부모와 함께 자란 아이들은 상대적으로 학교 성적이 우수하고 성인이 된 후에도 성취감이 높다고 합니다. 미국 브리검영 대학의 연구결과에서도 조부모와 친밀하게 느끼는 아이들은 친사회행동(보상을 바라지 않고 사회를 이롭게 하기 위해 하는 행동) 성향이 높다고 합니다. 과거와 달리 맞벌이를 해야 하는 요즘 부부들에게 이러한 연구결과는 희소식으로 보일 수 있습니다. 하지만 원가족의 부모에게 고된 일일 수 있고, 자녀와 충분한 애착관계를 형성

하고 사랑을 주어야 할 시기에 부모가 아닌 조부모에게 아이를 맡긴다는 것이 자녀에게 못내 미안한 마음이 듭니다. 이럴 거면 아이를 왜 낳았는지 하는 의문도 들 수 있습니다. 자녀는 누가 키워야 할까? 다음의 질문에 대해 생각해 보고, 대답해 봅시다.

- 당신에게 자녀란 어떤 의미인가요? 자녀는 필요한가요, 아닌가요? 필요하다면 어떤 점에서 필요하다고 생각하며, 불필요하다면 어떤 점에서 불필요하다고 보나요?
- 1970～1980년대, 1990～2000년대에 비해 2020년대로 진입하고 있는 요즈음은 자녀들의 이성교제가 보다 일찍 이루어지는 경향을 보이고 있습니다. 당신에게 자녀가 있다면 자녀의 이성교제는 언제부터 허용이 가능한가요?
- 당신에게 자녀가 있다면 자녀의 결혼은 언제부터 가능하다고 생각하나요?
- 당신에게 자녀가 있다면 부모가 자녀에게 성교육을 하는 것은 필요하다고 생각하나요, 아닌가요?
- 당신에게 이상적인 가정의 모습이란 어떤 모습인가요?

6. 가족의 새로운 형태

1) 1인 가구

최근 사람들에게 인기를 끌고 있는 프로그램 중 '나혼자산다' '미운우리새끼'가 있다. 제목에서 유추해 볼 수 있듯이, 결혼을 안 하고 혼자 사는 모습을 다큐멘터리 형식으로 보여 주되 재미를 가미한 프로그램들이다. 앞의 프로그램이 독신 당사자가 패널이 되어 자신의 생활상을 보며 코멘트를 하는 형

[그림 5-8] 나혼자산다

출처: MBC 〈나혼자산다〉의 자료화면.

식이라면, 뒤의 프로그램은 독신 당사자의 어머니가 패널로 나와서 자녀의 생활상을 보며 이야기를 나누는 형식이다.

이런 프로가 인기를 끈다는 것은 그만큼 우리나라에 결혼하지 않고 혼자 사는 젊은이들이 늘어 간다는 점을 시사한다. 이러한 흐름은 세계적인 추세인데, 미국 통계청의 2010년 조사에 따르면 평균 초혼 연령은 남성이 만 28.7세, 여성이 만 26.5세라고 한다(U.S. Census Bureau, 2010). 그리고 우리나라 KOISIS 국가통계조사에 따르면, 2017년 평균 초혼 연령은 남성이 32.94세, 여성이 30.24세라고 한다. 한국여성정책연구원(2018)이 25~44세의 1인 가구 남녀 2,000명(남성 1,256명, 여성 744명)을 대상으로 실시한 '1인 가구 증가에 따른 가족정책 대응방안 연구' 보고서에서도 53.3%는 결혼에 대해 '해도 좋고 하지 않아도 좋다', 6.2%는 '결혼을 하지 말아야 한다'로 응답한 반면, '결혼을 해야 한다'고 응답한 비율은 38.4%에 그치는 것으로 확인되어 응답자의 약 60%가 결혼을 꼭 해야만 하는 것이라고 생각하지는 않는 것으로 보고되었다. 1인 가구 남녀가 아닌 일반 가구를 대상으로 한 통계청의 '2016년 사회조사'에서도 유사한 경향성이 보고되었는데, 일반 가구를 대상으로 한 응답에

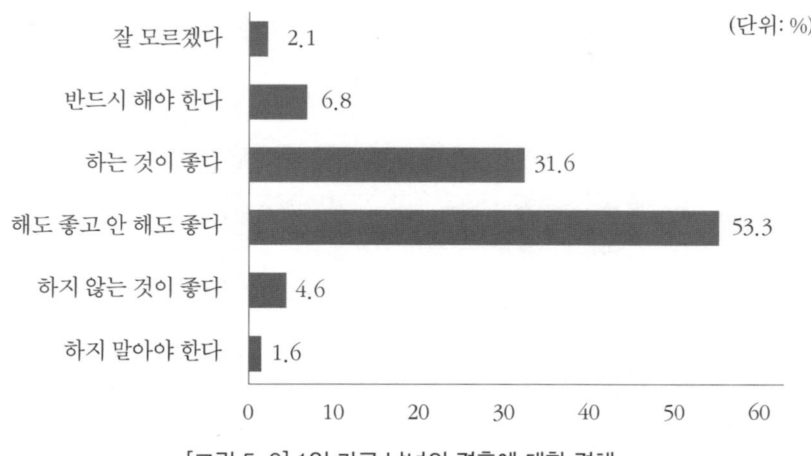

[그림 5-9] 1인 가구 남녀의 결혼에 대한 견해

출처: 한국여성정책연구원(2018).

서는 결혼을 '해야 한다'(51.9%)는 응답이 절반 가량으로 많이 나타났으나, 결혼에 대해 '해도 좋고 하지 않아도 좋다'(42.9%), '하지 말아야 한다'(3.1%)로 결혼을 '해야 한다'는 응답과 거의 비슷한 비중으로 나타나고 있음을 확인할 수 있다.

오늘날 **독신 인구**가 늘어나는 데에는 어떤 이유가 있는 것일까? 미국의 경우 많은 사람이 학업과 취업으로 인해 결혼을 연기하는 경향이 나타났다고 하는데, 이는 비단 미국만의 상황은 아니다. 우리나라도 학업과 취업으로 인해 결혼이 미뤄지고 있다. 그리고 그 기저에는 경제 불황으로 인한 청년취업의 문제가 자리한다. 그리고 그 기저에는 직업에 귀천이 있다는 암묵적인 사회문화적 인식(취업포털 사람인, 2010)이 걸림돌로 작용하고 있다. 이는 결혼뿐 아니라 출산율 저하에도 영향을 준다. 각종 취업준비 사이트나 결혼이나 취업 관련 인터넷 게시판을 보면, [그림 5-10]에서 언급하고 있는 이유로 결혼이나 출산이 꺼려진다는 네티즌들의 글이 많다. 이러한 반응은 한국여성정책연구원(2018)의 보고서에 따르면, 우리나라 25~44세의 1인 가구 남녀들이 결혼할 계

내가 생각하는 저출산 이유

1. 아이를 낳는다고 지금보다 삶의 질이 좋아질거라 보지 않음
2. 경제적 부담
3. 과도한 경쟁
4. 혼자 살거나 부부끼리만 사는 게 더 편하고 좋음
5. 자식이 날 부양할거라 전혀 기대 안 함
6. 왕따, 학업, 군대, 취업, 결혼 등 내 자식이 그걸 이겨 내고 살거라 생각하니 끔찍함
7. 나 스스로도 썩 행복하지 못함. 내 자식도 그럴것 같음
8. 난 흙수저라 자식한테 원망 듣고 싶지 않음
9. 육아 스트레스가 육아 행복보다 크게 생각됨
10. 애가 스스로 크는 시대는 지났음. 모두 챙겨 줘야 됨
11. 늙으면 돈 없고 거지됨

[그림 5-10] 인터넷 카페의 익명 게시판에 올라와 있는 한 네티즌의 국내 저출산에 대한 생각
출처: 네이버 카페.

획이 없는 이유를 조사한 결과와 유사한 부분이 있다. '자녀가 있는 것이 좋다'는 응답은 44.1%였지만 '꼭 있어야 한다'(13.7%)고 생각하지 않았다. 38.5%는 자녀가 '없어도 무관하다'는 입장을 보이는 것으로 나타났다. 다만, 보고서에서 결혼할 계획이 없는 이유에 있어 남성과 여성의 시각이 다소 상이하게 나타났는데, 남성은 '수입이 적어서'(23.8%), '결혼비용에 대한 부담'(6.4%), '실업 상태이거나 고용이 불안해서'(3.4%) 등 경제적인 이유가 컸던 반면, 여성은 '비혼주의'(45.5%), '배우자나 아이에게 구속되기 싫어서'(10.6%), '결혼제도가 남성 중심이기 때문에'(8.9%) 등 제도에 관한 응답을 한 것으로 나타났다.

우리가 인생을 살아가는 데 있어 정답이 있는 것은 아니다. 그리고 특정 방식의 삶을 강요받고, 거기에 맞춰 살아가는 것은 행복을 보장해 주지 않는다. 그렇기에 반드시 결혼을 강요해서는 안 된다. 하지만 결혼을 원하지만 상황에 의해 결혼을 할 수 없어 어쩔 수 없이 '비혼'을 선택했다면 어떨까? 결혼을 하고 안 하고의 문제는 개인의 자율적인 결정에 따라야 하지만, 사회문화적

현실, 국내의 경제적 여건 등 환경상의 걸림돌이 존재한다면 이를 제도적으로 풀어 나갈 수 있는 방안도 고심해야 할 것이다.

2) 동거

동거(POSSLQ)란 주거지를 함께 공유하는 이성(Person of Opposite Sex Sharing Living Quarters)의 줄임말로, 미국 인구조사국에서 사용하는 동거인에 대한 공식적인 용어이다. 동거란 주거지를 함께 공유하는 이성과 결혼한 것처럼 함께 살지만 법적인 보호는 받지 못하는 친밀한 관계를 말한다.

우리나라보다 더 개방적인 미국 등의 선진국에서도 동거가 아직은 사회주류에 완전히 수용되고 있지는 못하지만, 점차 관대해지는 경향을 보인다고 한다. 루촘베(Luscombe, 2010)에 의하면, 동거가 좋지 않은 생각이라고 응답한 비중이 미국인 중 50% 이하라고 보고하였다. 우리나라도 25~44세의 1인 가구 남녀를 대상으로 동거에 대한 생각을 조사한 결과, 전체 응답자의 약 74.9%가 동거를 긍정적으로 보는 것으로 나타났다. 동거에 대해 '가끔 고려해 본 적이 있다'는 응답이 65.9%, '심각하게 고려해 본 적이 있다'는 응답이 9.0%인 것으로 보고되었다(한국여성정책연구원, 2018). 이와 관련하여 보고서에서는 응답자들이 동거에 대해 긍정적으로 생각하는 이유도 조사하였는데, 응답자의 절반 가량인 49.4%가 '결혼 전에 살아보면서 서로를 알아 가기 위해서'라고 대답한 것으로 나타났다. 이러한 국내 조사결과 등으로 미루어 볼 때, 국내에서도 현재 시점으로 20~40대를 기준으로 가족 유형의 변화가 예견된다.

그렇다면 누가 동거를 할까? 이에 대해 몇몇 연구자가 몇 가지 조사를 실시하였다. 최대한 편견을 배제하기 위해 연구결과를 잠깐 나열하고 지나가겠다.

• 미국인의 전체 결혼 중 절반 정도가 동거 기간을 거친 후에 이루어졌다

[그림 5-11] 동거와 결혼

(Bramlett & Mosher, 2002).

- 30~49세 성인의 절반 이상은 살면서 한 번 이상 동거해 본 경험이 있다고 보고하였다(Pew Social Trends, 2010).
- 25~39세의 미혼 여성 중 25%는 남성과 동거 중이라고 보고하였다(Pew Social Trends, 2010).
- 결혼하지 않은 동거 커플의 성적 지향을 살펴보면, 11%는 동성애 커플이라고 보고하였다(Simons & O'Connell, 2003).
- 미국 동거 커플의 인종을 살펴보면, 유럽계 미국인보다 아프리카계 미국인이 2배 정도 높은 비율로 동거를 하고 있다(Laumann, Mahay, & Youm, 2007).

그렇다면 결혼이 아닌 동거를 선택하는 이유는 무엇일까? 그 이유는 한 가지만은 아닌 것 같다. 어떤 사람은 결혼은 서로를 구속하지만, 동거는 그러지 않아서 좋다고 대답한다. 또 다른 사람은 상대에 대해 신뢰할 수 없는데 덜컥 결혼했다가 실패하면 어쩌나 하는 두려움 때문이라고 대답한다. 미국이나 프랑스의 경우 동거 커플에게 국가 차원의 복지혜택을 주는데, 결혼을 하면 그 혜택이 사라지므로 일부러 결혼을 안 하고 동거를 선택하기도 한다. 이 경우는 국가가 오히려 동거를 조장하는 셈이 되어 버린다.

이렇듯 사람들이 동거를 선택한 데에는 다양한 이유가 있다. 그중에 동거를 선호하는 것은 아니더라도 많은 사람이 한 번쯤 궁금해하는 질문이 있다. 그것은 바로 '결혼 전에 미리 같이 살아 보면 내게 더 적합한 배우자를 선택할 수 있지 않을까? 그렇게 되면 결혼이 실패로 끝나는 것을 미연에 방지할 수 있지 않을까?'이다. 실제로 한국여성정책연구원의 2018년 조사결과에서도 응답자의 절반 가량인 49.4%가 '결혼 전에 살아 보면서 서로를 알아 가기 위해서' 동거를 긍정적으로 본다고 응답한 바 있다. 과연 그럴까?

이에 대해 연구자들은 '아니'라고 말한다. 조사를 해 보니 동거를 안 하고 결혼한 커플보다 혼전에 동거를 경험하고 결혼한 커플이 더 이혼을 많이 한다는 것이다(Cohan & Kleinbaum, 2002; Rhoades, Stanley, & Markman, 2009). 이러한 연구결과들을 보면 동거가 이혼의 원인이 된다고 추론할 우려가 있다. 하지만 학자들은 그러한 추론은 위험하다고 경고한다. 동거를 경험한 커플들이 동거 없이 결혼한 커플들보다 높은 이혼율을 보이는 것에 대해 분명한 원인은 밝혀지지 않았기 때문이다. 다만, 연구결과를 통해 한 가지 알 수 있는 점은 동거를 한 사람들이 동거를 하지 않은 사람들에 비해서 '결혼이라는 제도'에 대한 기대나 가치에 덜 충실한 경향을 보고했다는 점이다. 그리고 이 차이는 기본적으로 이들이 결혼을 바라보는 태도에 있을 것이라고 추론한다(Marquis, 2003). 하지만 이러한 추론 역시 아직까지는 가설 수준에 머무르고 있으므로 성급한 결론을 내릴 수는 없다.

지금까지 '동거'에 대해 살펴보았다. 물론 우리나라는 미국 등 선진국과 다소 사정이 다르다. 하지만 전반적으로 많은 부분에서 우리나라가 선진국과 유사한 길을 걸어왔다. 따라서 가족 형태에 있어서도 선진국이 어떠한 양상을 띠고 있는지 참고하는 것이 앞으로 우리가 어떻게 삶을 꾸려 가는 것이 좋을지를 생각해 보는 데 도움이 될 것이다.

이 글을 읽고 있는 여러분은 동거에 대해 어떻게 생각하는가? 여러분에게 결혼이란 어떤 의미를 지니는가? 앞으로 나의 삶을 어떻게 꾸려 나가고 싶은가? 잠시 시간을 내어 이러한 주제들에 대해 생각해 보자.

※ 결혼제도와 가족형태에 대한 다음의 질문들에 대해 생각해 봅시다.

1. '쇼윈도 부부'란 실제로는 행복한 결혼생활을 하고 있지 못하지만 주변의 시선 때문에 사람들 앞에서는 금실 좋은 부부처럼 행동하는 부부를 지칭하는 말입니다. 그들은 자녀양육 문제나 경제적 이유, 체면 등 갖가지 이유로 한집에 살고 있을 뿐, 개인적인 대화나 부부관계는 물론 서로에 대한 존중과 애정도 없는 생활을 합니다. 이렇듯 결혼 후 부부의 사랑이 식었다면 각자 애인을 두어도 괜찮다고 생각하나요? 다음의 질문에 대해 생각해 보고, 대답해 봅시다.

- 결혼과 사랑의 차이점은 무엇인가요?
- 결혼과 취업의 차이점은 무엇인가요?
- 결혼은 어떠한 장점이 있나요?
- 결혼은 어떠한 단점이 있나요?
- 만족스러운 삶을 위해 결혼생활은 어떤 형태로 이루어져야 하나요?
- 결혼은 필요한 제도인가요, 아니면 불필요한 제도인가요?

2. 미래의 가족 형태는 어떤 형태일까요? 과거 우리의 가족방식은 대가족에서 핵가족 형태로 변화되었습니다. 대가족에서 핵가족 형태로 변화되는 과정에서도 우리는 몸살을 많이 앓아 왔습니다. 핵가족 형태에 익숙해지고 있는 요즘, 부부만 사는 가정, 1인 가구, 애완동물과 사는 가정, 연인과의 동거, 경제적 차원의 어려움을 줄이기 위한 타인들과의 공동가구 등 오늘날의 가족 형태는 다양화되고 있습니다. 여러분은 어떤 형태의 가정을 꾸리고 싶나요? 그 이유는 무엇인가요?

3. 생명공학과 인공지능 등의 발달로 인해 우리의 수명은 무한대로 연장될지도 모르며, 우리를 대체할 기계 인간이 탄생할 수도 있습니다. 미래의 가족 형태는 어떤 모습을 띨지 상상해 봅시다.

참고문헌

권석만(2017). **(젊은이를 위한) 인간관계의 심리학(3판)**. 서울: 학지사.

김선교(2011). 빗나간 교육열. 세계일보. 2011. 09. 28.

미래에셋 은퇴연구소(2018). 은퇴 라이프 트렌드.

성균예절차문화연구소(2015). 공감생활예절.

세계일보(2011. 09. 29.) 설왕설래 빗나간 교육열. http://www.segye.com/newsView/20110928004942

신한은행(2018). 2018 보통사람 금융생활 보고서.

정문자(2001). 연구와 임상에서 살펴본 한국 가족문제와 관련 변인. **한국가족치료학회지, 9**(2), 1-34.

정문자, 정혜정, 이선혜, 전영주(2013). **가족치료의 이해**(2판). 서울: 학지사.

통계청(2016). 2016년 사회조사.

한국여성정책연구원(2018). 1인 가구 증가에 따른 가족정책 대응방안 연구보고서.

Ainsworth, M. D. S. (1967). *Infancy in Uganda: Infant care and the growth of love*. Oxford, England: Johns Hopkins University Press.

Ainsworth, M. D. S. (1983). Patterns of infant-mother attachment as related to maternal care: Their early history and their contribution to continuity. In D. Magnusson & V. L. Allen (Eds.), *Human development* (pp. 26-45). New York: Academic Press.

American Association for Marriage and Family Therapy (2018). https://www.aamft.org

Bowen, M. (1978). *Family therapy in clinical practice*. New York: Jason Aronson.

Bowlby, J. (1953). *Child care and the growth of love*. London: Penguin.

Bowlby, J. (1969). *Attachment and loss (vol. 1): Attachment*. New York: Basic Books.

Bramlett, M. D., & Mosher, W. D. (2002). Cohabitation, marriage, divorce, and re-marriage in the United States. *Vital Health Statistics, Series Report 23*(22). Hyattsville, MD: National Center for Health Statistics.

Carter, B., & McGoldrick, M. (2000). **가족생활주기와 치료적 개입**. (정문자 역). 서울: 중앙적성출판사. (원저는 1989년에 2판 출판).

Cohan, C. L., & Kleinbaum, S. (2002). Toward a greater understanding of the cohabitation effect: Premarital cohabitation and marital communication. *Journal of Marriage & the Family, 64*, 180-192.

Fruzzetti, A. (2006). *The high-conflict couple: A dialectical behavior therapy guide to finding peace, intimacy & validation*. Oakland, CA: New Harbinger Publications.

Kosis 국가통계포털(2017). KOISIS 국가통계조사. http://kosis.kr/index/index.do

Laumann, E. O., Mahay, J., & Youm, Y. (2007). Sex, intimacy, and family life in the United States. In M. Kimmel (Ed), *The sexual self: Construction of sexual scripts* (pp. 165-190). Nashville, TN: Vandervilt Press.

Luscombe, B. (2010, November 29). Marriage: What's it good for? *Newsweek*, pp. 46-56.

McGoldrick, M., Gerson, R., & Shellenberger, S. (2005). **가계도: 사정과 개입**. (이영분, 김유숙, 정혜정 공역). 서울: 학지사. (원저는 1999년에 출판).

Mahler, M. S., Pine, F., & Bergman, A. (1975). *The Psychological birth of the human infant: Symbiosis and individuation*. New York: Basic Books.

Main, M. (2000). The organized categories of infant child, and adult attachment: Flexible vs. inflexible attention under attachment-related stress. *Journal of the American Psychoanalytic Association, 48*(4), 1055-1096.

Marquis, C. (2003, March 16). Living in sin. *The New York Times*, p.WK2.

McGoldrick, M., Gerson, R., & Shellenberger, S. (2005). *Genograms: Assessment and intervention* (2nd ed.). WW. Norton and Co., N.Y.

Merkle, R., & Wolf, D. (2010). **감정사용설명서: 부정적 감정을 다스리는 치유의 심리학.** (유영미 역). 서울: 생각의날개.

Pew Social Trends(2010). Women, men and marriage. *All things census. Pew Research Center,* January 19.
https://www.pewsocialtrends.org/topics/marriage-and-divorce/page/3/

Rhoades, G. K., Stanley, S. M., & Markman, H. J. (2009). The pre-engagement cohabitation effect: A replication and extension of previous findings. *Journal of Family Psychology, 23*, 107-111.

Simons, T., & O'Connell, M. (2003). *Married-couple and unmarried partner households: 2000*. Washington, D.C.: U.S. Census Bureau.

Thompson, R. A. (2006). The development of the person: Social understanding, relationships, conscience, self. In N. Eisenberg, W. Damon & R. M. Lerner (Eds.), *Handbook of child Psychology: Social, emotional, and personality development* (pp. 24-98). Hoboken, NJ, US: John Wiley & Sons Inc.

U.S. Census Bureau(2010). *Timing, and duration of marriages and divorces: 2009.* Washington, D.C.: U.S. Census Bureau. https://www.census.gov/library/publications/2011/demo/p70-125.html

네이버 사전. www.dict.naver.com

두산백과.www.doopedia.co.kr

미국가족치료학회. www.aamft.org

취업포털 사람인. www.saramin.co.kr.

한국민족문화대백과사전. encykorea.aks.ac.kr

제6장

직장에서의 인간관계

학습목표

1. 직장에 대해 이해한다.
2. 구직 기간에 경험하게 되는 인간관계를 이해하고 대비할 수 있다.
3. 취직 후 직장에서의 인간관계의 종류를 이해하고 대처할 수 있다.
4. 직장생활에서 필요한 대인기술에 대해 설명할 수 있다.

1. 직장의 이해

직장이란 사람들이 일정한 직업을 가지고 일하는 곳이다(네이버 사전). 생계를 유지하기 위해 대부분의 사람이 거쳐 가는 공간이다 보니 이곳에서도 인간관계가 형성된다. 일터의 구조는 대체로 비슷하지만 업종에 따라 운영되는 방식이나 체계가 다르고, 해당 업종에 비교적 적성이 맞는 사람들로 구성되다 보니 고유의 문화가 형성되기도 한다. 이 장에서는 직장의 종류를 산업별로 소개하고, 직장의 유형을 운영주체별로 구분하여 살펴보고자 한다. 그리고 직장의 조직, 직무, 구성원, 직장을 구하는 과정에서 발생하는 인간관계, 입사 후 퇴직 시까지 직장생활에서 경험하는 인간관계에 대해서도 살펴보고자 한다.

1) 산업의 종류

산업(industry)이란 인간이 생계를 유지하기 위하여 일상적으로 종사하는 생산적 활동으로, 모든 분야의 생산적 활동 전반을 지칭하는 것인 동시에 전체 산업을 구성하는 각 부문, 다시 말하여 각 업종을 지칭하는 말로도 사용된다. 예를 들면, 자동차산업 또는 합성섬유산업이라고 하는 경우가 이에 해당한다(두산백과). 사람들에게는 후자의 분류방식이 더 익숙한데, 이와 같은 분류방식으로 국내의 산업을 체계적으로 정리하고, 해당 산업에 종사하기 위해 직종별로 필요한 직무를 일목요연하게 정리하여, 교육하고자 정부에서는 국가직무능력표준이라는 것을 마련하였다.

국가직무능력표준(National Competency Standards: NCS)은 산업현장에서 직무를 수행하기 위해 요구되는 지식, 기술, 태도 등의 내용을 국가가 체계화한

01. 사업관리	02. 경영 · 회계 · 사무	03. 금융 · 보험	04. 교육 · 자연 · 사회과학	05. 법률 · 경찰 · 소방 · 교도 · 국방	06. 보건 · 의료	07. 사회복지 · 종교
08. 문화 · 예술 · 디자인 · 방송	09. 운전 · 운송	10. 영업판매	11. 경비 · 청소	12. 이용 · 숙박 · 여행 · 오락 · 스포츠	13. 음식서비스	14. 건설
15. 기계	16. 재료	17. 화학	18. 섬유 · 의복	19. 전기 · 전자	20. 정보통신	21. 식품가공
22. 인쇄 · 목재 · 가구 · 공예	23. 환경 · 에너지 · 안전	24. 농림어업				

[그림 6-1] 국가직무능력표준의 대분류

출처: 국가직무능력표준 사이트.

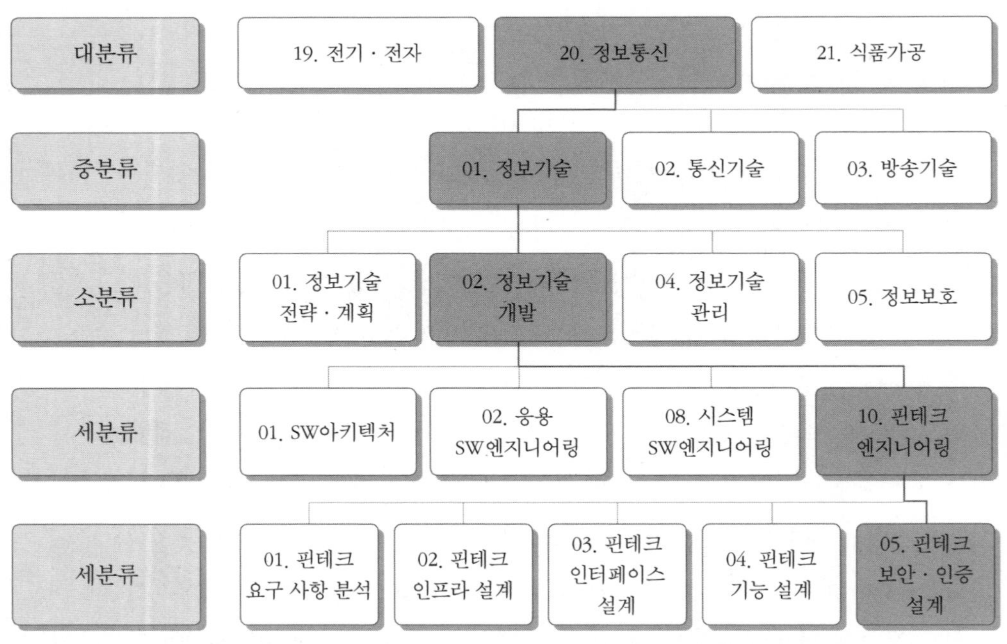

[그림 6-2] 국가직무능력표준의 대-중-소-세분류 및 능력단위(정보통신-정보기술개발 분야 예시)

출처: 국가직무능력표준 사이트.

것이다. 국가직무능력표준의 분류는 직업분류, 산업분류 및 자격분류 전문가, 해당 산업 분야 전문가 대상의 의견 수렴 방법을 통해 직종구조분석을 시행하고, 한국고용직업분류(Korean Employment Classification of Occupations: KECO) 등을 참고하여 분류하였으며, '대분류(24) → 중분류(78) → 소분류(238) → 세분류(897개)'의 순으로 구성되어 있다([그림 6-1] 참조).

이 중 대분류가 우리가 흔히 말하는 산업의 분류명과 유사하므로 본 절에 NCS가 제시하는 산업의 종류는 [그림 6-2]와 같다(NCS에 대해 더 자세히 알고 싶다면 www.ncs.go.kr를 참조하기 바란다).

2) 직장의 유형

직장은 사람들이 일정한 직업을 가지고 일하는 곳으로, 운영주체를 기준으로 국가 또는 지방 공공단체, 공공기관, 사기업으로 구분할 수 있다([그림 6-3] 참조).

공공단체란 국가로부터 존립 목적이 부여된 법인으로, 공법인 또는 자치단체라고도 부른다(두산백과). 공공단체의 종류로는 지방자치단체, 공공조합, 영조물법인, 공법상의 재단이 있다. 첫째, 지방자치단체는 특별시와 광역시 및 도시군 · 자치구, 그 밖에 특정한 목적을 수행하기 위해 설치한 특별지방

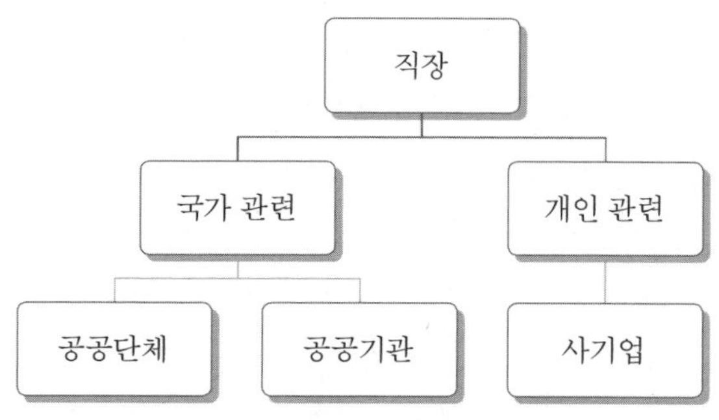

[그림 6-3] 운영주체에 따른 직장의 유형

자치단체로 구성된다. 「지방자치법」에 따르면, 특별시와 광역시 및 도는 정부의 직할 아래에 두고, 시는 도의 관할구역 안에, 군은 광역시나 도의 관할구역 안에, 자치구는 특별시와 관할구역 안에 둔다. 둘째, 공공조합은 공법상의 사단법인이다. 상공회의소, 도시재개발조합, 중소기업협동조합, 건축사협회, 재향군인회 등이 해당된다. 셋째, 영조물법인이란 인적 · 물적 종합시설이다. 한국조폐공사, 한국은행, 서울메트로 등이 이에 속한다. 넷째, 공법상의 재단이란 행정 목적을 위해 출연된 재산으로 설립된 재단법인이다. 한국학술진흥재단, 한국학중앙연구원 등이 이에 속한다.

국가 또는 지방 공공단체의 사무를 맡아보는 사람을 **공무원**이라 한다. 공무원(이하 공무원 관련 설명의 출처: 시사상식사전, 2018)은 국가–지방 소속 공무원으로 구분하기도 하고, 경력직과 특수경력직으로 구분하기도 한다. 경력직 공무원이란 실적과 자격에 의하여 임용되고 그 신분이 보장되며, 평생토록 공무원으로 근무할 것이 예정되는 공무원을 말한다. 특수경력직 공무원은 경력직 공무원 외의 공무원으로, 평생 공무원이 보장되지는 않는다.

경력직 공무원은 일반직, 특정직, 기능직 등으로 세분될 수 있다. 먼저, 법관, 검사, 교육공무원(국공립대학의 교수, 국공립학교의 교사), 외무공무원, 소방공무원, 경찰공무원, 군인, 군무원 및 국가정보원장의 지원과 특수 분야의 업무를 담당하는 공무원을 **특정직 공무원**이라 부르고, 기술 · 연구 · 행정 일반에 대한 업무를 담당하며 직군 · 직렬 별로 분류되는 공무원을 **일반직 공무원**이라 분류한다. 한편, 「국가기술자격법」에 의해 기능 자격증을 취득하고 사무보조원이나 철도, 체신 업무, 운전 등 기능적인 업무를 담당하는 공무원을 **기능직 공무원**이라 부른다.

특수경력직 공무원에는 정무직, 별정직, 계약직이 있다. 국회의원, 국무총리, 장차관, 감사원장 등 선거에 의하여 취임하거나 임명에 있어 국회의 동의를 요하는 공무원이 이에 해당된다. 별정직 공무원은 특정 업무를 담당하기 위하여 일반직과 다른 방법에 의하여 임용된 공무원으로, 비서관, 비서, 노동위원회 상임위원 등이 해당된다. 계약직 공무원은 국가와 채용계약에 의하여 일정 기간 전문지식이 요구되는 업무에 종사하는 공무원으로, 문화재 발굴 · 보존, 헬기조종 등 업무에 일정 기간 종사하는 공무원을 말한다.

공공기관이란 정부기관이나 국가에 대하여 공법상 의무를 담당하는 법인단체로서 국가나 지방자치단체가 출자하고 경영하는 공공을 위한 기관 등을 말한다(통계청, 2018C). 이러한 공공기관은 각종 '○○○공사'로 불리는 **공기업**, 각종 '○○○공단'이나 '○○○정보원' 등으로 불리는 **준정부기관**, 국립대학병원, 각종 센터 등으로 불리는 **기타 공공기관**으로 구성되며, 여기에 지방공사 및 지방공단, 각급 학교, 그 밖에 대통령령으로 정하는 법인, 단체, 기관을 포함한다.

참고로, **공사**(이하 공사 관련 설명의 출처: 두산백과, 2018)는 협의의 공공기업체로 독립된 법인격과 재산을 가지며, 독립 채산제에 의한 운영이 실시되고, 직원의 임면이나 처우 등 독립적인 인사권을 가지고, 독립된 경영기관이 경영에 대한 책임을 지지만, 경영기관의 임면, 중요재산의 처분 등 중요사항에 대한 결정은 국가가 행한다. 한국전력공사, 한국관광공사, 대한무역투자진흥공사 등이 공사 형태의 공공기업체에 해당한다.

공단(이하 공단 관련 설명의 출처: 두산백과, 2018)이란 경제정책상 또는 사회정책상의 요청을 충족시키기 위하여 정부의 전액출자에 의해 설립된 법인기업이다. 공단은 정부의 전액출자에 의하여 설립되며, 전액출자라는 점에서 공사와 같다. 그러나 공사가 경제적 급부의 생산을 주된 목적으로 하고, 따라서 공공적인 경제수요를 충족시키는 것과는 달리, 공단은 본래 국가의 행정기관이면서도 법인화된 행정기관이며, 행정의 능률화를 목적으로 하는 제도이다. 국민건강보험공단, 한국철도시설공단, 한국산업안전보건공단, 한국교통안전공단, 한국에너지공단, 근로복지공단, 주택관리공단 등이 있다. **사기업**이란 사인, 즉 민간인이 출자하여 경영하는 기업을 말한다. 출자자가 단일하면 **단독기업**(개인기업)이라 부르고, 복수인 경우에는 **집단기업**이라 부른다. 여기서 집단기업은 조합기업과 회사기업으로 구분된다. 조합기업이란 작은 규모의 생산자와 노동자가 서로 도와서 각자의 경제적 이익을 도모하는 기업으로, 농업협동조합, 수산업 협동조합, 중소기업 협동조합 등이 있다. 회사기업이란 사기업 중 법인격이 있는 기업이다. 합자회사, 합명회사, 유한회사, 주식회사 등으로 구분된다.

사기업은 직장의 규모에 따라 대기업, 중견기업, 중소기업으로 구분되기도 한다.

대기업이란 일정 규모 이상의 자산 및 종업원을 갖추고 큰 매출을 올리는 기업을 뜻한다. 그 기준은 명확하지 않으나, 국내법에서는 「중소기업기본법」 제2조와 「중견기업 성장촉진 및 경쟁력 강화에 관한 특별법 시행령」에 의거한 중소기업 및 중견기업의 요건에 해당하지 않는 기업들을 의미한다.

이들 법령에 따르면 다음의 요건이 되면 대기업으로 간주한다.

1. 「중소기업기본법」에 포함되지 않는 기업
2. 「중견기업 성장촉진 및 경쟁력 강화에 관한 특별법 시행령」에 의거한 중견기업에 포함되지 않는 기업
3. 자산 10조 원 이상으로, 공정거래 위원회에서 지정한 상호출자제한 기업집단
4. 금융 및 보험, 보험 서비스업을 하며, 「중소기업기본법」에 소속되지 않는 기업

중견기업이란 「중소기업기본법」상 중소기업이 아니면서 대기업 계열사가 아닌 기업으로, 「중소기업기본법」상 3년 평균 매출이 1,500억 원 이상이지만 공정거래법상 상호출자제한 기업집단군에는 속하지 않는 회사를 말한다.

중소기업이란 「중소기업법」상의 중소기업 육성시책의 대상이 되는 기업으로, 소유와 경영의 독립성을 확보하고 있으며 규모가 상대적으로 작은 회사를 말한다.

중소기업기본법
[시행 2019. 2. 15.] [법률 제15746호, 2018. 8. 14., 일부개정]
중소벤처기업부(정책총괄과), 042-481-4541

제1조(목적) 이 법은 중소기업이 나아갈 방향과 중소기업을 육성하기 위한 시책의 기본적인 사항을 규정하여 창의적이고 자주적인 중소기업의 성장을 지원하고 나아가 산업 구조를 고도화하고 국민경제를 균형 있게 발전시키는 것을 목적으로 한다.

제2조(중소기업자의 범위) ① 중소기업을 육성하기 위한 시책(이하 "중소기업시책"이라 한다)의 대상이 되는 중소기업자는 다음 각 호의 어느 하나에 해당하는 기업 또는 조합 등(이하 "중소기업"이라 한다)을 영위하는 자로 한다. 〈개정 2011. 7. 25., 2014. 1. 14., 2015. 2. 3., 2016. 1. 27., 2018. 8. 14.〉
1. 다음 각 목의 요건을 모두 갖추고 영리를 목적으로 사업을 하는 기업
   가. 업종별로 매출액 또는 자산총액 등이 대통령령으로 정하는 기준에 맞을 것
   나. 지분 소유나 출자 관계 등 소유와 경영의 실질적인 독립성이 대통령령으로 정하는 기준에 맞을 것
2. 「사회적기업 육성법」 제2조제1호에 따른 사회적기업 중에서 대통령령으로 정하는 사회적기업
3. 「협동조합 기본법」 제2조에 따른 협동조합, 협동조합연합회, 사회적협동조합, 사회적협동조합연합회 중 대통령령으로 정하는 자
4. 「소비자생활협동조합법」 제2조에 따른 조합, 연합회, 전국연합회 중 대통령령으로 정하는 자

② 중소기업은 대통령령으로 정하는 구분기준에 따라 소기업(小企業)과 중기업(中企業)으로 구분한다.

③ 제1항을 적용할 때 중소기업이 그 규모의 확대 등으로 중소기업에 해당하지 아니하게 된 경우 그 사유가 발생한 연도의 다음 연도부터 3년간은 중소기업으로 본다. 다만, 중소기업 외의 기업과 합병하거나 그 밖에 대통령령으로 정하는 사유로 중소기업에 해당하지 아니하게 된 경우에는 그러하지 아니하다.

④ 중소기업시책별 특성에 따라 특히 필요하다고 인정하면 「중소기업협동조합법」이나 그 밖의 법률에서 정하는 바에 따라 중소기업협동조합이나 그 밖의 법인 · 단체 등을 중소기업자로 할 수 있다.

출처: 국가법령정보센터.

중견기업 성장촉진 및 경쟁력 강화에 관한 특별법
(약칭: 중견기업법)
[시행 2019. 6. 12.] [법률 제15923호, 2018. 12. 11., 일부개정]
산업통상자원부(중견기업정책과), 044-203-4362
제1장 총칙

제1조(목적) 이 법은 중견기업의 성장촉진 및 경쟁력 강화를 위하여 필요한 사항을 정함으로써 중소기업이 중견기업으로, 중견기업이 글로벌 전문기업으로 원활하게 성장할 수 있는 선순환 기업생태계를 구축하고, 일자리 창출 및 국민경제의 균형 있는 발전에 이바지함을 목적으로 한다.

제2조(정의) 이 법에서 사용하는 용어의 뜻은 다음과 같다. 〈개정 2016. 5. 29.〉
1. "중견기업"이란 다음 각 목의 요건을 모두 갖춘 기업을 말한다.
   가. 「중소기업기본법」 제2조에 따른 중소기업이 아닐 것
   나. 「공공기관의 운영에 관한 법률」 제4조에 따른 공공기관, 「지방공기업법」에 따른 지방공기업 등 대통령령으로 정하는 기관이 아닐 것
   다. 그 밖에 지분 소유나 출자관계 등이 대통령령으로 정하는 기준에 적합한 기업

2. "중견기업 후보기업"이란 중소기업 중에서 중견기업으로의 성장가능성이 높고 혁신역량이 있는 기업으로서 대통령령으로 정하는 기업을 말한다.
3. "중견기업자"란 중견기업을 영위하는 자를 말한다.

제3조(정부와 지방자치단체의 책무) ① 정부와 지방자치단체는 중소기업이 중견기업으로 원활하게 성장하고, 중견기업이 국제경쟁력을 갖춘 전문기업으로 성장할 수 있는 사회적 · 경제적 환경을 조성하기 위한 시책(이하 "중견기업시책"이라 한다)을 수립 · 시행하여야 한다.

② 정부와 지방자치단체는 중견기업시책의 수립 · 시행에 필요한 예산 · 인력 등 자원을 배분하여야 한다.

③ 정부와 지방자치단체는 중견기업시책을 수립 · 시행할 경우 중소기업에 대한 지원이 축소되지 아니하도록 하여야 하며, 중견기업의 자발적인 투자를 유인 · 촉진할 수 있도록 노력하여야 한다.

④ 정부와 지방자치단체는 다음 각 호의 사항을 고려하여 중견기업시책별로 그 대상을 달리할 수 있다.

1. 고용 증대, 수출 촉진, 산업 간 연관효과 등 국민경제적 효과
2. 규모 및 성장률, 연구개발 집약도, 국제경쟁력 등 기업의 특성
3. 그 밖에 기업의 혁신 역량과 성장 가능성 등에 관한 사항

출처: 국가법령정보센터.

대기업, 중견기업, 중소기업의 규모가 차이가 나는 만큼 해당 회사에 종사하는 종사자들의 연봉도 다소 차이가 있다. 잡코리아에서 제공한 직장의 규모별 연봉정보를 산업별로 구분하여 소개하면 〈표 6-1〉과 같다. 단, 이때의 산업별 구분은 국가직무능력표준에 따르지 않았음에 유의하기 바란다.

〈표 6-1〉 대기업 · 중견기업 · 중소기업 연봉정보

대기업

[은행 · 금융]	[화학 · 에너지 · 환경]	[건설 · 시공 · 토목 · 조경]
1위) 씨티그룹글로벌마켓증권: 16,564만 원 2위) 맥쿼리증권: 15,981만 원 3위) 한국투자금융지주: 13,861만 원	1위) 오리온엔지니어드카본즈: 14,944만 원 2위) 씨지앤율촌전력: 12,670만 원 3위) SK종합화학: 12,206만 원	1위) SK디앤디: 12,615만 원 2위) 대림씨엔에스: 9,399만 원 3위) 대림산업: 8,388만 원
[금속 · 자료 · 자재]	[네트워크 · 통신서비스]	[방송 · 케이블 · 프로덕션]
1위) 한화첨단소재: 12,049만 원 2위) 삼성코닝어드밴스드글라스: 10,132만 원 3위) 한화디펜스: 8,321만 원	1위) SK텔레콤: 11,540만 원 2위) SK텔링크: 8,921만 원 3위) SK브로드밴드: 8,899만 원	1위) SBS: 11,481만 원 2위) 에스비에스에이앤티: 10,990만 원 3위) 케이티스카이라이프: 8,297만 원

중견기업

[자동차 · 조선 · 철강 · 항공]	[화학 · 에너지 · 환경]	[물류 · 운송 · 배송]
1위) KAI한국항공우주산업 주식회사: 9,394만 원 2위) 한국철강: 8,508만 원 3위) 환영철강공업: 8,378만 원	1위) 여천NCC: 11,991만 원 2위) 한국솔베이: 10,318만 원 3위) 폴리미래: 9,566만 원	1위) 로지스올: 9,013만 원 2위) 현대상선: 8,827만 원 3위) 세방전지: 8,369만 원
[부동산 · 중개 · 임대]	[음식료 · 외식 · 프랜차이즈]	[컴퓨터 · 하드웨어 · 장비]
1위) 한국감정원: 8,834만 원 2위) 에이엠플러스자산개발: 8,318만 원 3위) 엠디엠: 7,204만 원	1위) 대상홀딩스: 10,046만 원 2위) 하이트진로홀딩스: 8,838만 원 3위) 비알코리아: 8,453만 원	1위) 한국휴렛팩커드: 8,681만 원 2위) 한국이엠씨컴퓨터시스템즈: 7,958만 원 3위) 서치솔루션: 7,540만 원

중소기업

[렌탈 · 임대 · 리스]	[솔루션 · SI · CRM · ERP]	[쇼핑몰 · 오픈마켓 · 소셜커머스]
1위) 도원타워: 6,854만 원 2위) 한국보팍터미날: 6,503만 원 3위) 옵티캠: 6,349만 원	1위) 팁코소프트웨어코리아: 13,600만 원 2위) 피디에프솔루션세미컨덕터테크놀로지코리아: 11,726만 원 3위) 아마데우스코리아: 11,444만 원	1위) 플라이모델: 11,102만 원 2위) 하이웰코리아: 6,011만 원 3위) 대경퍼시픽: 5,583만 원
[게임 · 애니메이션]	[무역 · 상사]	[생활용품 · 소비재 · 기타]
1위) 데브시스터즈: 10,247만 원 2위) 엘리펀트: 8,156만 원 3위) 에픽게임즈코리아: 7,738만 원	1위) 서창실업: 17,315만 원 2위) 앤시스: 16,198만 원 3위) 글렌코어코리아: 15,989만 원	1위) 테트라팩: 8,867만 원 2위) 단우실업: 8,011만 원 3위) 한독산업: 7,823만 원

출처: 잡코리아(2018).

직장의 규모별 산업의 종류와 해당 직종 종사자의 연봉을 살펴보다 보면 각 산업이 이루어지고 있는 규모가 어떠한지도 살펴볼 수 있다. 다음 〈표 6-2〉는 직장의 규모와 산업에 따라 〈표 6-1〉을 다시 정리한 것이다.

〈표 6-2〉 직장의 규모와 산업별 주요 산업

대기업	중견기업	중소기업
은행 · 금융	자동차 · 조선 · 철강 · 항공	렌탈 · 임대 · 리스
화학 · 에너지 · 환경	화학 · 에너지 · 환경	솔루션 · SI · CRM · ERP
건설 · 시공 · 토목 · 조경	물류 · 운송 · 배송	쇼핑몰 · 오픈마켓 · 소셜커머스
금속 · 자료 · 자재	부동산 · 중개 · 임대	게임 · 애니메이션
네트워크 · 통신서비스	음식료 · 외식 · 프랜차이즈	무역 · 상사
방송 · 케이블 · 프로덕션	컴퓨터 · 하드웨어 · 장비	생활용품 · 소비재 · 기타

3) 직무의 종류와 직군

직군이란 조직 내에서 직무의 성질이 유사한 직렬을 한데 묶은 것을 말하며, 일반적으로 생산직, 영업직, 연구개발직, 경영지원직 등으로 표기한다. 직군으로 나타내는 범위가 너무 광범위할 경우, 직군과 직종 사이에 직렬(job series)을 두기도 한다(한국기업교육학회, 2010; [그림 6-4] 참조). 가령, 우리나라 현행 공무원 임용령에 의하면, 일반직 공무원은 행정직군, 공안직군, 광공업직군, 농림수산직군, 물리직군, 보건의무직군, 환경직군, 교통직군, 시설직군, 정보통신직군의 총 10개 직군으로 구분하고 있다. 이 중 행정직군은 일반행정직, 교육행정직, 회계직, 세무직, 관세직, 감사직, 검찰사무직 등 총 16개 직렬로 구분된다.

한편, **직무**란 개별 종사자 한 사람에 의해 정규적으로 수행되었거나 또는 수행되도록 설정, 교육, 훈련되는 일련의 업무 및 임무를 말한다. 직군별 직무의 종류를 소개하면 〈표 6-3〉과 같다.

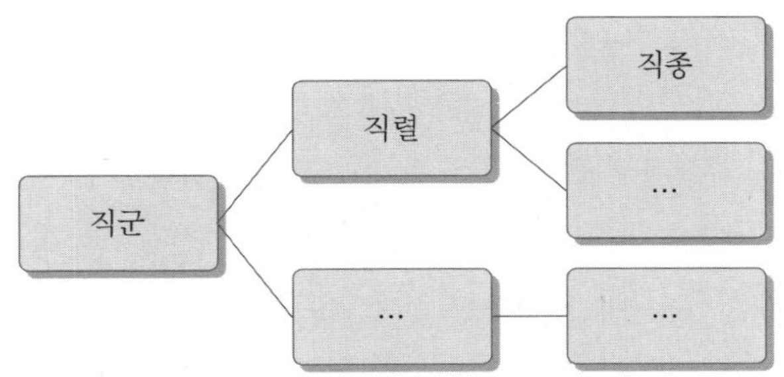

[그림 6-4] 직군, 직렬, 직종의 관계

가령, 경영지원직군에 속하는 몇몇 직무를 살펴보면, 먼저 법무란 법률에 관한 사무로서 계약 관련 업무, 법적 문제를 예방하고, 법적 문제 발생 시 해결을 위한 정확한 조언을 해 주는 업무를 하는 직무이다. 재무는 주로 현금 입출금 등 회사의 현금을 관리하는 업무를, 회계는 회사에서 발생한 모든 거래를 기록하고 재무제표를 기록·작성하는 업무를, 세무는 분기별, 반기별, 한 해별 세금관리를 신고하는 업무를 말한다. 인사란 조직의 효율적인 목표 달성을 지원하기 위해 그에 적합한 인재를 충원하고, 적재적소에 배치하는

〈표 6-3〉 직군별 직무의 종류

경영지원직	연구개발직	생산직	영업직	IT전산직
총무 법무 세무/재무/회계/ 자금/경리 구매/자재 인사 교육 노사 기획 홍보/광고	연구 개발 설계	공무 생산/제조 생산기술 생산관리 품질관리 시설관리 환경관리 안전관리	국내영업 해외영업 영업관리 마케팅 상품개발 물류 유통 판매관리 매장관리 고객지원	웹기획 웹마스터 시스템 분석 시스템 설계 시스템 네트워크 관리 프로그래밍 그래픽 디자인 제품디자인 패션디자인 캐릭터 디자인

업무를, 노무란 부당해고, 임금체불, 각종 진정, 인사위원회 징계, 노조 등과 관련된 업무를, 기획이란 단기 · 중장기 신 사업을 계획하고 진행하며, 목표를 부여하고 사업성과를 관리, 사업부의 문제를 분석하고 해결안을 제시하는 등 회사의 큰 방향을 결정하고 지원하는 업무를 말한다.

그렇다면 대학에서 내가 공부한 전공으로는 과연 어떤 직무를 할 수 있을까? 가령, 공학을 전공하고 있다면 이 전공을 살려 취업을 하면 어떤 직무를 담당할 수 있을까? 상황에 따라 다양할 수 있지만 대체로 생산, 설계, 생산관리, 품질, 시공, 설비 등 엔지니어 관련 업무를 담당할 수 있다.

학습활동

여러분의 전공이 속한 직종은 어떤 산업인가요? 국가직무능력표준(NCS)의 웹사이트를 참고해서 찾아봅시다. 내 전공을 살렸을 때 어떠한 직무를 할 수 있고, 승진체계는 어떻게 되는지, 그리고 그 직무들을 수행하기 위해 계발해야 할 직무역량은 무엇인지에 대해 국가직무표준을 참고하여 알아봅시다.

Tip

이를 위해 여기서는 전기 · 전자분야의 직종 하나를 예로 들어, 국가직무능력표준 웹사이트의 주요 직업정보의 검색방법을 간략히 소개하도록 하겠다.

① 국가직무능력표준 웹사이트(https://www.ncs.go.kr)에 접속한다. 좌측하단의 'NCS 및 학습모듈검색'에서 원하는 직종(가령, 대분류 '19. 전기 · 전자')을 클릭한다.

② 대분류 화면(가령, '19. 전기 · 전자')이 열리면, 중 · 소 · 세분류에서도 원하는 분야를 선택하여 클릭한다. 가령, 중분류–'02. 전자기기일반', 소분류–'02. 전자부품기획 · 생산', 세분류–'02. 전자부품생산'을 클릭하면 된다.

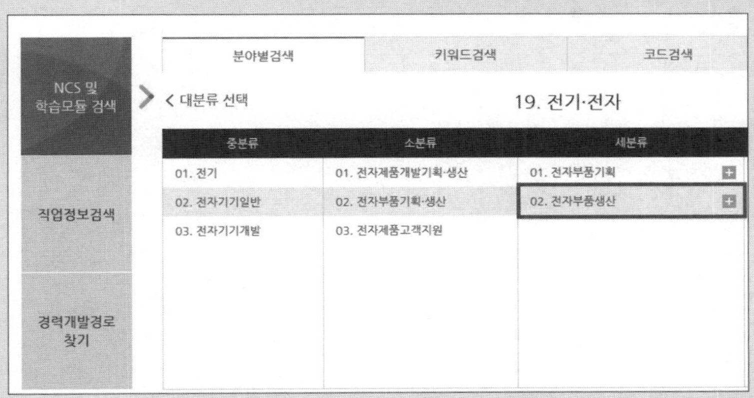

③ 그 결과 화면이 열리면, 먼저 화면의 하단을 내려가 '활용패키지-1. 경력개발경로-경력개발경로모형-경로찾기'를 클릭한다. 클릭하면, 직급과 승진 경로에 대한 정보가 제공된다.

활용길라잡이

02.전자부품기획·생산 경력개발경로 찾기

19.전기·전자 ▼ | 02.전자기기일반 ▼ | 02.전자부품기획·생산 ▼ | 조회

경로 설정하기 | 관련직급보기 | [직급 : 직급을 선택해주세요]

전직리스트 (0) | 승진리스트 (0) | 능력단위 | 학습모듈 | 직무기술서 | 체크리스트 | 자가진단도구 | 훈련정보

직무	수준							
	1	2 사원/연구원	3 주임/주임연구원	4 대리(반장)/전임연구원	5 과장/선임연구원	6 차장/책임연구원	7 부장/수석연구원	8
전자부품기획				기획분석 실무자	기술분석담당자			

또한 활용패키지-1. 경력개발경로-직무기술서를 클릭하면, 직무에 대한 기본정보, 책임 및 역할에 대해 상세한 정보가 제공된다. 자가진단을 클릭하면, 직무에 대해 갖추고 있어야 할 능력에 대해 스스로 점검할 수 있는 페이지가 나오므로 진로를 준비하고자 할 때 활용할 수 있다.

가령, '전자부품생산' 관련 직무기술서를 살펴보겠다. '전자부품생산' 관련 직무의 책임 및 역할 중 '생산기술 검토' 업무는 다음과 같은 책임과 역할을 지닌다.

- 개발부서로부터 생산하게 될 전자부품의 기술자료를 입수하여 검토할 수 있다.
- 원활한 생산을 위하여 자사에서 보유하고 있는 설비와 생산하고자 하는 전자부품의 특성을 분석하여 생산을 효율적으로 수행할 수 있는 방안을 수립할 수 있다.
- 수립된 방안을 토대로 시생산 라인을 구성하고 작업순서와 작업시간을 설정한 후 양산라인과 동일한 작업공정으로 시생산을 진행할 수 있다.
- 시생산 진행을 통하여 설비, 공정, 작업상의 문제를 파악할 수 있다.
- 설비, 치공구, 재료 측면에서의 문제점을 분석하여 개선방안을 수립하고 유관부서에 배포할 수 있다.

④ 또한 같은 페이지의 상단에 위치한 NCS 학습모듈에서는 직무가 요구하는 직업역량의 명칭별 훈련내용에 대한 안내와 교육을 제공하므로, 참고하면 좋다.

출처: NCS 및 학습모듈검색 → 활용패키지: 경력개발경로모형(경로찾기), 학습모듈, 직무기술서, 훈련기준(시안)

4) 조직

직장의 구성원은 보통 직급을 통해 위계질서가 정립되며, 이에 따라 생활하게 된다. **직급**이란 직무의 등급을 구분한 것이다. 즉, 직무의 종류, 곤란도, 역할과 책임의 정도가 비슷한 직위끼리 한데 모아 묶어 분류한 것으로, 인사관리나 인사운영을 위하여 조직의 구성원을 적절한 등급으로 나누어 계층별로 묶어서 위계적 체계로 배열한 것을 말한다(한국기업교육학회, 2010). 가령, 행정공무원의 경우에는 행정서기보, 행정서기, 행정주사보, 행정주사, 행

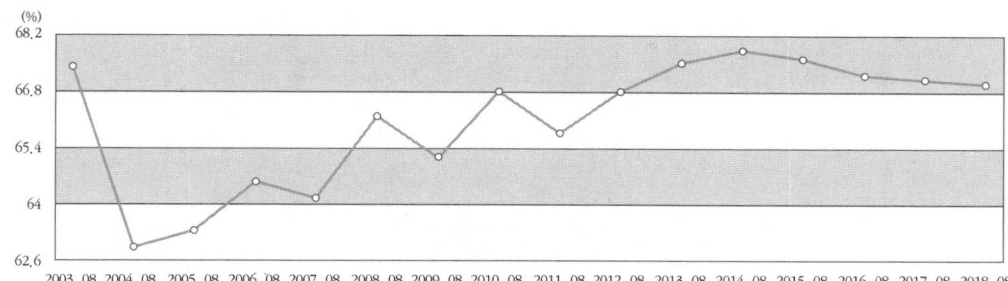

[그림 6-5] 연도별 정규직 임금근로자 비중(2003~2018년)

출처: 통계청(2018a).

정사무관, 서기관, 부이사관, 이사관 등이 각각의 직급에 해당되며, 사기업에 종사하는 회사원의 경우에는 사원-주임-대리-과장-차장-부장-상무-전무-부사장-사장-회장이 각각의 직급에 해당된다.

구성원의 고용 형태나 조직의 규모에 따라 각 구성원을 지칭하는 체계나 용어가 달라 직급 명을 특정 용어로 단정 지어 부를 수는 없지만, 직장이라는 조직 내에서 구성원은 대체로 정규직과 비정규직이라는 고용 형태에 따른 신분에 의해 직장생활에 영향을 받을 수 있으며, 조직의 규모가 큰 경우에는 직급에 의해 직장생활이 영향을 받을 수 있다.

직장에 종사하는 근로자들은 정규직과 비정규직이라는 신분으로 구분된다. **정규직 근로자**(Regular worker)란 고용계약에 업무 종료 날짜가 없는 경우를 말하고, **비정규직 근로자**(Non-regular worker)란 고용계약에 업무 종료 날짜가 있는 경우를 말한다(고용노동부, 2018. 11. 22.).

비정규직의 개념에 대해 국제적으로 통일된 기준은 없으나, OECD는 통상 임시직근로자(temporary worker)를 비정규직으로 파악하고 있으며, 임시직근로자에는 유기계약근로자(worker with fixed-term contract), 파견근로자(temporary agency worker), 계절근로자(seasonal worker), 호출근로자(on-call worker) 등이 포함된다.

외환위기 이후 비정규직의 개념 및 범위를 둘러싸고 논쟁이 지속됨에 따라

'02.7월 노사정위원회[1] 비정규특위에서 고용 형태에 따른 분류기준에 합의하고, 비정규직의 고용 형태를 기준으로 한시적 근로자 또는 기간제 근로자, 시간제 근로자 및 비전형 근로자로 정의하였다.

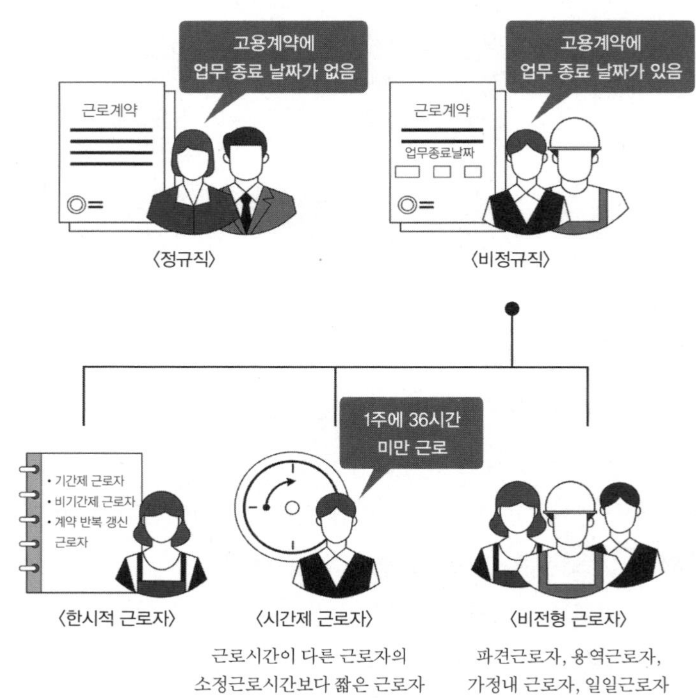

[그림 6-6] 정규직과 비정규직의 구분

출처: 고용노동부(2018. 11. 22.).

---

1) 정규직과 비정규직의 개념에 대해서는 e-나라지표의 비정규직 고용동향의 지표설명(http://www.index.go.kr/potal/main/EachDtlPageDetail.do?idx_cd=2477)을 다음에 추가로 제시하고자 한다.

> 노사정위원회 합의기준에 의한 비정규직의 범위는 외국에 비해 넓은 편으로 알려져 있다. 특수형태근로, 용역근로 등을 포함하여 기간제근로자의 범위도 다소 넓은데, 계약기간을 정하지 않았으나 고용의 지속성을 기대할 수 없는 자를 포함한다. 이와 함께 노사정 합의에서는 근로지속이 가능한 무기계약근로자이기 때문에 정규직으로 분류되지만, 종사상 지위가 임시직 또는 일용직에 속하여 고용이 불안정하고 사회적 보호가 필요한 근로계층이 광범위하게 존재한다는 점을 인식하고 이를 '취약근로자'로 파악키로 하였다. 정부와 학계는 노사정 합의기준에 의해 비정규직의 규모를 파악하고 있는 반면에, 노동계는 '취약근로자'도 비정규직의 범위에 포함해서 파악하여 비정규직 규모에 대한 논란은 지속되고 있다.

첫째, **한시적 근로자**란 '고용의 지속성'을 기준으로 분류한 비정규직이며, 근로계약기간을 정한 자(기간제근로자) 또는 정하지 않았으나 계약의 반복 갱신으로 계속 일할 수 있는 근로자와 비자발적 사유로 계속 근무를 기대할 수 없는 자로 나뉘어진다.

둘째, **시간제 근로자**란 '근로시간'을 기준으로 분류한 비정규직이며, 근로시간이 짧은 근로자(파트타임근로자)를 말한다. 즉, 직장(일)에서 근무하도록 정해진 근로시간이 동일 사업장에서 동일한 업무를 수행하는 근로자의 소정근로시간보다 1시간이라도 짧은 근로자로, 평소 1주에 36시간 미만 일하기로 정한 경우가 이에 해당된다.

셋째, **비전형 근로자**는 '근로제공방식'을 기준으로 분류한 비정규직이며, 파견근로자, 용역근로자, 특수형태근로자, 가정내 근로자(재택, 가내), 일일(호출, 단기)근로자로 분류된다.

다음으로 '**직급**'에 대한 부분이 있다. 회사 규모에 따라 불리는 명칭은 다양하지만, 대체로 사원–주임–대리–과장–차장–부장–상무–전무–부사장–사장–회장의 순으로 승진체계가 이루어진다. 직장인으로서 이러한 조직의 위계질서를 유지하며, 협력하여 업무를 수행한다. 사원으로 들어왔을 때에는 주로 동료와 상사와의 관계를 잘 맺는 것이 직장생활의 적응에 도움이 되지만, 시간이 지나 승진을 하게 되면 나에게도 부하직원이 생기게 된다. 따라서 부하직원을 잘 통솔하고, 직장상사에게 협조하며, 동료와의 관계도 돈독히

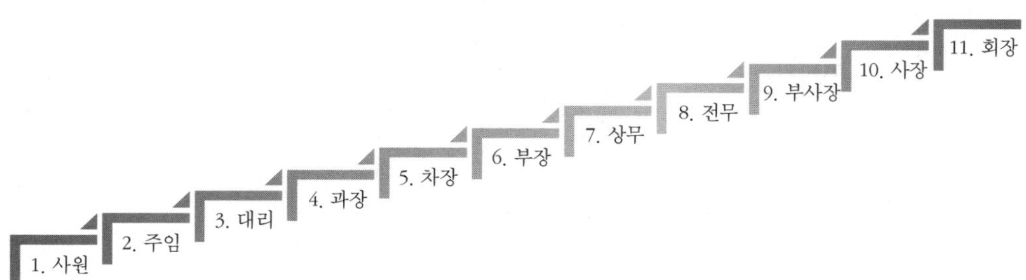

[그림 6-7] 회사의 승진체계 예시

하고, 갈등 발생 시 이를 관리하는 등 다양한 역할과 노력이 요구된다.

이렇듯 회사마다 인사제도나 명칭은 다르지만 대체로 직급별 진급연한은 사원으로 있는 기간이 2년, 주임으로 승진해서 2년, 대리로 승진해서 3~4년, 과장으로 승진해서 5~6년, 차장으로 승진해서 5년을 지낸 뒤 부장으로 승진, 그 후 실적에 따라 그 이상의 직급으로 올라가게 된다. 우리나라 신입사원의 연령이 남성 평균 27세, 여성 평균 25세인 것을 감안하고 계속 승진한다는 가정하에 남성의 경우에는 27세에 사원, 29세에 주임, 31세에 대리, 34~35세에 과장, 39~41세에 차장, 44~46세 즈음에 부장으로 승진한다는 것을, 여성의 경우에는 25세에 사원, 27세에 주임, 29세에 대리, 32~33세에 과장, 37~39세에 차장, 42~44세 즈음에 부장으로 승진한다는 것을 알 수 있다.

물론 모든 사람이 이 순서대로 승진하는 것은 아니다. 각 직급으로 진급하는 과정은 무척 고단한 여정이며, 동료들 중 승진한 동료와 아닌 동료들이 생

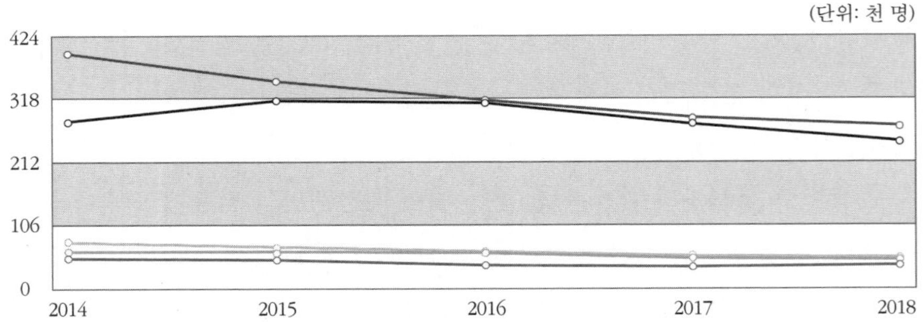

	연령대별	사유별
■	15~29세	결혼
■	15~29세	임신, 출산
■	15~29세	육아
■	30~39세	결혼
■	30~39세	임신, 출산

[그림 6-8] 연령대별 사유별 경력단절여성

출처: 통계청(2018b).

기기도 하고, 회사의 사정에 따라 해고를 통지받는 동료들도 생긴다. 또한 여성의 경우에는 결혼 후인 30~39세에 주로 출산과 육아로 인해 경력이 단절되는 경우가 많이 생기고(통계청, 2018b), 설사 계속 같은 일에 종사한다고 하더라도 진급에 있어 유리천장이 작용하는 곳도 있기 때문이다.

이렇듯 취업에 이르는 구직 과정뿐 아니라 취직이 되고 난 이후의 삶을 성공적으로 지내는 것도 우리에게 큰 도전과제가 됨을 알 수 있다. 흔히들 말하는 삼팔선(38세 조기 퇴직 강요선으로, 과장~차장으로 재직하고 있을 시기임을 알 수 있음), 사오정(45세 혹은 40~50대 정년으로 부장 승진을 앞두거나 재직 중인 시기임을 알 수 있음), 오륙도(56세 혹은 50~60대까지 일하면 도둑이라는 말로, 부장 이후 임원으로 활동하고 있을 시기임을 알 수 있음) 등은 직장생활을 하는 과정에서 겪어야 하는 고비를 표현한 말로, 진급하기까지의 단계마다 경험하게 될 어려움을 미루어 짐작해 볼 수 있다.

[그림 6-9] 회사 직급별 호칭의 예

출처: tvn 드라마 〈미생〉의 한 장면.

일반직 공무원의 직급과 승진소요 최저 연수

공무원임용령
[시행 2018. 9. 21.] [대통령령 제29180호, 2018. 9. 18., 타법개정]

제3조(공무원의 직급 구분 등) ① 법 제4조제1항에 따라 계급을 구분하는 일반직 공무원의 직군 · 직렬 · 직류 및 직급의 명칭은 별표 1과 같다.

[별표 1]

<table>
<tr><th rowspan="2">직군</th><th rowspan="2">직렬</th><th rowspan="2">직류</th><th colspan="7">계급 및 직급</th></tr>
<tr><th>3급</th><th>4급</th><th>5급</th><th>6급</th><th>7급</th><th>8급</th><th>9급</th></tr>
<tr><td rowspan="25">행정</td><td>교정</td><td>교정</td><td rowspan="2">부이사관</td><td rowspan="2">서기관</td><td>교정관</td><td>교감</td><td>교위</td><td>교사</td><td>교도</td></tr>
<tr><td>보호</td><td>보호</td><td>보호
사무관</td><td>보호
주사</td><td>보호
주사보</td><td>보호
서기</td><td>보호
서기보</td></tr>
<tr><td>검찰</td><td>검찰</td><td rowspan="21">부이사관</td><td rowspan="20">서기관</td><td>검찰
사무관</td><td>검찰
주사</td><td>검찰
주사보</td><td>검찰
서기</td><td>검찰
서기보</td></tr>
<tr><td>마약
수사</td><td>마약
수사</td><td>마약수사
사무관</td><td>마약수사
주사</td><td>마약수사
주사보</td><td>마약수사
서기</td><td>마약수사
서기보</td></tr>
<tr><td>출입국
관리</td><td>출입국
관리</td><td>출입국
관리
사무관</td><td>출입국
관리
주사</td><td>출입국
관리
주사보</td><td>출입국
관리
서기</td><td>출입국
관리
서기보</td></tr>
<tr><td>철도
경찰</td><td>철도경찰</td><td>철도
경찰
사무관</td><td>철도
경찰
주사</td><td>철도
경찰
주사보</td><td>철도
경찰
서기</td><td>철도
경찰
서기보</td></tr>
<tr><td rowspan="10">행정</td><td>일반행정</td><td rowspan="13">행정
사무관</td><td rowspan="10">행정
주사</td><td rowspan="10">행정
주사보</td><td rowspan="10">행정
서기</td><td rowspan="10">행정
서기보</td></tr>
<tr><td>인사조직</td></tr>
<tr><td>법무행정</td></tr>
<tr><td>재경</td></tr>
<tr><td>국제통상</td></tr>
<tr><td>운수</td></tr>
<tr><td>고용노동</td></tr>
<tr><td>문화홍보</td></tr>
<tr><td>교육행정</td></tr>
<tr><td>회계</td></tr>
<tr><td>직업
상담</td><td>직업
상담</td><td>직업상담
주사</td><td>직업상담
주사보</td><td>직업상담
서기</td><td>직업상담
서기보</td></tr>
<tr><td>세무</td><td>세무</td><td>세무
주사</td><td>세무
주사보</td><td>세무서기</td><td>세무
서기보</td></tr>
<tr><td>관세</td><td>관세</td><td>관세
주사</td><td>관세
주사보</td><td>관세서기</td><td>관세
서기보</td></tr>
<tr><td>사회
복지</td><td>사회
복지</td><td>사회복지
사무관</td><td>사회복지
주사</td><td>사회복지
주사보</td><td>사회복지
서기</td><td>사회복지
서기보</td></tr>
<tr><td>통계</td><td>통계</td><td>통계
사무관</td><td>통계
주사</td><td>통계
주사보</td><td>통계
서기</td><td>통계
서기보</td></tr>
<tr><td>사서</td><td>사서</td><td>사서
사무관</td><td>사서
주사</td><td>사서
주사보</td><td>사서
서기</td><td>사서
서기보</td></tr>
<tr><td>감사</td><td>감사</td><td>감사관</td><td>부감사관</td><td>감사
주사</td><td>감사
주사보</td><td>감사
서기</td><td>감사
서기보</td></tr>
<tr><td rowspan="2">방호</td><td>방호</td><td rowspan="2"></td><td rowspan="2"></td><td rowspan="2">방호
사무관</td><td rowspan="2">방호
주사</td><td rowspan="2">방호
주사보</td><td rowspan="2">방호
서기</td><td rowspan="2">방호
서기보</td></tr>
<tr><td>경비</td></tr>
</table>

<table>
<tr><th rowspan="2">직군</th><th rowspan="2">직렬</th><th rowspan="2">직류</th><th colspan="7">계급 및 직급</th></tr>
<tr><th>3급</th><th>4급</th><th>5급</th><th>6급</th><th>7급</th><th>8급</th><th>9급</th></tr>
<tr><td rowspan="14">기술</td><td rowspan="14">공업</td><td>일반기계</td><td rowspan="5">부이사관</td><td rowspan="5">기술
서기관</td><td rowspan="5">공업
사무관</td><td rowspan="5">공업
주사</td><td rowspan="5">공업
주사보</td><td rowspan="5">공업
서기</td><td rowspan="5">공업
서기보</td></tr>
<tr><td>농업기계</td></tr>
<tr><td>운전</td></tr>
<tr><td>항공우주</td></tr>
<tr><td>전기</td></tr>
<tr><td>전자</td><td rowspan="9">부이사관</td><td rowspan="9">기술
서기관</td><td rowspan="9">공업
사무관</td><td rowspan="9">공업
주사</td><td rowspan="9">공업
주사보</td><td rowspan="9">공업
서기</td><td rowspan="9">공업
서기보</td></tr>
<tr><td>원자력</td></tr>
<tr><td>조선</td></tr>
<tr><td>금속</td></tr>
<tr><td>야금</td></tr>
<tr><td>섬유</td></tr>
<tr><td>화공</td></tr>
<tr><td>자원</td></tr>
<tr><td>물리</td></tr>
</table>

⋮

(중략)

⋮

<table>
<tr><th rowspan="2">직군</th><th rowspan="2">직렬</th><th rowspan="2">직류</th><th colspan="7">계급 및 직급</th></tr>
<tr><th>3급</th><th>4급</th><th>5급</th><th>6급</th><th>7급</th><th>8급</th><th>9급</th></tr>
<tr><td rowspan="6">기술</td><td rowspan="2">의무</td><td>일반의무</td><td rowspan="6"></td><td rowspan="6"></td><td rowspan="2">의무
사무관</td><td rowspan="2"></td><td rowspan="2"></td><td rowspan="2"></td><td rowspan="2"></td></tr>
<tr><td>치무</td></tr>
<tr><td rowspan="2">약무</td><td>약무</td><td rowspan="2">약무
사무관</td><td rowspan="2">약무
주사</td><td rowspan="2">약무
주사보</td><td rowspan="2"></td><td rowspan="2"></td></tr>
<tr><td>약제</td></tr>
<tr><td>간호</td><td>간호</td><td>간호
사무관</td><td>간호
주사</td><td>간호
주사보</td><td>간호
서기</td><td></td></tr>
<tr><td>간호
조무</td><td>간호
조무</td><td>간호조무
사무관</td><td>간호조무
주사</td><td>간호조무주
사보</td><td>간호조무
서기</td><td>간호조무서
기보</td></tr>
</table>

⋮

(하략)

제31조(승진소요최저연수) ① 공무원이 승진하려면 다음 각 호의 구분에 따른 기간 동안 해당 계급에 재직하여야 한다. 〈개정 2013. 11. 20., 2015. 11. 18.〉

1. 일반직 공무원
   가. 4급: 3년 이상
   나. 5급: 4년 이상
   다. 6급: 3년 6개월 이상
   라. 7급 및 8급: 2년 이상
   마. 9급: 1년 6개월 이상

1. 취업하면 연봉이 어느 정도나 될까요? 어떤 규모의 회사, 어떤 직종, 어떤 직급인지에 따라 다르겠지만, 통계청의 2018년도 근로형태별 임금근로자 월평균 임금 정보에 따르면 정규직 임금근로자의 경우 300.9만 원으로 보고되고 있습니다. 대체로 연봉 2,000~4,000만 원 정도의 범위에 있는 것입니다. 가령, 잡코리아에 등록된 연봉 정보를 살펴보면 중소기업 사원급의 평균 연봉은 2,567만 원으로, 월 수령액으로 따지면 약 195만 원 수준입니다. 직급에 따라 인상되는 연봉 수준은 전 직급 통틀어 평균 774만 원으로 집계되었으며, 각 직급별 평균 연봉은 사원 2,567만 원, 주임 2,889만 원, 대리 3,436만 원, 과장 4,168만 원, 차장 5,090만 원, 부장 6,439만 원인 것으로 나타났습니다.

관심 있는 회사의 초임연봉을 알아보고, 직급별 연봉을 조사해 봅시다.

Tip

관심 있는 회사의 연봉은 금융감독원 전자공시시스템(dart.fss.or.kr)에서 회사명을 직접 입력하여 검색하여 찾아볼 수 있다. 해당 사이트는 회사의 연봉정보에 대한 정확도가 높은 장점이 있는 반면, 직급별 연봉검색은 안 되며, 모든 회사의 정보가 게시되어 있지 못하다는 단점이 있다. 만일 금융감독원 전자공시시스템에서 검색이 안 된다면, 잡코리아나 인크루트 등 취업포털 사이트에서 검색해 볼 수 있다. 이러한 취업포털 사이트는 다양한 회사의 연봉정보를 검색할 수 있다는 편리함이 있지만, 다소 정확성이 떨어질 때도 있다는 점을 감안하시길 바란다.

이번 학습활동에서는 금융감독원의 전자공시시스템을 활용하여 연봉을 검색하는 방법을 간략히 소개하고자 한다.

① 금융감독원 전자공시시스템(dart.fss.or.kr)에 접속한다. 상단의 공시정보 활용마당을 클릭하고, 그 중 사업보고서 주요정보조회를 클릭한다.

② 사업보고서 주요정보조회 화면이 열리면, 회사명에 검색하고 싶은 회사명을 직접 입력하고, 사업연도는 최신연도를, 보고서명에는 '사업보고서'를 클릭한다. 그리고 임원 및 직원 등에 대한 사항에는 '직원 현황'을 클릭 후 '검색'을 클릭한다.

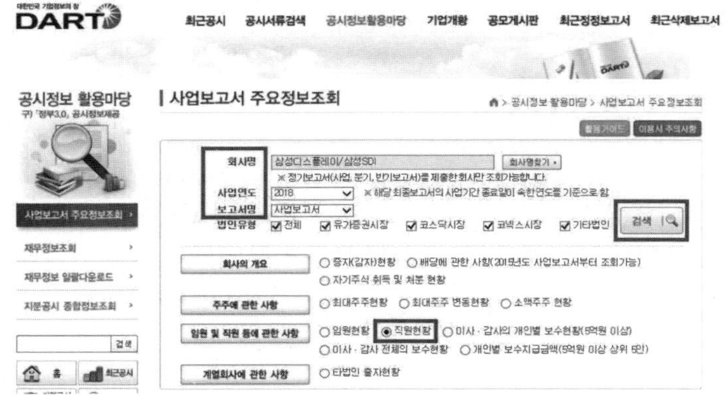

③ 해당화면 하단에 성별에 따른 직원의 평균 연봉이 게시되어 있음을 확인할 수 있다.

조회건수 15 ▾ 엑셀 다운로드

직원수				합계	평균 근속연수	연간 급여총액	1인평균 급여액	비고
기간의 정함이 없는 근로자		기간제 근로자						
전체	(단시간 근로자)	전체	(단시간 근로자)					
6,583	-	690	-	7,273	12.4	605,524,000,000	83,000,000	-
975	-	59	-	1,034	9.4	66,542,000,000	64,000,000	-
1,650	-	56	-	1,706	10.6	133,752,000,000	78,000,000	-
373	2	4	-	377	7.8	22,929,000,000	61,000,000	-

1

[1/1] [총 4건]

2. 관심 있는 회사에 입사하여 첫 월급을 받았다고 상상하고, 한 달 가계부를 작성해 봅시다. 월급에서 4대 보험료(국민연금, 건강보험, 고용보험, 산재보험), 세금(근로소득 간이세액표 참고), 월세, 관리비, 전기세, 수도세, 가스비, 교통비, 통신비, 식비, 병원비, 부모님 용돈, 저축 등 항목별로 소요되는 비용을 작성해 봅시다. 작성하고 난 소감도 적어 봅시다.

Tip

세금은 다음의 근로소득 간이세액표를 참고하여 계산할 수 있다. 간이세액표 전체를 살펴보고자 한다면, 법제처의 국가법령정보센터에서 직접 소득세법 시행령 [별표 2]를 참고하기 바란다.

참고

소득세법

[시행 2019. 1. 1.] [법률 제16104호, 2018. 12. 31., 일부개정]

제3조(과세소득의 범위) ① 거주자에게는 이 법에서 규정하는 모든 소득에 대해서 과세한다. 다만, 해당 과세기간 종료일 10년 전부터 국내에 주소나 거소를 둔 기간의 합계가 5년 이하인 외국인 거주자에게는 과세대상 소득 중 국외에서 발생한 소득의 경우 국내에서 지급되거나 국내로 송금된 소득에 대해서만 과세한다.

제4조(소득의 구분) ① 거주자의 소득은 다음 각 호와 같이 구분한다. 〈개정 2013. 1. 1.〉

1. 종합소득

   이 법에 따라 과세되는 모든 소득에서 제2호 및 제3호에 따른 소득을 제외한 소득으로서 다음 각 목의 소득을 합산한 것

   가. 이자소득

   나. 배당소득

   다. 사업소득

   라. 근로소득

   마. 연금소득

   바. 기타소득

2. 퇴직소득

3. 양도소득

참고

소득세법 시행령

[시행 2019. 4. 1.] [대통령령 제29523호, 2019. 2. 12., 일부개정]

제189조(간이세액표) ①법 제129조 제3항에서 "대통령령으로 정하는 근로소득간이세액표"는 별표 2와 같다.

참고

■ 소득세법 시행령 [별표 2] 〈개정 2018. 2. 13.〉
근로소득 간이세액표(제189조 제1항 관련)

1. 이 간이세액표의 해당 세액은 소득세법에 따른 근로소득공제, 기본공제, 특별소득공제 및 특별세액공제 중 일부, 연금보험료공제, 근로소득세액공제 및 세율을 반영하여 계산한 금액임. 이 경우 "특별소득공제 및 특별세액공제 중 일부"는 다음의 계산식에 따라 계산한 금액을 소득공제하여 반영한 것임.

<table>
<tr><th>총급여액</th><th>공제대상가족의 수가 1명인 경우</th><th>공제대상가족의 수가 2명인 경우</th><th colspan="2">공제대상가족의 수가 3명 이상인 경우</th></tr>
<tr><td>3,000만원 이하</td><td>310만원+연간 총급여액의 4퍼센트</td><td>360만원+연간 총급여액의 4퍼센트</td><td>500만원+연간 총급여액의 7퍼센트</td><td rowspan="4">+연간 총급여액 중 4천만원을 초과하는 금액의 4퍼센트</td></tr>
<tr><td>3,000만원 초과 4,500만원 이하</td><td>310만원+연간 총급여액의 4퍼센트−연간 총급여액 중 3천만원을 초과하는 금액의 5퍼센트</td><td>360만원+연간 총급여액의 4퍼센트−연간 총급여액 중 3천만원을 초과하는 금액의 5퍼센트</td><td>500만원+연간 총급여액의 7퍼센트−연간 총급여액 중 3천만원을 초과하는 금액의 5퍼센트</td></tr>
<tr><td>4,500만원 초과 7,000만원 이하</td><td>310만원+연간 총급여액여의 1.5퍼센트</td><td>360만원+연간 총급여액여의 2퍼센트</td><td>500만원+연간 총급여액의 5퍼센트</td></tr>
<tr><td>7,000만원 초과 1억 2,000만원 이하</td><td>310만원+연간 총급여액의 0.5퍼센트</td><td>360만원+연간 총급여액의 1퍼센트</td><td>500만원+연간 총급여액의 3퍼센트</td></tr>
</table>

2. 공제대상가족의 수를 산정할 때 본인 및 배우자도 각각 1명으로 보아 계산함.

3. 자녀세액공제 적용 방법

가. 공제대상가족 중 20세 이하 자녀가 있는 경우의 세액은 다음 "나목"의 계산식에 따른 공제대상가족의 수에 해당하는 금액으로 함.

나. 자녀세액공제 적용 시 공제대상가족의 수=실제 공제대상가족의 수+20세 이하 자녀의 수

〈적용사례〉

1) 공제대상가족의 수가 3명(20세 이하 자녀가 1명)인 경우에는 "4"의 세액을 적용함.

2) 공제대상가족의 수가 4명(20세 이하 자녀가 2명)인 경우에는 "6"의 세액을 적용함.

3) 공제대상가족의 수가 5명(20세 이하 자녀가 3명)인 경우에는 "8"의 세액을 적용함.

〈근로소득 간이세액표〉

월급여액(천원) [비과세 및 학자금 제외		공제대상가족의 수										
		1	2	3	4	5	6	7	8	9	10	11
이상	미만											
1,055	1,060	–	–	–	–	–	–	–	–	–	–	–
1,060	1,065	1,040	–	–	–	–	–	–	–	–	–	–
1,335	1,340	5,460	–	–	–	–	–	–	–	–	–	–
1,340	1,345	5,560	1,060	–	–	–	–	–	–	–	–	–
1,710	1,720	13,260	8,760	–	–	–	–	–	–	–	–	–
1,720	1,730	13,460	8,960	1,040	–	–	–	–	–	–	–	–
1,880	1,890	16,770	12,270	4,220	–	–	–	–	–	–	–	–
1,890	1,900	16,970	12,470	4,410	1,040	–	–	–	–	–	–	–
2,050	2,060	21,130	15,780	7,590	4,210	–	–	–	–	–	–	–
2,060	2,070	21,450	15,990	7,790	4,410	1,040	–	–	–	–	–	–
2,220	2,230	26,590	19,590	10,960	7,590	4,210	–	–	–	–	–	–
2,230	2,240	26,910	19,910	11,160	7,790	4,410	1,040	–	–	–	–	–
2,390	2,400	32,770	25,050	14,340	10,960	7,590	4,210	–	–	–	–	–
2,400	2,410	33,570	25,380	14,530	11,160	7,780	4,410	1,030	–	–	–	–
2,560	2,570	46,770	30,650	17,800	14,420	11,050	7,670	4,300	–	–	–	–
2,570	2,580	47,620	31,000	18,010	14,630	11,260	7,880	4,510	1,130	–	–	–
2,720	2,730	60,460	42,960	22,550	17,810	14,440	11,060	7,690	4,310	–	–	–
2,730	2,740	61,310	43,810	22,880	18,030	14,650	11,280	7,900	4,530	1,150	–	–
2,880	2,890	74,150	56,650	27,820	22,570	17,830	14,460	11,080	7,710	4,330	–	–
2,890	2,900	75,010	57,510	28,150	22,900	18,040	14,670	11,290	7,920	4,540	1,170	–
3,020	3,040	86,560	69,060	34,140	27,350	22,100	17,530	14,150	10,780	7,400	4,030	–
3,040	3,060	88,270	70,770	35,790	28,010	22,760	17,950	14,580	11,200	7,830	4,450	1,080
3,060	3,080	89,980	72,480	37,440	28,670	23,420	18,380	15,000	11,630	8,250	4,880	1,500
3,080	3,100	91,690	74,190	39,080	29,330	24,080	18,830	15,430	12,050	8,680	5,300	1,930
3,100	3,120	93,400	75,900	40,730	29,990	24,740	19,490	15,850	12,470	9,100	5,720	2,350
3,120	3,140	95,760	77,620	42,380	30,650	25,400	20,150	16,270	12,900	9,520	6,150	2,770
3,140	3,160	98,210	79,330	44,030	31,310	26,060	20,810	16,700	13,320	9,950	6,570	3,200
3,160	3,180	100,650	81,040	45,680	32,550	26,720	21,470	17,120	13,750	10,370	7,000	3,620
3,180	3,200	103,100	82,750	47,330	34,200	27,380	22,130	17,540	14,170	10,790	7,420	4,040
3,200	3,220	105,540	84,460	48,980	35,850	28,040	22,790	17,970	14,590	11,220	7,840	4,470
3,220	3,240	107,990	86,170	50,620	37,500	28,700	23,450	18,390	15,020	11,640	8,270	4,890

3,240	3,260	110,430	87,880	52,270	39,150	29,360	24,110	18,860	15,440	12,070	8,690	5,320
3,260	3,280	112,880	89,600	53,920	40,800	30,020	24,770	19,520	15,870	12,490	9,120	5,740
3,280	3,300	115,320	91,310	55,570	42,440	30,670	25,420	20,170	16,290	12,910	9,540	6,160
3,300	3,320	117,770	93,020	57,220	44,090	31,330	26,080	20,830	16,710	13,340	9,960	6,590
3,320	3,340	120,210	95,210	58,870	45,740	32,620	26,740	21,490	17,140	13,760	10,390	7,010
3,340	3,360	122,660	97,660	60,440	47,320	34,190	27,370	22,120	17,540	14,170	10,790	7,420

3. 직장 내에서 구성원들 간 서로를 부를 때 호칭은 어떻게 하는지 알아봅시다.

Tip

직장 구성원 간 호칭 방법은 회사마다 다른 편이어서, 자신이 속한 회사의 방식을 따르는 것이 좋다. 하지만 통상적으로 불리는 방식을 소개하고자 한다. 대개의 경우 회사에서는 서로를 부를 때 이름에 직급을 더하여 부른다고 한다. 가령, "홍길동 부장님"과 같은 식으로 말이다. 하지만 회사가 복잡해지면서 직급은 부장인데 상무 직급의 직책을 겸하는 경우도 생긴다. 이런 경우에는 직책으로 부여된 호칭으로 부르면 된다. 보통 '실장, 팀장, 담당, 총괄'과 같은 호칭이 직책으로 부여된 호칭이다. 가령, 홍길동 부장이 상무 직급의 직책을 겸하는 경우, "홍길동 팀장님 혹은 홍길동 담당님"으로 불릴 수 있다. 한편, 입사는 먼저 했지만 아직 직함이 없는 사람에게는 "홍길동 선배님"과 같이 선배라는 말을 붙이기도 한다. 그 밖에 직함이 없는 사람에게는 이름 뒤에 '~씨'보다는 '~님'을 붙이는 경향이 있다고 한다.

2. 구직 활동기간의 인간관계

이 절에서는 원하는 회사에 들어가기 위해 알아야 할 사항들에 대해 기술하고자 한다. 창업의 경우를 제외한 대부분의 사람은 특정 조직에 몸담게 되므로 여기에서는 그러한 조직을 '회사'라 명명하여 기술하고자 한다. 이를 위해 원하는 진로를 선택하는 것으로 시작하여 원하는 회사의 정보를 수집하고, 서류, 필기, 면접 등의 채용절차를 소개하고, 그 과정에서 대인역량이 발휘되어야 하는 부분에 대해 함께 서술하도록 하겠다.

원하는 직장에 종사하려면 가장 먼저 **진로를 선택**하는 과정이 필요하다. 이 단계에서는 진심으로 좋아하는 진로를 선택하는 것이 좋다. 싫어하는 진로이든, 좋아하는 진로이든 모두 목표를 달성하는 과정에는 괴로움이 존재하기 마련이다. 이때 자신이 원하지 않는 진로를 주위로부터 떠밀려 마지못해 선택한 사람은 스스로 원해서 선택한 사람보다 직업 만족도가 떨어지고, 원망이나 아쉬움의 감정을 더 많이 느끼는 경향이 있기 때문이다. 따라서 자신의 내면을 들여다봤을 때 마음에 와 닿는 길을 선택하는 것이 직장생활에서의 만족감을 높일 수 있다.

하지만 모든 사람이 진로에 대해 뚜렷한 선호를 지니고 있는 상태에서 직장생활을 하는 것은 아니다. 사실 우리 주위를 둘러 보면 구직 당시 직종에 대한 특별한 선호 없이 업계에 입문한 경우를 흔히 볼 수 있다. 비록 그들이 처음부터 뚜렷한 선호를 가지고 종사하지는 않았으나, 다양한 경험을 통해 자신의 강점과 선호를 발견하고, 잠재력을 계발함으로써 비로소 자신에게 적합한 진로를 만들어 가고, 해당 진로에 적합한 인재로서 거듭나는 것이다.

또한 개인에 따라서 진로보다 더 소중한 가치를 위해 자신의 진로선호를 기꺼이 희생하는 경우도 많다. 가령, 당장 가정의 생계를 책임져야 하는 입장에서 먹고 살 걱정 없이 편안한 가족의 모습을 보는 것에 더 가치를 두고 행복을 느끼는 사람이라면 비록 자신이 원하는 직업은 아닐지라도 당장의 생계를 위해 기쁘게 해당 직업에 종사하기도 한다.

우리나라에서 1950~1960년대에 태어나 경제활동을 했던 많은 인구가 여기에 해당되는데, 그 세대에게는 자기계발, 즉 '자신에게 적합한 진로' '원하는 진로'라는 개념은 생소하였다. 그들은 가족의 행복을 위해서 대학진학을 포기하고 일찌감치 취업전선에 뛰어들었던 세대였다. 이러한 가치관은 당시 시대에만 국한된 것이 아니고, 지금도 개인이 지니는 가치관에 따라 선택될 수 있는 부분이다. 따라서 자신의 가치관이 다르다 하여 고민할 필요도 없고, 현재 뚜렷하게 선호하는 직종이 없는 상태라고 해서 '반드시 자신이 확실하게 좋아하는 것을 찾아야만 한다'는 강박관념에 사로잡힐 필요도 없다. 자신의 진로보다 가족의 생계가 중요하다면 그것이 자신에게 더욱 소중한 가치이므로 의미 있게 생각하고 임하면 된다. 또한 자신이 선호하는 직종에 대해 모호한 상태라면 '여러 직종 중 어렴풋이나마 어떤 분야 쪽에 마음이 간다'를 인식하는 것부터 시작하면 된다.

한편, 선호하는 직종을 선택하였다면 **회사의 채용기준**을 철저하게 파악하여야 하며, 자신이 가장 일을 잘할 수 있는 부서가 어디이며, 그 이유는 무엇인지를 정확히 알고 있어야 한다. 종사하고자 하는 산업의 종류, 업계의 특성, 구체적인 회사 정보, 직무 정보, 회사에서 요구하는 종사자의 자질 등에 대해 조사하고, 이에 맞는 요건을 갖출 필요가 있다. 이러한 구직 과정에 대인역량이 발휘되기도 한다. 앞에서 열거한 정보들을 얻기 위해 자신이 입사하고자 하는 회사의 구성원과 접촉할 수 있는 기회를 얻는 것이 유용할 수 있기 때문이다(Diamond, 2010). 가령, 해당 회사에 인턴 사원이나 자원봉사자 등으로 들어가 보는 것이다. 일단 조직 안에 들어가면 밖에서는 접할 수 없는 정보와 기회를 얻을 수 있다는 이점이 있다. 물론 내가 구성원에게 인정받을 만큼 성실한 사람이라는 인상을 남겨야 한다.

이렇듯 철저한 정보 수집을 거치고, 회사가 요구하는 자격을 취득하였다면 이제 본격적인 채용절차에 돌입하게 된다.

먼저 **'서류전형'**이다. 대부분의 회사는 서류전형을 거친다. 입사지원서를 제출하는 전형과정이 통상적인 서류전형에 해당한다. 통상 서류전형에서 채용인원의 일정 배수(예: 3~4배수, 많게는 10배수 이상)를 뽑는다. 대체로 서류전형은 입사지원서, 자기소개서, 이력서와 경력증명서를 중심으로 검토하여 대상자를 선발하는 단계이다([그림 6-10] 참조). 이 시기에 중요하게 고려되는 것이 기업별 맞춤형 이력서와 자기소개서를 작성하는 것인데, 소위 말하는 '스펙'

채용절차의 공정화에 관한 법률 (약칭: 채용절차법)
[시행 2014. 1. 21.] [법률 제12326호, 2014. 1. 21., 제정]
고용노동부(공정채용기반과), 044-202-7436

제1조(목적) 이 법은 채용과정에서 구직자가 제출하는 채용서류의 반환 등 채용절차에서의 최소한의 공정성을 확보하기 위한 사항을 정함으로써 구직자의 부담을 줄이고 권익을 보호하는 것을 목적으로 한다.

제2조(정의) 이 법에서 사용하는 용어의 뜻은 다음과 같다.
1. "구인자"란 구직자를 채용하려는 자를 말한다.
2. "구직자"란 직업을 구하기 위하여 구인자의 채용광고에 응시하는 사람을 말한다.
3. "기초심사자료"란 구직자의 응시원서, 이력서 및 자기소개서를 말한다.
4. "입증자료"란 학위증명서, 경력증명서, 자격증명서 등 기초심사자료에 기재한 사항을 증명하는 일체의 자료를 말한다.
5. "심층심사자료"란 작품집, 연구실적물 등 구직자의 실력을 알아볼 수 있는 일체의 물건 및 자료를 말한다.
6. "채용서류"란 기초심사자료, 입증자료, 심층심사자료를 말한다.

제3조(적용범위) 이 법은 상시 30명 이상의 근로자를 사용하는 사업 또는 사업장의 채용절차에 적용한다. 다만, 국가 및 지방자치단체가 공무원을 채용하는 경우에는 적용하지 아니한다.

제4조(거짓 채용광고 등의 금지) ① 구인자는 채용을 가장하여 아이디어를 수집하거나 사업장을 홍보하기 위한 목적 등으로 거짓의 채용광고를 내서는 아니 된다.
② 구인자는 정당한 사유 없이 채용광고의 내용을 구직자에게 불리하게 변경하여서는 아니 된다.
③ 구인자는 구직자를 채용한 후에 정당한 사유 없이 채용광고에서 제시한 근로조건을 구직자에게 불리하게 변경하여서는 아니 된다.
④ 구인자는 구직자에게 채용서류 및 이와 관련한 저작권 등의 지식재산권을 자신에게 귀속하도록 강요하여서는 아니 된다.

제4조의2(채용강요 등의 금지) 누구든지 채용의 공정성을 침해하는 다음 각 호의 어느 하나에 해당하는 행위를 할 수 없다.
1. 법령을 위반하여 채용에 관한 부당한 청탁, 압력, 강요 등을 하는 행위
2. 채용과 관련하여 금전, 물품, 향응 또는 재산상의 이익을 제공하거나 수수하는 행위

[본조신설 2019. 4. 16.]
[시행일 : 2019. 7. 17.] 제4조의2

제4조의3(출신지역 등 개인정보 요구 금지) 구인자는 구직자에 대하여 그 직무의 수행에 필요하지 아니한 다음 각 호의 정보를 기초심사자료에 기재하도록 요구하거나 입증자료로 수집하여서는 아니 된다.
1. 구직자 본인의 용모 · 키 · 체중 등의 신체적 조건
2. 구직자 본인의 출신지역 · 혼인여부 · 재산
3. 구직자 본인의 직계 존비속 및 형제자매의 학력 · 직업 · 재산

[본조신설 2019. 4. 16.]
[시행일 : 2019. 7. 17.] 제4조의3

제5조(기초심사자료 표준양식의 사용 권장) 고용노동부장관은 기초심사자료의 표준양식을 정하여 구인자에게 그 사용을 권장할 수 있다.

제6조(채용서류의 거짓 작성 금지) 구직자는 구인자에게 제출하는 채용서류를 거짓으로 작성하여서는 아니 된다.

제7조(전자우편 등을 통한 채용서류의 접수) ① 구인자는 구직자의 채용서류를 사업장 또는 구인자로부터 위탁받아 채용업무에 종사하는 자의 홈페이지 또는 전자우편으로 받도록 노력하여야 한다.
② 구인자는 채용서류를 전자우편 등으로 받은 경우에는 지체 없이 구직자에게 접수된 사실을 제1항에 따른 홈페이지 게시, 휴대전화에 의한 문자전송, 전자우편, 팩스, 전화 등으로 알려야 한다.

표준이력서(안) 및 자기소개서

〈필수항목〉

지원자 성명	한글		
	영문		
주소 (우편번호) (현거주지)			
연락처	전자우편	전화	휴대전화
	전자우편		

주요 경력사항	회사명	담당 업무(직무내용)	근무기간(연, 월)
			년 월 ~ 년 월
			년 월 ~ 년 월

자격증 및 특기사항	관련 자격증		(년 월 취득)
			(년 월 취득)
자기소개 등 활동사항			

취업지원 대상자 여부	보훈번호		
장애인 여부	장애종별	등급	장애인 등록번호
저소득층 여부	구분	「국민기초생활보장법」상 수급자	「한부모가족지원법」상 보호대상자
	해당여부		

[그림 6-10] '표준이력서 및 자기소개서' 양식

「채용절차의 공정화에 관한 법률」 제5조에 따라 구인자가 채용에 있어 기초심사자료로 활용할 수 있도록 고용노동부에서 제작하여 사용을 권장하고 있는 '표준이력서 및 자기소개서' 양식이다.

출처: 고용노동부.

과 관련이 깊다. 이력서와 자기소개서에 들어가는 내용(주로 '경력'이나 직업과 관련하여 잠재력 발휘를 입증할 수 있을 만한 경험과 증빙자료)이 스펙에 해당되기 때문이다.

어떤 스펙이 서류전형의 당락에 결정적으로 기여하는지에 대해서는 분명하게 드러난 것은 없으나, 가령 대기업을 예로 들어 입사자의 평균스펙(잡코리아)을 참고하면 〈표 6-4〉과 같다.

잡코리아의 2018년 자료에 따르면, 대기업에서 가장 선호하는 연령은 남자는 27세, 여자는 25세이며, 평균 학점은 4.5 만점에 3.5 이상, 평균 토익점수는 850점 정도인 것으로 나타났다.

한편, 경력증명서는 재직 중 또는 퇴직 후 재직한 회사에서 신청인의 경력을 증명하여 발급하는 문서이다. 이때 경력이란 신청인의 재직기간과 담당했던 업무에 대한 부분을 지칭한다. 때문에 기업마다 다소 발급 양식은 다르지만, 경력증명서에는 공통적으로 신청자의 인적사항(성명, 생년월일, 주소, 연락처), 경력사항(근무기간, 근무부서, 직급, 담당 업무), 발급 용도, 직인 등이 포함된다(예스폼 서식사전, 2013).

〈표 6-4〉 대기업 입사자의 평균 스펙

기업명	학점(점)	토익(점)	자격증(개)	인턴(회)	어학연수(회)
삼성전자	3.7	841	2	1	1
LG전자	3.63	821	2	1	1
현대자동차	3.8	823	2	1	1
기아자동차	3.76	828	1	1	1
S-Oil	3.76	914	2	1	1
GS칼텍스	3.82	832	2	1	1
SKT네트웍스	3.67	879	2	1	1
우리은행	3.73	850	2	1	1
포스코	3.83	877	1	2	1

출처: 잡코리아.

이러한 경력증명서 발급에 대한 법적 근거는「근로기준법」에 있다. 동법 제39조(사용증명서)에 의하면 사용자는 근로자가 퇴직한 후라도 사용 기간, 업무 종류, 지위와 임금, 그 밖에 필요한 사항에 관한 증명서를 청구하면 사실대로 적은 증명서를 즉시 내주어야 하며, 이때 해당 증명서에는 근로자가 요구한 사항만을 적어야 한다고 명시되어 있다. 단, 모든 근로자가 사용증명서 발급에 대한 청구 자격을 지니는 것은 아니다. 동법 시행령 제19조(사용증명서의 청구)에 의하면「근로기준법」제39조 제1항에 따라 사용증명서를 청구할 수 있는 자는 계속하여 30일 이상 근무한 근로자로 하되, 청구할 수 있는 기한은 퇴직 후 3년 이내로 한다고 명시되어 있다.

경력증명서는 퇴사 후 다른 회사에 경력직으로 입사할 때 이전 회사의 근무 경력을 증명하기 위해서 사용하거나 근로자의 경력을 확인하기 위한 용도로 사용되므로 회사 재직 경험이 거의 전무한 신입사원을 제외한 대개의 경력직 근로자들에게 경력증명서 제출은 필수적이다. 하지만 회사가 폐업 등의 이유로 경력증명서를 발급해 줄 수 없는 경우도 있다. 이런 경우 전 직장 재직 당시의 근로소득원천징수영수증(근로소득지급명세서; [그림 6-11] 참조), 4대 보험 가입 내역(고용보험 · 건강보험 · 산재보험 · 국민연금; [그림 6-12] 참조) 등으로도 경력 증명을 할 수 있으며, 주로 국민연금 가입 증명서([그림 6-13] 참조)로 대체해서 제출하기도 한다. 경력증명서와 대체 서류들 모두 근로자의 재직 사실을 확인해 줄 수 있다는 공통점은 있으나 가급적 경력증명서로 제출하는 것이 좋다. 부득이 대체 서류로 제출해야 할 경우에는 반드시 이직할 회사의 인사담당자에게 사전에 이러한 사정에 대해 의논이 필요하다. 왜냐하면 경력증명서와는 달리 대체 서류들은 근로자가 담당했던 업무에 대한 내용을 기술하는 서류가 아니기 때문이다.

앞서 서류전형에 필요한 요건은 대체로 학점, 영어 점수, 자격증, 인턴 경험 등임을 확인하였다. 다음으로 서류전형 합격자는 **필기시험**을 치른다. 필기시험에는 직무적성검사나 인적성검사가 실시되는 경향이 있으며, 생략하는

■ 소득세법 시행규칙 [별지 제24호서식(1)] <개정 2014. 3. 14>

(8쪽 중 제1쪽)

관리번호	[ ]근로소득 원천징수영수증 [ ]근로소득 지 급 명 세 서 ([ ]소득자 보관용 [ ]발행자 보관용 [ ]발행자 보고용)	거주구분	거주자1/비거주자2
		거주지국	거주지국코드
		내 · 외국인	내국인1 /외국인9
		외국인단일세율적용	여 1 / 부 2
		국적	국적코드
		세대주 여부	세대주1, 세대원2
		연말정산 구분	계속근로1, 중도퇴사2

징수의무자	① 법인명(상 호)	② 대 표 자(성 명)
	③ 사업자등록번호	④ 주 민 등 록 번 호
	⑤ 소 재 지(주소)	
소득자	⑥ 성 명	⑦ 주 민 등 록 번 호
	⑧ 주 소	

	구 분		주(현)	종(전)	종(전)	⑯-1 납세조합	합 계
I 근무처별소득명세	⑨ 근 무 처 명						
	⑩ 사업자등록번호						
	⑪ 근무기간		~	~	~	~	~
	⑫ 감면기간		~	~	~	~	~
	⑬ 급 여						
	⑭ 상 여						
	⑮ 인 정 상 여						
	⑮-1 주식매수선택권 행사이익						
	⑮-2 우리사주조합인출금						
	⑮-3 임원 퇴직소득금액 한도초과액						
	⑮-4						
	⑯ 계						
II 비과세 및 감면소득명세	⑱ 국외근로	MOX					
	⑱-1 야간근로수당	O0X					
	⑱-2 출산 · 보육수당	Q0X					
	⑱-4 연구보조비	H0X					
	⑱-5						
	⑱-6						
	~						
	⑱-25						
	⑲ 수련보조수당	Y22					
	⑳ 비과세소득 계						
	⑳-1 감면소득 계						

	구 분				⑧⓪ 소 득 세	⑧① 지방소득세	⑧② 농어촌특별세
III 세액명세	⑦④ 결 정 세 액						
	기납부 세 액	⑦⑤ 종(전)근무지 (결정세액란의 세액 기재)	사업자 등록 번호				
		⑦⑥ 주(현)근무지					
	⑦⑦ 납부특례세액						
	⑦⑧ 차 감 징 수 세 액(⑦④-⑦⑤-⑦⑥-⑦⑦)						

위의 원천징수액(근로소득)을 정히 영수(지급)합니다.

년 월 일

징수(보고)의무자 (서명 또는 인)

세 무 서 장 귀하

210㎜×297㎜[백상지 80g/㎡(재활용품)]

[그림 6-11] 근로소득원천징수영수증(근로소득지급명세서) 예시

출처: 국세청 홈택스.

출력일시 : 2019.01.05 18:06

4대 사회보험
가입자 가입내역 확인서

발급번호	20190105911810	발급일시	2019-01-05 18:05
주민(외국인)등록번호	******	성명	

■ 가입 내역(발급일자 현재기준) 1 / 1

구분 \ 내역	성명	가입자종별	사업장 관리번호	사업장명칭	자격취득일 (신고접수일)
국민연금	미가입	미가입	미가입	미가입	미가입 (-)
건강보험		직장가입자	513 552		2018.09.01 (2018.09.05)
산재보험	미가입	미가입	미가입	미가입	미가입 (-)
고용보험	미가입	미가입	미가입	미가입	미가입 (-)

▷ 위 가입자 가입내역 확인서는 [확인용]으로 신청 · 발급된 것임을 알려드립니다.
- [확인용]은 4대 사회보험의 업무목적을 위해서만 제공하는 것이므로 재직증명용, 경력증명용, 대출용 등 다른 용도로 사용시에는 발급 기관에 법적 책임이 없다는 점을 알려드립니다.
- 타 기관 제출을 위한 용도로 발급을 원하시는 경우에는 각 공단 지사 창구로 신청하시기 바랍니다.

▷ 위 가입자 가입내역 확인서는 국민연금공단, 국민건강보험공단, 근로복지공단의 가입자 정보를 실시간 연계받아 제공하는 것입니다.
- 가입자 가입내역 확인서의 내용이 사실과 다를 경우에는 해당 공단으로 직접 문의하시기 바랍니다.
- 과거 가입내역은 해당 보험별 각 공단에 문의하여 발급받으시기 바랍니다.
(문의전화 : 국민연금 1355, 건강보험 1577-1000, 산재 · 고용보험 1588-0075)

▷ [산재보험]의 경우, 건설업 및 벌목업 등 '자진신고 사업장' 은 근로자 고용정보 신고 대상이 아니므로 '자격취득일' 은 표기되지 않습니다.

▷ 가입자 가입내역 확인서는 [사업장 관리번호]를 기준으로 작성되었습니다.

위와 같이 국민연금 가입내역을 확인합니다.	위와 같이 건강보험 가입내역을 확인합니다.	위와 같이 산재보험 가입내역을 확인합니다.	위와 같이 고용보험 가입내역을 확인합니다.
국민연금공단 이사장	국민건강보험공단 이사장	근로복지공단 이사장	근로복지공단 이사장 (직인생략)

▷ 위 가입자가입내역확인서는 4대사회보험정보연계시스템이 국민연금공단, 국민건강보험공단, 근로복지공단의 가입자 정보를 실시간 연계받아 제공하는 것이며, 발급사실 여부는 발급일로부터 90일까지 4대사회보험 포털사이트(www.4insure.or.kr)의 [발급사실확인] 메뉴에서 확인 가능합니다.

[그림 6-12] 4대 보험 가입 내역 확인서 예시

출처: 4대 사회보험 정보연계센터

NPS 함께 나누고 함께 누려요

국민연금 가입자 가입증명

발급번호	20190105-H518-596232	발급일자	2019-01-05	검증번호	322J
성명	OOO	생년월일	OOOOO	출력구분	전체이력

■ 가 입 이 력

자격유지기간	가입자종별	사업장명칭(지역)
2017.08.28 ~ 2017.12.25	사업장	OOOOO
2014.09.01 ~ 2014.11.30	사업장	OOOOO
2008.09.14 ~ 2014.08.31	납부예외	지 역

■ 가입자 자격 상세내역

사업장명칭(지역)	가입자종별	변동사유	변동일	처리일
OOOOO	사업장	상실	2018-07-01	2018-07-13
OOOOO	사업장	상실	2018-06-15	2018-06-22
지 역	납부예외	취득시 납부예외	2008-09-14	2009-09-30

■ 사업장 명칭 변경 내역

변동일	변동항목	변경전 명칭	변경후 명칭	처리일
2003-03-01	사업장명칭	OOOOO	OOOOO	2003-03-04
2009-03-02	사업장명칭	OOOOO	OOOOO	2009-08-18
2012-06-15	사업장명칭	OOOOO	OOOOO	2012-06-18

※ 이 증명서는 소득확인 자료로 사용할 수 없으며, 해당 사업장의 사용자 또는 가입자 본인의 신고사항을 기초로 한 자료이기 때문에 향후 변동될 수 있습니다.

위와 같이 국민연금 사업장 가입자 가입내역을 증명합니다.

국민연금공단 이사장

[그림 6-13] 국민연금 가입 증명서 예시

출처: 국민연금공단

회사도 있다. 필기시험에 합격한 지원자에 한해 **면접**을 실시하게 되는데, 보통 서류전형합격자들을 대상으로 서류전형결과 발표일을 기준으로 1주일 이내에 실시된다.

면접은 1차로 끝날 수도 있고 2차, 3차로 이어지는 경우도 있으며, 기업마다 면접유형도 다양하다. 지원자의 위기관리능력을 평가하기 위해 가령, '서울시에 가로수는 총 몇 그루인가?'와 같은 예상치 못한 질문을 하거나, 지원자가 콤플렉스를 느낄 것 같은 부분에 대해 집요하게 물고 늘어지거나, 면접관이 지원자에게 부정적인 표정이나 반응을 함으로써 지원자를 불안하게 하

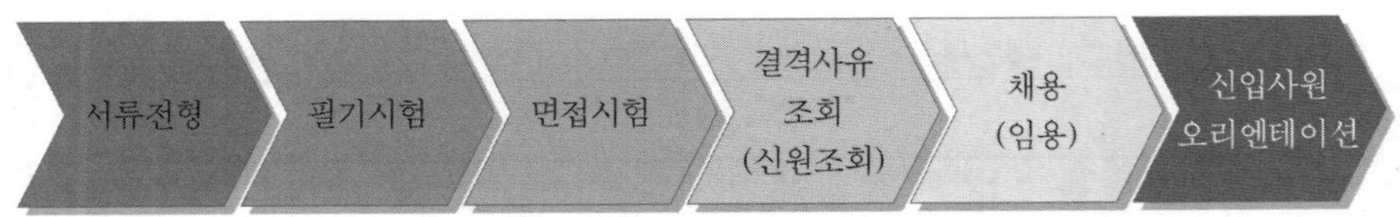

[그림 6-14] 회사의 채용절차

기도 한다. 블라인드 면접일 경우에는 지원자의 스펙에 대한 정보를 최소화시키기도 한다. 이렇듯 면접 과정을 거치면서 지원자를 계속 걸러내게 되는데, 일반적으로 개별 전형들은 독립적인 토너먼트 방식으로 이루어진다. 즉, 서류전형에서 낮은 점수로 통과했더라도 면접 등 다음 전형에 불리하게 작용하지는 않다. 하지만 동점자가 많아서 변별이 필요할 경우, 각 전형별 총점으로 최종 합격자를 가리기도 한다.

대체로 면접관들은 지원자들이 작성·제출한 이력서와 자기소개서를 보고 면접을 진행하므로 면접시험에 합격하기 위해서는 서류전형단계에서 작성하였던 이력서, 자기소개서와 관련하여 예상되는 면접질문과 답변을 작성하고, 면접을 대비한 실전연습을 해 둘 필요가 있다. 한마디로 회사가 요구하는 자질을 갖춘 사람이라는 것을 보여 줄 필요가 있다. 여기에는 회사에 대해 얼마나 잘 알고 있는지를 알리는 것, 회사에서 함께 일하기에 이상적인 인성을 갖춘 사람이라는 점을 보여 주는 것도 포함된다. 면접 연습을 할 때에는 동영상으로 촬영하여 친구와 서로 면접관-지원자의 역할을 바꾸어 가며 연습하고, 동영상에서 발견된 잘못된 부분을 분석하고 교정하면 좋다. 사실 간절히 들어가고자 원하는 회사라면 해당 회사가 채용절차를 본격적으로 밟기 전인 평소에 면접관에게 나를 소개해 줄 수 있는 지인을 찾아보는 방법도 좋다. 그 지인을 통해 회사의 면접관을 만나 내가 회사에 기여할 수 있는 부분에 대해 어필하는 것이다.

수십 곳에 원서를 내고, 면접을 보았지만 번번이 입사에 실패했던 취업준비생들이 떨어졌던 이유를 분석해 보면 몇 가지 공통점이 있다. 첫째, 대부분의 사람이 특정 회사만의 특징이나 바라는 바에 맞춰서 이력서를 쓴 것이 아니라 하나의 이력서를 써서 복사와 붙여넣기를 통해 동일한 이력서를 여러 군데 제출했다는 점이다. 둘째, 내가 지원하는 회사의 요구, 부서의 요구, 선발을 결정하는 사람, 면접관이 누구인지에 관한 정보를 세밀하게 파악하고 임하지 않았다는 점이다.

대부분 나이가 이제 더 이상 취업을 미룰 수 없으니 회사에 지원서를 내보겠다는 마음상태로 시작하는 경우가 많은데, 이러한 단계는 미적지근한 상태, 즉 동기가 상당히 낮은 상태에 해당한다. 정말 이 회사에 가고 싶고, 이러이러한 점에서 이 회사가 마음에 들고, 이러이러한 점에서 내가 이 회사에 적임자라는 말을 할 정도가 될 때쯤이 뜨거운 상태, 즉 열정적인 동기의 상태에 해당한다. 내가 이러한 상태라면 곧 취업할 날이 머지않았다.

면접시험 합격자에 한해 범죄경력 등 **채용결격사유**가 있는지를 확인한 후, 결격사항이 없으면 최종적으로 채용이 결정된다. 이 단계에서 평판조회, 신원조회나 건강검진이 실시되기도 한다. 먼저 평판조회란 지원자가 함께 근무하기에 무리가 없는 사람인지를 이전 직장의 상사나 동료, 인사담당자들을 통해 확인하는 것으로, 헤드헌팅 업체 등 전문컨설팅 기관에 의뢰하기도 하며, 최근에는 지원자 개인의 소셜네트워크 서비스 계정에 방문하여 확인하기도 한다. 또한 법적으로 크게 결격사항이 있는 사람을 가려내기 위해 출국금지처분이 내려져서 출국금지통지서를 받을 정도로 고액의 벌금미납자, 범죄 · 성범죄 · 지명수배자 여부에 대한 신원조회가 실시된다. 이 단계에서는 이전 직장의 연봉 수준과 근무기간을 확인하여 연봉 협상 및 연말정산을 하려는 용도로 근로소득원천징수영수증(근로소득지급명세서)을 제출하게 하기도 한다. 이러한 과정을 거쳐 최종적으로 **채용이 확정**되고 나면 **신입사원 오리엔테이션**을 실시한다. 오리엔테이션은 보통 1~2월이나 7~8월에 실시되며, 회사의 분위기나 조직, 규칙, 직무에 대해 안내받고, 회사의 문화, 조직, 업무 등을 대략적으로 숙지하게 된다. 그 후 사원들은 본격적으로 업무에 투입된다.

지금까지 원하는 직장에 들어가기 위해 거쳐야 할 과정과 갖춰야 할 자질 등에 대해 알아보았다. 하지만 실제 구직 과정은 앞서 열거한 사항들을 토대로 하되 보다 다양한 상호작용이 얽히는 복잡한 과정이다. 따라서 한마디로 단정 지을 수는 없다. 하지만 구직단계에서 회사들이 원하는 인재상이나 구직자들의 심리나 그들이 경험하는 대인 간 상호작용에는 상당히 유사한 점이 있어 이를 소개하였다. 이러한 몇 가지 전형적인 사례를 숙지하여 구직단계를 성공적으로 마치고, 원하는 직업에 종사할 수 있는 실마리를 얻기 바란다.

참고로 대부분의 회사가 원하는 **인재상**을 소개하고자 한다. 미국의 National Association of Colleges and Employers(2005)에 따르면, 회사는 주도성, 적응력, 회복탄력성, 친화력, 공손함, 정직성, 신뢰성, 열정을 지닌 인재를 선호한다고 한다([그림 6-15] 참조). 또한 말하기, 쓰기 등의 의사소통 기술, 세부사항을 잘 살피는 능력, 분석력, 컴퓨터 활용능력, 투철한 직업윤리 의식을 가지고 있으며, 동기가 높고, 주도적이며, 정직성, 진실성, 유연성, 적응력을 갖춘 인재, 주변 사람들과 더불어 일할 줄 아는 팀워크 능력, 회사의 구성원과 관계를 잘 맺고 유지할 수 있는 대인관계능력을 갖춘 인재를 선호하는 것으로 알려져 있다.

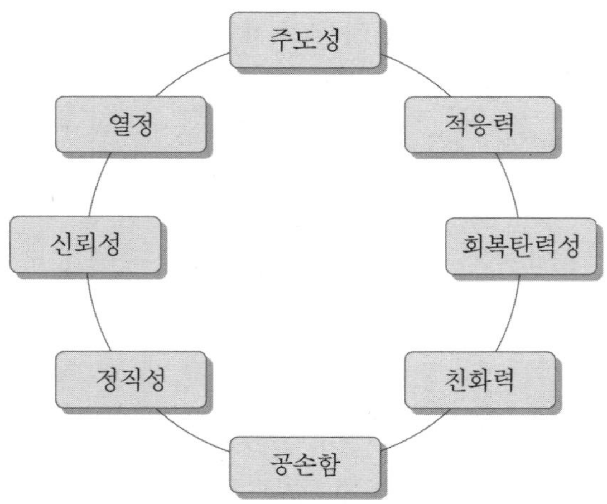

[그림 6-15] 회사들이 원하는 인재상

출처: Andrews, K., & Wooten, B. (2005).

다음으로 면접에서 받는 전형적인 질문이 있다. "다른 곳에서 일자리 제의를 받았습니까?" 일자리를 제의받은 적이 없는 상황이라면 당신은 어떻게 대답하겠는가? 협상전문가 다이아몬드(Diamond, 2010)에 따르면, "없습니다."라고 말하기보다는 "적극적으로 찾으면 기회는 많을 것 같습니다."와 같이 대답할 것을 추천했다. 없다고 대답하면 실력이 없어 보여 일자리 제의를 받지 못할 수도 있기 때문에 '없다'라고 말하는 것은 바람직하지 않다고 한다. 그렇다고 '있었다'라고 대답한다면 면접관을 속이는 것이 된다. 이는 신뢰와 윤리성을 떨어뜨리는 대답인 것이다.

대신 정직한 대답을 하되, 긍정적인 측면을 부각하기 위해 '나는 노력하면 가능할 잠재력이 있는 사람이다' '나는 노력을 하는 사람이다'의 식으로 대답하면 좋다. 만일 'OO기업에서 인턴으로 일하고 나서 정규직 전환 제의를 받았는지?' 여부를 질문 받았을 경우 일자리 제의를 받지 못했으나 내가 부족한 사람이 아니라는 근거를 들어 대답을 할 필요가 있다. 이제 막 회사에 지원하기 시작하기도 했고, 가장 가고 싶은 회사가 바로 귀사여서 지원한 것이라는 점을 어필하는 것도 좋다. 혹시 내가 부족한 사람이었다면 당시에는 어떠한 점이 부족했으나 그 이후 보완하여 현재에는 개선이 되었다는 점을 근거를 들어 대답하면 된다.

3. 취직 후 직장에서 경험하는 인간관계

직장 내 인간관계에는 신입사원으로 경험하는 초기의 적응 관련 이슈들이 있고, 신입사원뿐 아니라 경력이 쌓인 사원들도 경험하는 여러 가지 직무 스트레스, 인간관계와 관련된 이슈들, 해고통보를 받았을 때 경험하게 되는 인간관계와 관련된 이슈들이 있다.

1) 입사 초기: 신입사원의 직장 내 인간관계

입사 초기에는 여러 가지 적응해야 할 과제들이 산적해 있다. 가장 먼저 근로계약서([그림 6-17] 참조)를 작성하게 되며, 임금, 세금 등 생계를 꾸려 나가기 위해 개인적으로 알아 두어야 할 정보들에 익숙해져야 하며, 직장 내 업무와 관련된 용어들, 업무절차들, 회사 내규도 익혀야 한다. 그 밖에 입사 초기에는 대체로 근무시간 준수, 옷차림이나 말투에서의 성숙한 대처에 유의할 필요가 있다. 인간관계와 관련해서는 대학의 자유로운 분위기와 달리 위계적인 인간관계에 적응해야 하며, 명시적으로 존재하지는 않아도 암묵적으로 존재하는 조직 특유의 문화에도 적응해야 한다. 가령, 근무시간을 유연하게 하고, 능률 제고를 위해 탄력근무제를 선호하는 문화인지, 최고의 성과에 가치를 두며 그에 상응하는 인센티브를 제공하여 최대의 역량을 발휘하도록 독려하는 기업문화인지, 동료들과의 조화에 강조점을 두는 문화인지 등 회사가 중시하는 문화를 파악할 필요가 있다.

[그림 6-16] 직장에서의 인간관계

표준근로계약서

________ (이하 "사업주"라 함)과(와) ________ (이하 "근로자"라 함)은 다음과 같이 근로계약을 체결한다.

1. 근로계약기간:　　년　월　일부터　　년　월　일까지

※ 근로계약기간을 정하지 않는 경우에는 "근로개시일"만 기재

2. 근 무 장 소:
3. 업무의 내용:
4. 소정근로시간: __시 __분부터 __시 __분까지(휴게시간 : 시 분~ 시 분)
5. 근무일/휴일: 매주 __일(또는 매일단위)근무, 주휴일 매주 __요일
6. 임 금
   - 월(일, 시간)급 : __________원
   - 상여금: 있음 (　) ____________원, 없음 (　)
   - 기타급여(제수당 등): 있음 (　), 없음 (　)
     - ____________원, ____________원
     - ____________원, ____________원
   - 임금지급일: 매월(매주 또는 매일) ___일(휴일의 경우는 전일 지급)
   - 지급방법: 근로자에게 직접지급(　), 근로자 명의 예금통장에 입금(　)
7. 연차유급휴가
   - 연차유급휴가는 근로기준법에서 정하는 바에 따라 부여함
8. 근로계약서 교부
   - 사업주는 근로계약을 체결함과 동시에 본 계약서를 사본하여 근로자의 교부요구와 관계없이 근로자에게 교부함(근로기준법 제17조 이행)
9. 기 타
   - 이 계약에 정함이 없는 사항은 근로기준법령에 의함

년　　월　　일

(사업주) 사업체명 :　　　　　　(전화 :　　　　　)
　　　주　　소 :
　　　대 표 자 :　　　　　　(서명)

(근로자) 주　　소 :
　　　연 락 처 :
　　　성　　명 :　　　　　　(서명)

[그림 6-17] 표준근로계약서

출처: 국가법령정보센터.

직장인 상식

근로계약과 근로조건의 명시

■ **근로계약**: 근로자가 사용자에게 근로를 제공하고, 사용자는 이에 대하여 임금을 지급하는 것을 목적으로 체결된 계약

「근로기준법」 제2조(정의) ① 이 법에서 사용하는 용어의 뜻은 다음과 같다. 〈개정 2018. 3. 20.〉

4. "근로계약"이란 근로자가 사용자에게 근로를 제공하고 사용자는 이에 대하여 임금을 지급하는 것을 목적으로 체결된 계약을 말한다.

「근로기준법」 제15조(이 법을 위반한 근로계약) ① 이 법에서 정하는 기준에 미치지 못하는 근로조건을 정한 근로계약은 그 부분에 한하여 무효로 한다. ② 제1항에 따라 무효로 된 부분은 이 법에서 정한 기준에 따른다.

제16조(계약기간) 근로계약은 기간을 정하지 아니한 것과 일정한 사업의 완료에 필요한 기간을 정한 것 외에는 그 기간은 1년을 초과하지 못한다. [법률 제8372호(2007. 4. 11.) 부칙 제3조의 규정에 의하여 이 조는 2007년 6월 30일까지 유효함]

■ 근로조건의 명시

1. 명시하여야 할 근로조건

「근로기준법」 제17조(근로조건의 명시) ① 사용자는 근로계약을 체결할 때에 근로자에게 다음 각 호의 사항을 명시하여야 한다. 근로계약 체결 후 다음 각 호의 사항을 변경하는 경우에도 또한 같다. 〈개정 2010. 5. 25.〉

1. 임금
2. 소정근로시간
3. 제55조에 따른 휴일
4. 제60조에 따른 연차 유급휴가
5. 그 밖에 대통령령으로 정하는 근로조건

「근로기준법 시행령」 제8조(명시하여야 할 근로조건) 법 제17조제1항제5호에서 "대통령령으로 정하는 근로조건"이란 다음 각 호의 사항을 말한다. 〈개정 2018. 6. 29.〉

1. 취업의 장소와 종사하여야 할 업무에 관한 사항
2. 법 제93조제1호부터 제12호까지의 규정에서 정한 사항
3. 사업장의 부속 기숙사에 근로자를 기숙하게 하는 경우에는 기숙사 규칙에서 정한 사항

2. 취업규칙의 필요적 기재사항

「근로기준법」 제93조(취업규칙의 작성 · 신고) 상시 10명 이상의 근로자를 사용하는 사용자는 다음 각 호의 사항에 관한 취업규칙을 작성하여 고용노동부장관에게 신고하여야 한다. 이를 변경하는 경우에도 또한 같다. 〈개정 2008. 3. 28., 2010. 6. 4., 2012. 2. 1., 2019. 1. 15.〉

1. 업무의 시작과 종료 시각, 휴게시간, 휴일, 휴가 및 교대 근로에 관한 사항
2. 임금의 결정 · 계산 · 지급 방법, 임금의 산정기간 · 지급시기 및 승급(昇給)에 관한 사항
3. 가족수당의 계산 · 지급 방법에 관한 사항
4. 퇴직에 관한 사항
5. 「근로자퇴직급여 보장법」 제4조에 따라 설정된 퇴직급여, 상여 및 최저임금에 관한 사항

6. 근로자의 식비, 작업 용품 등의 부담에 관한 사항
7. 근로자를 위한 교육시설에 관한 사항
8. 출산전후휴가 · 육아휴직 등 근로자의 모성 보호 및 일 · 가정 양립 지원에 관한 사항
9. 안전과 보건에 관한 사항
9의2. 근로자의 성별 · 연령 또는 신체적 조건 등의 특성에 따른 사업장 환경의 개선에 관한 사항
10. 업무상과 업무 외의 재해부조(災害扶助)에 관한 사항
11. 표창과 제재에 관한 사항
12. 그 밖에 해당 사업 또는 사업장의 근로자 전체에 적용될 사항

3. 근로조건 명시의 시기

① 근로조건을 체결하는 시점: 「근로기준법」 제17조 1항
② 근로관계 도중에 명시의무가 있는 근로조건을 변경하는 경우 그 변경 시점: 「근로기준법」 제17조 제2항

4. 근로조건 명시의 방법

「근로기준법」 제17조(근로조건의 명시)

② 사용자는 제1항제1호와 관련한 임금의 구성항목 · 계산방법 · 지급방법 및 제2호부터 제4호까지의 사항이 명시된 서면을 근로자에게 교부하여야 한다. 다만, 본문에 따른 사항이 단체협약 또는 취업규칙의 변경 등 대통령령으로 정하는 사유로 인하여 변경되는 경우에는 근로자의 요구가 있으면 그 근로자에게 교부하여야 한다. 〈신설 2010. 5. 25.〉

직장인 상식

임금

- **임금**: 사용자가 근로의 대가로 근로자에게 임금, 봉급, 그 밖에 어떠한 명칭으로든지 지급하는 일체의 금품
- **평균임금**: 이를 산정하여야 할 사유가 발생한 날 이전 3개월 동안에 그 근로자에게 지급된 임금의 총액을 그 기간의 총일수로 나눈 금액으로, 퇴직금, 휴업수당, 연차유급휴가수당, 재해보상금, 감급제재의 제한액, 산재보험금에 따른 각종 보험급여를 산정하는 기준이다.
- **통상임금**: 근로자에게 정기적이고 일률적으로 소정(所定)근로 또는 총 근로에 대하여 지급하기로 정한 시간급 금액, 일급 금액, 주급 금액, 월급 금액 또는 도급 금액으로, 연장 · 야간 · 휴일 근로에 대한 가산임금, 해고예고수당, 연차휴가수당, 출산전후휴가급여 등을 산정하는 기준이다. 통상임금은 실제 근로시간이나 근무실적 등에 따라 증감되고, 변동될 수 있는 평균임금의 최저한을 보장하는 기능을 한다.

「근로기준법」 제2조(정의) ① 이 법에서 사용하는 용어의 뜻은 다음과 같다. 〈개정 2018. 3. 20., 2019. 1. 15.〉

5. "임금"이란 사용자가 근로의 대가로 근로자에게 임금, 봉급, 그 밖에 어떠한 명칭으로든지 지급하는 일체의 금품을 말한다.
6. "평균임금"이란 이를 산정하여야 할 사유가 발생한 날 이전 3개월 동안에 그 근로자에게 지급된 임금의 총액을 그 기간의 총일수로 나눈 금액을 말한다. 근로자가 취업한 후 3개월 미만인 경우도 이에 준한다.

「근로기준법 시행령」 제6조(통상임금) ① 법과 이 영에서 "통상임금"이란 근로자에게 정기적이고 일률적으로 소정(所定)근로 또는 총 근로에 대하여 지급하기로 정한 시간급 금액, 일급 금액, 주급 금액, 월급 금액 또는 도급 금액을 말한다.

「근로기준법」 제43조(임금 지급) ① 임금은 통화(通貨)로 직접 근로자에게 그 전액을 지급하여야 한다. 다만, 법령 또는 단체협약에 특별한 규정이 있는 경우에는 임금의 일부를 공제하거나 통화 이외의 것으로 지급할 수 있다.
② 임금은 매월 1회 이상 일정한 날짜를 정하여 지급하여야 한다. 다만, 임시로 지급하는 임금, 수당, 그 밖에 이에 준하는 것 또는 대통령령으로 정하는 임금에 대하여는 그러하지 아니하다.

입사 초기 신입사원은 상술한 바와 같이 적응의 이슈가 가장 큰 비중을 차지하는데, 회사 내규 · 업무 관련 용어 및 절차 등 정보에 관한 부분뿐 아니라 '소통' 역량을 기르는 것이 여기에 포함될 수 있다. 여기서 **'소통' 역량**이란 결국 다른 사람과 업무토의를 하고 맞춰 나가는 과정을 배우는 것으로써 일을 어떤 순서로 해야 하는지, 즉 누구를 만나서 어떤 것들을 협의하고, 결과를 이끌어 내야 하는지를 배우는 것이다. 맞춰 나가고, 조직의 팀원 전체와의 협력, 경쟁 상대이자 협력 상대여야 하는 동료와의 소통, 지시에 따르는 한편 조직에 필요한 의견은 개진해야 하는 상사와의 관계 이슈를 풀어 나가는 것이 이 시기의 주요 적응과업이다([그림 6-18] 참조).

특히 이 시기의 신입사원은 회사라는 조직의 위계질서로 인한 문화에 적응하는 데 어려움을 겪을 수 있다. 신입사원은 '상사와의 갈등'으로 인해 많은 스트레스를 경험할 수 있는데, 특히 신입사원은 회사라는 조직에 대한 이해가 부족하므로 회사나 상사에 대해 잘못된 기대를 지니고 있는 경우가 많다. 이런 신입사원은 상사와 업무를 하는 과정을 더 힘들게 지각할 수 있다.

[그림 6-18] 신입사원의 인간관계 고민의 유형

출처: tvn 드라마 〈미생〉, mbc 〈무한도전〉.

이러한 상사와 신입사원의 갈등은 각 입장에 처했을 때 하게 되는 전형적인 생각(오해 혹은 착각)에서 비롯되는 경우가 많다. 먼저, 상사의 입장에서 이들은 자신이 신입사원 시절에 경험했던 시행착오가 무척 소중한 경험이라고 보고, 이를 신입사원들이 반드시 겪어야 할 경험이라고 여기는 경향이 있다. '나는 신입 때 이렇게나 힘들게 고생해서 배웠는데, 너는 날로 먹으려고 하냐? 너도 고생 좀 해 봐야지' '너도 당연히 힘들게 부딪히면서 배워야 된다고 나는 생각한다'라는 마음이 들어 있는 것이다. 하지만 이는 자기중심적인 생각이며, 업무의 효율성과 조직의 발전을 저해하는 생각이다. 요즘말로 '꼰대'나 '진상'이라는 비난을 받을 수 있다. 업무의 효율성과 조직의 발전을 위해서 상사는 신입사원이 잘 일할 수 있는 환경을 조성해 주는 것이 필요하다. 이를 위해서 후배의 업무상 어려움을 잘 듣고 이해해 주며, 좀더 발전적이고 효율적인 협업방법에 대해 함께 고민하고 들어 줄 필요가 있다. 또한 시행착오를 줄이는 본인만의 노하우가 있다면 이를 알려 주되, 최대한 구체적으로 방법을 알려 줄 필요가 있다.

한편, 신입사원의 입장에서는 '실무책임자가 일을 완결성 있게 진행하지 못하네.' '관리자가 회사 차원에서 그 일을 추진할 수 있도록 의사결정을 적시에 해야 하는데, 그것도 못하나?' 라고 상사를 답답해하거나 한심하게 바라볼 수 있다. 하지만 이러한 생각은 신입사원이 조직의 '일'이 돌아가는 기제에 대한 이해 부족에서 기인하는 착각이다. 이러한 신입사원의 생각이 상사에게 표현될 경우, 그 신입사원은 상사로부터 자기중심적인 사람 혹은 미숙한 사람으로 비쳐질 수 있다. 상사라고 처음부터 의사결정을 잘할 수는 없다. 상사도 신입사원의 기간을 거쳐서 '상사'라는 자리에 처음 올라온 사람이다. 즉, 신입사원인 내가 관리자가 되더라도 나 역시 처음 관리자가 되었을 때에는 경험이 부족한 관리자, '초보' 관리자의 과정을 겪을 것이란 말이다. 실무를 잘하고, 의사결정을 잘하기 위해서는 오랜 기간 많은 시행착오 경험이 필요한 법이다. 따라서 당장은 상사의 결정이 불합리하거나 못미더워 보이더라도 이해해 주고 인내하고 숙성하는 시간이 필요하다.

다음은 입사 초기에 경험할 수 있는 인간관계에서의 어려움입니다. 다음의 글을 읽고, 내가 다음의 신입사원이라면 어떻게 하면 좋을지 대처방안을 모색해 봅시다.

이번에 입사한 신입사원입니다.

면접 때는 몰랐는데 입사하고 보니 몇 가지 사안으로 인해 회사 내 부서가 완전히 두 파로 갈라져 있다는 것을 알았습니다. 서로 뒷담화하기 바쁘고, 회사의 중대사도 소수에 의해서만 논의가 되는 상황입니다. 저는 어떻게 처신을 해야 될까요?

물론 이도저도 속하지 않는 듯이 보이는 몇몇 분이 계시긴 합니다만 저는 신입 사원이다 보니 아무래도 이쪽에서 하는 모임, 저쪽에서 하는 모임을 모두 참석해야 되다 보니 체력적으로도 고되고, 공적인 일로 양쪽이 모인 자리에 참석하게 될 경우도 있는데, 그때마다 분위기와 처신 때문에 난감할 때가 많습니다.

2) 경력사원의 직장 내 인간관계

신입사원은 시간이 경과함에 따라 차차 회사에 적응해 가게 되며, 나름대로의 노하우도 지니게 되는 경력사원이 되어 간다. 경력사원들은 퇴직하기 전까지 크게 직무 자체로 인한 과중한 스트레스와 회사 경영상의 어려움으로 인해 스트레스를 경험하게 되며, 이것이 직장 내 인간관계에 영향을 준다. 첫째, 직무 자체로 인한 과중한 스트레스는 직장인들을 A형 성격으로 만들기도 하며, 스트레스를 해소하기 위해 다른 사람을 희생양으로 삼는 방식(직장 내 괴롭힘)으로 나타나기도 한다. 둘째, 회사 경영상의 위기로 인해 구조조정이 필요한 경우, 직장인들은 엄청난 심리적 압박을 받게 된다. 그들은 해고될 위기상황에서 직장에 살아남기 위해 고군분투해야 한다. 덕분에 해고되지 않고 살아남는다 하더라도 남아 있는 자로서의 죄책감, 향후 해고될지 모른다는 불안감으로 스트레스를 받으며, 이러한 스트레스를 다른 사람을 괴롭히는(직장 내 괴롭힘) 방식으로 해소하기도 한다. 셋째, 해고될 위기상황에 직장에서 살아남아야 하는 이슈가 있다.

직장인들은 항상 해고될 가능성을 염두에 두고 직장생활을 이어가게 되는데, 해고될 위기상황에서 인간관계를 통해 해고의 위협으로부터 벗어나거나 혹은 해고가 기정사실이 된 상황일지라도 주어진 범위 내에서 인간관계를 통해 자신에게 필요한 것을 얻을 수 있어야 한다.

(1) 직무 자체로 인한 스트레스

직장에서는 어떤 식으로든 성과로 인한 압박에 시달리게 된다. 때문에 퇴근하고 나면 낮 동안 '꽉 다문 턱을 펴기 위해서 한 잔의 술이 필요하다'. 이런 증상이 있다면 **A형 성격**을 의심해 볼 필요가 있는데, 성과를 내기 위해 최선을 다하며, 성과가 나지 않을까 봐 전전긍긍하는 모습을 보이는 경우를 말한다. 이렇듯 조급해 하며, 성과를 내기 위해 고군분투하다 보면 짜증과 공격성이 표출되기도 한다. 왠지 모를 적대감을 보이기도 한다. 사람 자체가 나쁜 것은 아닌 것 같은데, 누구를 일부러 괴롭히려고 하는 행동은 아닌 것 같은데 화를 잘 내는 사람들이 여기에 해당한다. 이렇듯 목표의식이 과하다 보면 공격적인 반응을 보이기도 하고, 이렇듯 조급한 가운데 고군분투가 장기간 지속되면 자기파괴적으로 되기도 한다.

그렇다면 A형 성격을 극복하기 위해 어떻게 조력할 수 있을까? 이들의 긴장감과 불안감에 대해 허심탄회하게 다루며, 이완기법 등에 대한 훈련이나 규칙적인 운동 등을 통해 긴장감을 적절하게 해소시켜 줄 필요가 있다.

직무로 인한 과중한 스트레스는 A형 성격으로 표출되기도 하지만, 다른 한편으로는 자신의 스트레스를 다른 사람에게 전가시키는 방식으로 이루어지기도 한다. 기업상담 전문가들에 의하면, 후자의 방식도 직장에서 흔히 나타나는 현상으로 **'직장 내 괴롭힘'**이라고 부른다(Summerfield & van Oudtshoorn, 2014). 직장에서의 스트레스 관련 질병의 3~50%가 '직장 내 괴롭힘' 때문이라고 추정되며, 이로 인한 피해 비용은 매년 약 1,700~3,400억 원이라고 한다(Cooper, & Payne, 1994).

그렇다면 '직장 내 괴롭힘'은 어떻게 조력할 수 있을까?

상사가 직무 스트레스로 인해 부하 직원을 괴롭히는 상황에서 희생자 입장에 처한 부하 직원은 힘들어도 양보하고 더 참으면 문제가 사라질 것이라 생각하지만 실상 괴롭히는 사람은 희생자의 이러한 복종 반응으로 인해 더 강화를 받는 경향이 있다. 때문에 파괴적이고 해로운 사이클이 유지된다. 따라서 이러한 문제를 해결하기 위해서는 무조건 참고, 억눌러서는 안 된다. 우선 희생자로 의심되는 직원을 찾아내야 한다. 가령, 평소답지 않게 지나치게 실수를 하는 직원, 실적이 감소된 직원, 팀 내 외톨이인 직원, 소심하거나 눈물 흘리는 모습이 보이는 직원, 자기 확신이 부족한 직원, 갈등하는 팀에 있는 직원들을 눈여겨볼 필요가 있다. 이러한 직원들이 학대나 괴롭힘을 당하지 않도록 돕고, 가해자가 또 다른 희생양을 찾지 못하도록 하여야 한다.

(2) 생존자 증후군: 해고되지 않고 살아남은 자

회사 경영상의 위기로 인해 구조조정이 이루어졌음에도 불구하고, 운 좋게도 회사에서 살아남은 사람들은 생존자 증후군을 경험할 수 있다. '**생존자 증후군**'을 겪는 사람들이 보이는 공통적인 반응은 다음과 같다.

- 살아남기는 했는데, 이상하고 막연한 불안감이 느껴진다.
- 조직 내에 살아남은 다른 사람들을 괴롭힌다.
- 충격과 불신, 죄책감과 분노, 슬픔과 적개심 반응을 보인다.
- 조직에 대한 충성과 동기가 저하되고, 불안정함과 스트레스가 증가하며, 이로 인해 조직에 대한 헌신이 줄어들었다.

그렇다면 이를 어떻게 도와주어야 할까? 알려진 바에 따르면, 생존자 증후군을 극복하는 방법은 세 가지가 있다(김계현 외, 2014).

첫째, 불안정함에 대해 적절한 시기에 개방적이고 정직하게 의사소통을 함으로써 도울 수 있다. 둘째, 방향 감각의 상실과 실직에 대한 정서적인 영향을 다루기 위해 상담을 통한 조력 과정이 도움이 된다. 셋째, 그들이 새로운 현실에 적응하도록 돕기 위해 자기계발을 위한 경력개발 제도를 기획하여 운영하는 것이 유용하다.

(3) 해고될 위기상황에서 직장에 살아남기

다음으로 해고될 위기상황에서 직장에 살아남기 위해서도 직장 내 인간관계가 중요하다. 다음에 관련 사례를 하나 소개하고자 한다.

> 국내의 명문대학교에서 MBA과정을 우수한 성적으로 마친 A씨는 국내 굴지의 대기업에 입사하였다. 하지만 입사 후 3년 만에 그를 뽑은 회장과 사장, 부사장이 모두 은퇴나 해고로 회사를 떠났다. 새롭게 선발된 경영진은 사내 분위기를 쇄신할 목적으로 이전 경영진과 함께해 온 이사진들을 모두 해고하려고 계획하고 있었다. 일종의 블랙리스트에 A씨도 포함되어 있었다. 하지만 A씨는 이렇게 될 가능성을 이미 예견하고 있었기에 지난 3년간의 재직기간 동안 자기 부서의 업무가 아닌 타 부서의 업무도 자기 일처럼 나서서 도와주었다. 때문에 회사 내 많은 사람과 두터운 신뢰관계를 쌓아 올 수 있었다. 이 덕분에 새로 부임한 경영진들이 A씨를 해고하고자 했으나 회사 내 많은 사람이 반대하여 결국 A씨는 회사에 남을 수 있었다.

협상가인 다이아몬드(Diamond, 2010)는 살아남기 위해서 어디에 가든 그곳에서 가치 있는 존재가 될 수 있도록 노력해야 한다고 역설하며, 인맥을 넓히는 일도 그러한 노력의 일환이라고 주장했다. 내 편을 많이 만들수록 더 유리한 고지에 설 수 있기 때문이다. 내 편인 사람들은 문제가 생겼을 때, 기꺼이 내게 위험 신호를 보내고, 기회를 잡는 데 필요한 정보를 제공하며, 힘들 때 손을 내밀어 준다.

그렇다면 직장에서 도움을 받을 수 있는 사람, 취업에 도움이 되는 사람은 어떤 사람들일까? 다이아몬드(Diamond, 2010)는 다음의 사람들에게 먼저 다가가 돈독한 인간관계를 만들 것을 권유했다.

- **장기 근속자**: 근속기간이 길지만 종종 윗선으로부터 무시당하는 사람을 찾으라. 그들은 회사 구석구석에 대해 알고 있다. 그들을 존중하라. 그들이야말로 목표를 달성하는 데 꼭 필요한 이들이다.
- **퇴사자**: 회사를 떠난 사람들은 최악의 상황을 겪은 경우가 많다. 그들은 회사가 해 줄 수 없는 것이 무엇인지 안다. 물론 그들이 하는 말을 곧이곧대로 믿어서는 안 된다. 회사에 대한 감정이 좋지 않을 수도 있기 때문이다. 그러나 그들을 통해 좀 더 회사의 냉정한 정보를 알아낼 수 있다.

[그림 6-19] 직장 내의 많은 사람

출처: https://unsplash.com

- **정보기술 전문가**: 최소한 정보기술 부서의 한두 명과는 친분을 쌓으라. 정보기술이 없으면 효율적인 업무를 할 수 없다. 업무와 관계된 정보기술에 문제가 생겼을 때 즉시 도움을 받는 것은 매우 중요하다.
- **도서관 사서**: 사서들은 누구보다 리서치에 뛰어난 사람들이다. 만일 당신의 회사에 사서가 있다면 필요한 일을 의뢰하라. 사서들은 당신에게 필요한 정보를 쉽고 빠르게 찾아 줄 수 있다.
- **청소담당자**: 이들은 회사 안의 많은 것을 보고 듣는 사람들이므로 내 편으로 두어서 손해 볼 일은 없다.
- **보안담당자**: 출입증을 잃어버렸을 때나 고객을 빨리 들여보내고 싶을 때, 혹은 문이 잠긴 사무실에 서류를 두고 왔을 때 친한 보안담당자가 있으면 큰 도움이 된다. 매일 볼 때마다 인사를 건네고 기회가 생기면 소소한 대화라도 나누라.
- **경영지원팀**: 임원들은 자주 바뀌지만 경영지원팀 사람들은 대부분 오래 다닌다. 그들이야말로 소문을 퍼뜨리는 주범들이다. 그러니 그들을 내 편으로 만들라.
- **기타 직원들**: 복사실, 카페, 관리부서에서 일하는 사람들은 마감일에 쫓기거나 급한 정보가 필요할 때 적절한 도움을 줄 것이다.
- **인사팀**: 인사팀 사람들을 쉽게 내 편으로 만들기는 어렵다. 왜냐하면 그들의 주요 업무가 회사를 보호하는 일이기 때문이다. 하지만 그들도 사람이다. 낮은 직급의 이들부터 친분을 쌓으라. 그들이 하는 일에 관심을 보이라. 기꺼이 자신이 어떤 일을 하는지 설명해 줄 것이다.
- **외부 공급업체**: 외부 공급 업체와 친분을 두텁게 쌓으면 생각지 못한 상황에서 많은 특혜를 얻을 수 있다.

출처: Diamond(2010).

3) 해고통보를 받았을 때의 직장 내 인간관계

마지막으로 해고를 통보받았을 때의 인간관계이다. 해고를 당했는데 인간관계가 무슨 말이냐라는 생각을 할 수 있다. 하지만 그렇지 않다. 해고당했다고 해서 세상이 끝나는 것은 아니다. 해고당한 순간에도 인간관계를 통해 적절하게 대응한다면 비록 해고를 번복할 수는 없다 하더라도 소정의 원하는 바를 얻을 수 있다. 다음은 다이아몬드(Diamond, 2010)가 제시한 해고 통보를 받았을 때 할 수 있는 현명한 대응지침이다.

- 향후 다른 회사에 낼 이력서에 해가 되지 않도록 해고를 자진사임으로 바꿀 수 있는지 물어보라. 이때 이렇게 바꿀 근거가 될 만한 진실되고 합당한 이유를 찾아 제시하라.
- 이후에 다른 기업에서 평판에 대해 물어볼 때 다음과 같은 식으로 말을 제한해 달라고 하라. 즉, "A씨는 개인적인 사유로 퇴사하였으며, 프라이버시 정책상 다른 정보를 공개할 수 없습니다."라는 식의 내용만 제공하고, 그 밖의 말을 아껴 줄 것을 요구하라.
- 퇴사 후 일정 기간 동안 무급 직원으로 일할 수 있는지 물어라. 일부 기업은 사무실이나 전화를 무료로 제공하기도 한다.
- 회사의 취업알선 서비스나 추천장을 요청하라.
- 해고 이후에도 의료보험 혜택을 연장시켜 주는지 확인하라. 해 주는 기업들도 많다고 한다.
- 만일 해고 사유가 내 잘못이 아니라면 더 많은 것을 얻을 방법을 찾으라. 이를 위해 회사의 인사정책을 읽고, 인터넷을 검색하여 아이디어를 얻으라.
- 충분한 보상을 얻기 전에는 절대 성급하게 계약해지동의서에 서명하지 마라. 하루나 이틀 정도 생각할 시간을 달라고 말하라. 만일 회사에서 일방적으로 해고하려 하면 구체적인 사유를 묻고 강하게 반박할 필요가

있다. 그럼에도 불구하고 회사가 까다롭게 굴면 구체적인 내용을 근거로 권리를 내세우라.

- 제삼자의 말은 보상 수준에 큰 영향을 미칠 수 있으므로 고용주에게 이로운 조언을 해 줄 수 있는 회사 안팎의 제삼자를 찾으라.
- 만일 고용주가 불법적이나 부적절한 행동을 하는 등 비합리적으로 행동한다면 고용주가 한 일을 일일이 기록하고 녹취한 후 제삼자와 상담하라.

직장인 상식

해고의 유형

해고에는 통상해고, 징계해고, 정리해고가 있다.

첫째, **통상해고**란 근로자 자신이 일신상의 이유로 인해 해고되는 경우를 말한다. 가령, 자격이나 능력의 부족, 성격적 문제, 질병이나 부상, 유죄 판결이나 구속 등으로 인하여 근로관계의 지속 기대 가능성이 없는 경우가 이에 해당된다. 통상해고가 정당하려면 (1) 정당한 사유가 있어야 하며, (2) 해고를 예고해야 하며(적어도 30일 전), (3) 해고사유와 해고시기를 서면으로 통지하여야 하며, (4) 해고시기의 제한 조항을 준수해야 한다.

「근로기준법」 제23조(해고 등의 제한) ① 사용자는 근로자에게 정당한 이유 없이 해고, 휴직, 정직, 전직, 감봉, 그 밖의 징벌(懲罰)(이하 "부당해고 등"이라 한다)을 하지 못한다.

② 사용자는 근로자가 업무상 부상 또는 질병의 요양을 위하여 휴업한 기간과 그 후 30일 동안 또는 산전(産前) · 산후(産後)의 여성이 이 법에 따라 휴업한 기간과 그 후 30일 동안은 해고하지 못한다. 다만, 사용자가 제84조에 따라 일시보상을 하였을 경우 또는 사업을 계속할 수 없게 된 경우에는 그러하지 아니하다.

「근로기준법」 제26조(해고의 예고) 사용자는 근로자를 해고(경영상 이유에 의한 해고를 포함한다)하려면 적어도 30일 전에 예고를 하여야 하고, 30일 전에 예고를 하지 아니하였을 때에는 30일분 이상의 통상임금을 지급하여야 한다. 다만, 천재 · 사변, 그 밖의 부득이한 사유로 사업을 계속하는 것이 불가능한 경우 또는 근로자가 고의로 사업에 막대한 지장을 초래하거나 재산상 손해를 끼친 경우로서 고용노동부령으로 정하는 사유에 해당하는 경우에는 그러하지 아니하다. 〈개정 2010. 6. 4., 2019. 1. 15.〉

「근로기준법」 제27조(해고사유 등의 서면통지) ① 사용자는 근로자를 해고하려면 해고사유와 해고시기를 서면으로 통지하여야 한다.

② 근로자에 대한 해고는 제1항에 따라 서면으로 통지하여야 효력이 있다.

③ 사용자가 제26조에 따른 해고의 예고를 해고사유와 해고시기를 명시하여 서면으로 한 경우에는 제1항에 따른 통지를 한 것으로 본다. 〈신설 2014. 3. 24.〉

둘째, **징계해고**란 근로자의 귀책사유를 들어 징계절차를 거쳐 해고하는 경우를 말한다. 징계해고가 정당하려면 (1) 정당한 사유가 있어야 하며, (2) 정당한 절차에 의해야 하며, (3) 징계양정이 적정해야 한다.

「근로기준법 시행규칙」 제4조(해고 예고의 예외가 되는 근로자의 귀책사유) 법 제26조 단서에서 "고용노동부령으로 정하는 사유"란 [별표]와 같다. 〈개정 2010. 7. 12.〉

1. 납품업체로부터 금품이나 향응을 제공받고 불량품을 납품받아 생산에 차질을 가져온 경우
2. 영업용 차량을 임의로 타인에게 대리운전하게 하여 교통사고를 일으킨 경우

3. 사업의 기밀이나 그 밖의 정보를 경쟁관계에 있는 다른 사업자 등에게 제공하여 사업에 지장을 가져온 경우
4. 허위 사실을 날조하여 유포하거나 불법 집단행동을 주도하여 사업에 막대한 지장을 가져온 경우
5. 영업용 차량 운송 수입금을 부당하게 착복하는 등 직책을 이용하여 공금을 착복, 장기유용, 횡령 또는 배임한 경우
6. 제품 또는 원료 등을 몰래 훔치거나 불법 반출한 경우
7. 인사 · 경리 · 회계 담당 직원이 근로자의 근무상황 실적을 조작하거나 허위 서류 등을 작성하여 사업에 손해를 끼친 경우
8. 사업장의 기물을 고의로 파손하여 생산에 막대한 지장을 가져온 경우
9. 그 밖에 사회통념상 고의로 사업에 막대한 지장을 가져오거나 재산상 손해를 끼쳤다고 인정되는 경우

셋째, **정리해고**란 사용자가 긴박한 경영상의 필요에 따라 근로자의 귀책사유가 없음에도 불구하고 해고하는 것을 말한다. 정리해고가 정당하려면 (1) 긴박한 경영상의 필요성이 있어야 하며, (2) 해고를 회피하려는 노력이 이루어졌어야 하며, (3) 해고대상자 선별이 합리적이고 공정성 있게 이루어졌어야 하며, (4) 사전통보 및 협의절차가 적절하게 있었어야 한다.

「근로기준법」 제24조(경영상 이유에 의한 해고의 제한) ① 사용자가 경영상 이유에 의하여 근로자를 해고하려면 긴박한 경영상의 필요가 있어야 한다. 이 경우 경영 악화를 방지하기 위한 사업의 양도 · 인수 · 합병은 긴박한 경영상의 필요가 있는 것으로 본다.

② 제1항의 경우에 사용자는 해고를 피하기 위한 노력을 다하여야 하며, 합리적이고 공정한 해고의 기준을 정하고 이에 따라 그 대상자를 선정하여야 한다. 이 경우 남녀의 성을 이유로 차별하여서는 아니 된다.

③ 사용자는 제2항에 따른 해고를 피하기 위한 방법과 해고의 기준 등에 관하여 그 사업 또는 사업장에 근로자의 과반수로 조직된 노동조합이 있는 경우에는 그 노동조합(근로자의 과반수로 조직된 노동조합이 없는 경우에는 근로자의 과반수를 대표하는 자를 말한다. 이하 "근로자대표"라 한다)에 해고를 하려는 날의 50일 전까지 통보하고 성실하게 협의하여야 한다.
④ 사용자는 제1항에 따라 대통령령으로 정하는 일정한 규모 이상의 인원을 해고하려면 대통령령으로 정하는 바에 따라 고용노동부장관에게 신고하여야 한다. 〈개정 2010. 6. 4.〉
⑤ 사용자가 제1항부터 제3항까지의 규정에 따른 요건을 갖추어 근로자를 해고한 경우에는 제23조제1항에 따른 정당한 이유가 있는 해고를 한 것으로 본다.

직장인 상식

부당해고 구제제도

1. 구제신청
   ① 신청인: 부당해고 등을 당한 근로자
   ② 피신청인: 사용자
   ③ 신청기간: 부당해고 등이 있었던 날부터 3개월 이내

「근로기준법」 제28조(부당해고 등의 구제신청) ① 사용자가 근로자에게 부당해고 등을 하면 근로자는 노동위원회에 구제를 신청할 수 있다.
② 제1항에 따른 구제신청은 부당해고 등이 있었던 날부터 3개월 이내에 하여야 한다.

2. 구제기관

① **지방노동위원회**: 사업장 소재지를 관할하는 지방노동위원회(「노동위원회법」 제3조제2항)

② **중앙노동위원회**: 지방노동위원회의 처분에 대한 재심사건 관장

3. 심사절차

「근로기준법」 제29조(조사 등) ① 노동위원회는 제28조에 따른 구제신청을 받으면 지체 없이 필요한 조사를 하여야 하며 관계 당사자를 심문하여야 한다.

② 노동위원회는 제1항에 따라 심문을 할 때에는 관계 당사자의 신청이나 직권으로 증인을 출석하게 하여 필요한 사항을 질문할 수 있다.

③ 노동위원회는 제1항에 따라 심문을 할 때에는 관계 당사자에게 증거 제출과 증인에 대한 반대심문을 할 수 있는 충분한 기회를 주어야 한다.

④ 제1항에 따른 노동위원회의 조사와 심문에 관한 세부절차는 「노동위원회법」에 따른 중앙노동위원회(이하 "중앙노동위원회"라 한다)가 정하는 바에 따른다.

4. 구제명령 또는 기각결정

① **구제명령**: 부당해고 등이 성립한다고 판정 시 적용

② **기각결정**: 부당해고 등이 성립하지 아니한다고 판정 시 적용

「근로기준법」 제30조(구제명령 등) ① 노동위원회는 제29조에 따른 심문을 끝내고 부당해고 등이 성립한다고 판정하면 사용자에게 구제명령을 하여야 하며, 부당해고 등이 성립하지 아니한다고 판정하면 구제신청을 기각하는 결정을 하여야 한다.

② 제1항에 따른 판정, 구제명령 및 기각결정은 사용자와 근로자에게 각각 서면으로 통지하여야 한다.

③ 노동위원회는 제1항에 따른 구제명령(해고에 대한 구제명령만을 말한다)을 할 때에 근로자가 원직복직(原職復職)을 원하지 아니하면 원직복직을 명하는 대신 근로자가 해고기간 동안 근로를 제공하였더라면 받을 수 있었던 임금 상당액 이상의 금품을 근로자에게 지급하도록 명할 수 있다.

5. 재심절차

「근로기준법」 제31조(구제명령 등의 확정) ①「노동위원회법」에 따른 지방노동위원회의 구제명령이나 기각결정에 불복하는 사용자나 근로자는 구제명령서나 기각결정서를 통지받은 날부터 10일 이내에 중앙노동위원회에 재심을 신청할 수 있다.

③ 제1항과 제2항에 따른 기간 이내에 재심을 신청하지 아니하거나 행정소송을 제기하지 아니하면 그 구제명령, 기각결정 또는 재심판정은 확정된다.

「근로기준법」 제32조(구제명령 등의 효력) 노동위원회의 구제명령, 기각결정 또는 재심판정은 제31조에 따른 중앙노동위원회에 대한 재심 신청이나 행정소송 제기에 의하여 그 효력이 정지되지 아니한다.

6. 행정소송절차

「근로기준법」 제31조(구제명령 등의 확정)

② 제1항에 따른 중앙노동위원회의 재심판정에 대하여 사용자나 근로자는 재심판정서를 송달받은 날부터 15일 이내에「행정소송법」의 규정에 따라 소(訴)를 제기할 수 있다.

③ 제1항과 제2항에 따른 기간 이내에 재심을 신청하지 아니하거나 행정소송을 제기하지 아니하면 그 구제명령, 기각결정 또는 재심판정은 확정된다.

「근로기준법」 제32조(구제명령 등의 효력) 노동위원회의 구제명령, 기각결정 또는 재심판정은 제31조에 따른 중앙노동위원회에 대한 재심 신청이나 행정소송 제기에 의하여 그 효력이 정지되지 아니한다.

7. 이행강제금 및 형사처벌

「근로기준법」 제33조(이행강제금) ① 노동위원회는 구제명령(구제명령을 내용으로 하는 재심판정을 포함한다. 이하 이 조에서 같다)을 받은 후 이행기한까지 구제명령을 이행하지 아니한 사용자에게 2천만 원 이하의 이행강제금을 부과한다.

「근로기준법」 제111조(벌칙) 제31조제3항에 따라 확정되거나 행정소송을 제기하여 확정된 구제명령 또는 구제명령을 내용으로 하는 재심판정을 이행하지 아니한 자는 1년 이하의 징역 또는 1천만 원 이하의 벌금에 처한다.

4. 직장생활에서 필요한 대인기술

1) 정서 조절

직장생활을 하다 보면 억울한 일이 많다. 하지만 억울하다고 자동반사적으로 상대방에게 화를 표출하면 미숙한 사람 혹은 불편한 사람이라는 인상을 주어 사람들로부터 기피대상이 될 수 있다. 억울하니 화가 나는 것은 당연한 일일 것이다. 하지만 그 감정을 있는 그대로 표출하는 것은 다른 문제이다. 그리고 억울한 부분을 억울하지 않게 해결하는 것도 또 다른 이슈이다. 마지막으로 또 고려해야 할 점은 혹시 나와 같은 상황에 처한 다른 사람들도 나처럼 화를 내는가를 확인해 보아야 할 것이다. 다시 말해서, 어쩌면 억울해 할 일이 아닌데, 나라는 사람의 성격으로 인해 나타나는 반응일 수 있다는 말이다. 이럴 땐 더욱 조심해야 한다.

직장생활에서의 인간관계는 서로의 마음을 주고받고 이해받기를 원하는 친밀한 관계를 맺을 수도 있지만, 일이라는 목표를 달성하기 위해 협동하는 동료의 수준으로 관계를 맺을 수도 있다. 전자의 경우에는 소통을 할 때 서로의 마음을 이해하고 이해받는 깊은 과정이 수반되지만, 후자의 경우에는 내가 상대방에게 이해받고자 하는 욕구를 다소 누그러뜨려야 할 것이다. 왜냐하면 상대가 전자의 경우와 같이 인간적으로 교감을 나누고 싶은 정도로 나에게 관심이 있는 것이 아니고 함께 일할 동료로 존중하는 마음일 수 있기 때문이다. 따라서 후자의 경우에 해당한다면 내 상황을 오롯이 이해받고 싶은 욕구라든가 억울한 감정 등에 대해서 내 안에서 정서 조절을 통해 다룰 필요가 있다. 그러고 나서 일적인 수준에서 내가 관철하고 싶은 목표를 상기시키고, 그 목표를 달성하기 위해 상대방에게 어떻게 소통하면 좋을지를 고민하는 태도가 필요하다. 다음에 그러한 예를 하나 소개하고자 한다.

김미소 씨는 2년 전 중견기업에 입사한 비정규직 사원이다. 입사 당시 고용주로부터 일정 매출 목표를 달성하면 정규직 사원으로 전환해 주겠다는 약속을 받았다. 그래서 지난 2년간 정말 열심히 일했다. 누구보다도 가장 일찍 출근하고 가장 늦게 퇴근하는 직원이었다. 주변 동료들의 어려움도 지나치지 않고 열심히 도와주기까지 하였다. 그렇게 열심히 살다 보니 고용주가 제시하였던 매출 목표를 훌쩍 넘긴 지 벌써 오래이다. 이게 벌써 5개월 전의 일이었는데, 고용주는 정규직 전환에 대해 일언반구하지 않는다. 김미소 씨는 울분이 차올랐다.

사람들이 비정규직이라고 은근히 자기가 하기 싫은 일거리들을 다 내게 넘겼다. 그래도 불평 하나 안 했다.

비정규직이라 초과근무수당을 받을 수 없음에도 불구하고 매주 야근에, 격주로는 주말까지 반납하고는 밤을 새워 가며 그 일들을 처리해야 했다. 그러다 보니 남자친구를 사귈 여유도 없었다. 있던 남자친구도 떠났다. 벌써 혼기도 훌쩍 넘어 버렸는데, 그럼에도 불구하고 정규직이라는 목표 하나만을 보고 내 모든 것을 희생했다. 아무래도 그들에게 내가 놀아난 것 같다. 그냥 나를 이용하려고 그런 말을 한 것 같다. 앞으로는 회사의 희생양이 될 생각이 없다. 회사 임원들과 있을 회의시간에 과도한 업무를 주지 않겠다는 확답을 받아내야겠다.

자, 김미소 씨가 임원들을 만나 이렇게 회사에 대한 불만을 이야기하는 것이 과연 김미소 씨에게 도움이 될까? 아니다. 왜일까? 그녀가 임원들에게 불만을 말하는 순간 그들은 어떤 생각을 할까? 아마도 김미소 씨 같이 불만을 이야기하는 사람들로 인해 회사 이미지가 나빠질까 봐, 이로 인해 회사 매출이 급감할까 봐, 이로 인해 많은 사원이 잘릴까 봐 두려워서 입막음을 하거나 다른 해결책을 찾는 쪽으로 관심이 쏠릴 것이다. 김미소 씨의 입장을 공감하고 이해하는 쪽이 아니란 말이다. 더욱이 불만스러운 표정에 화가 난 감정을 섞어 이야기하는 김미소 씨의 태도에 대해 오해를 할 수도 있다. "김미소 씨, 이렇게 말하는 거 보니 이 회사 그만둘 생각 인건가?" 혹은 "정말 예의가 없군. 이런 식으로 화를 내는 사원을 정규직으로 뽑지 않길 잘했어."라고 말이다. 안 그래도 억울했을 김미소 씨에게 이런 일들은 억울함과 서러움을 가중시킬 뿐이다.

그렇다면 어떻게 해야 할까? 여기서 직장생활을 하면서 여러 감정과 욕구가 생기겠지만 그 모든 것을 차치하고, 김미소 씨가 이 회사를 통해 얻고자 하는 바가 무엇이었는지에 집중해야 한다는 것이다. 무엇인가? 바로 정규직이 되는 것이다. 그렇다면 어떻게 하면 정규직이 될 수 있을지에 대해 궁리하는 편이 훨씬 유리하다. 바로 협상방법을 강구해야 하는 것이다. 그런데 지금 억울하고 서러운 나머지 김미소 씨는 본래의 목적이 흐릿해진 상태에 있는 것이다. 대부분의 사람이 김미소 씨와 비슷한 경로를 거치는 경우가 많다. 따라서 김미소 씨의 사례는 비단 김미소 씨의 일이 아니라 우리에게도 시사점을 주는 바가 많다.

그렇다면 어떻게 협상해야 할까? 다음 절에서 협상전문가가 제안하는 협상기술을 소개하겠지만, 우선 김미소 씨의 경우에 무엇을 하면 좋을지 간략히 소개하고자 한다.

김미소 씨는 불만을 표현하기보다는 불만은 내적으로 혹은 회사 밖 친구들과 해소를 하는 방법을 찾는 것이 좋다. 불만을 그냥 꾹 누르라는 것이 아니다. 단지 내가 협상하려는 상대에게 표현하지 말라는 것이다. 서로 대등한 사이가 아닐뿐더러 친밀한 사이도 아니며, 이해관계로 인해 교류하는 사이이기 때문에 내 기분을 알아 달라고 주장하기 어렵기 때문이다. 그보다는 차라리 그동안 김미소 씨가 성공적으로 마무리한 사건들, 주도적으로 추진해서 성공한 사례, 김미소 씨가 입사해서부터 지금까지 약 2년간 회사의 성장에 기여한 바 등 그간의 성과를 근거로 김미소 씨가 이 회사에 무척 많은 기여를 한 인물이며, 김미소 씨가 회사에 없어서는 안 될 중요한 역할을 해내고 있음을 어필하는 것이 좋다. 이를 근거로 정규직 사원으로의 전환을 요청하는 것이 원하는 것을 얻는 길이다.

김미소 씨의 사례가 회사 측의 부당함 때문에 발생한 갈등이라면, 이승훈 씨의 사례는 반대이다. 승훈 씨는 자신의 분노 때문에 직장 상사로부터 경고를 받고 상담실에 찾아왔다.

이승훈 씨는 화를 자주 낸다. 그런 자신의 성격이 문제가 될 줄은 미처 몰랐다. 어렸을 적에 승훈 씨가 화를 냈더니 아무도 자신을 건드리지 못한다는 것을 경험했다. 그래서 화를 내는 것이 자신이 원하는 것을 얻는 효과적인 방법이라고 생각했다. 그리고 그렇게 할 수 있는 자신이 유능하게 느껴졌다.

그런데 요즘 이에 대해 혼란스러운 마음이 든다. 고등학교·대학교 때의 친구들이 내가 화를 너무 자주 낸다며 떠날 때까지는 화를 내는 것이 문제가 된다고는 전혀 생각지도 못했다. 당시에는 그냥 그 친구들이 나쁘고, 이기적인 놈들이라고만 생각했었다. 그런데 최근 여자친구와 사소한 일로 다투게 될 일이 있었는데, 내가 너무 화를 내는 바람에 헤어지게 되었다. 여자친구 말로는 내가 이런 적이 한두 번이 아니라며, 이제는 더 못 참겠단다. 그전에도 이러한 이유로 몇 번 헤어질 위기가 있어 승훈 씨가 성격을 바꾸려고 노력해 봤지만 화내지 않겠다고 각오만 했을 뿐, 막상 실제로 일상에서 또 부딪힐 일이 생기면 자동반사적으로 화부터 났다. 이렇듯 자신의 분노반응을 조절하지 못해 무력해하던 중에 이제는 직장 상사에게도 경고를 받은 것이다. 계속 이런 식으로 하면 직장에서도 해고당할 위기이다.

이승훈 씨의 사례에서 엿볼 수 있는 점은 어렸을 적부터 떼를 써서라도 원하는 것을 얻었던 경험이 승훈 씨에게 많은 영향을 주었음을 알 수 있다. 떼를 써서 준 것은 부모이기에 가능했다. 하지만 승훈 씨는 그 사실을 깨달을 수 있는 기회가 없었다. 몰랐기 때문이다. 자라면서 그는 자기 뜻대로 되지 않아 실망해 본 적이 없다 보니, 실망스러운 일을 마주했을 때 다른 대처방법을 모른 체 애꿎은 화만 냈던 것이다. 또한 원하는 어떤 것을 대함에 있어 그것을 가질 자격이 나에게만 있는 것이 아니라는 점을 깨달아야 한다. 갖고 싶은 무엇인가가 하나 밖에 없는 상황에서 그것을 가질 권리가 과연 누구에게 있을까? 그동안 이승훈 씨는 자신이 남들보다 더 많은 권리를 가진 사람이라고 생각했을 텐데 그렇지 않다는 사실을 이해하여야 한다. 이것을 어릴 때 알았어야 하는 건데, 이제야 알게 되었다는 생각에 속이 상하고, 답답할지 모른다. 하지만 괜찮다. 힘들겠지만 지금부터 노력하면 변할 수 있다. 평생 원인을 몰라 주변으로부터 소외되는 것보다는 낫지 않은가.

사실 분노 조절이 하루아침에 마술처럼 해결되는 것은 아니다. 자동반사적으로 화부터 나오는 일들이 계속 될 것이다. 조심하는데도 말이다. 하지만 그럴 때마다 자신의 사정을 알리고, 미안하다고 사과하고, 분조 조절 기술을 적용하면서 조금씩 개선하면 된다. 실제로 이승훈 씨는 이를 해냈다.

2) 협상

직장생활도 일상의 연장선상에 있으므로 평소 사람들과 맺는 대인관계의 요소들이 필요할 것이다. 하지만 다른 장에서 이에 대해 충분히 다루고 있으므로 여기에서는 직장에서 특히 필요한 대인기술인 협상의 기술에 대해 소개하고자 한다. 협상은 매우 중요한 기술이므로 효과적인 협상기술에 대해 소개하는 다양한 서적과 연구결과들이 있다. 13년 연속 와튼스쿨에서 최고 인기 교수로 있는 다이아몬드(Diamond, 2010)가 제안한 협상전략 열두 가지를 간략하게 소개하기로 하겠다.

1. 목표에 집중하라

협상을 통해 얻고자 하는 것이 아닌 인간관계, 내 기분을 표현하는 것, 그 밖에 다른 것에 쏠리지 말아야 한다. 협상을 통해 원하는 것에 집중하여야 한다.

2. 상대의 머릿속 그림을 그리라

상대의 생각, 감정, 욕구를 파악하고, 그들이 어떤 식으로 약속을 하는지, 상대방의 어떤 부분에서 신뢰를 느끼는지 파악해야 한다. 또한 그들이 절대적으로 믿고 의지하는 제삼자가 누구이며, 그들로부터 도움을 받을 수 있는지도 확인해야 한다.

3. 감정에 신경을 쓰라

사람이 감정적으로 변하면 누구의 말도 들리지 않는다. 따라서 상대방의 감정이 보살펴질 수 있도록 상대의 감정에 공감하고, 필요하다면 사과를 하는 등 '감정적 지불(emotional payment)'을 해야 한다.

4. 모든 상황은 제각기 다르다는 것을 인식하라

모든 협상에 마스터키로 존재하는 도구는 없다. 그때그때의 상황에 따라 달라지므로 상황에 맞게 새롭게 분석할 줄 알아야 한다.

5. 점진적으로 접근하라

우리는 마음이 앞서다 보니 한 번에 많은 것이 이루어지기를 바라는 경향이 있는데, 이러한 바람은 현실에서 이루어지기 어렵다. 오히려 이대로 요구할 경우 상대방의 마음만 멀어지게 만든다. 원하는 것을 얻으려면 한 번에 한 걸음의 보폭으로 상대방이 목표 지점에 걸어들어 올 수 있도록 해야 한다. 상대가 나를 신뢰하지 않는다면 이 속도를 더욱 줄여야 한다.

6. 가치가 다른 대상을 교환하라

사람들은 저마다 다른 가치기준을 가지고 있다. 한쪽은 중요하게 생각하는데, 다른 한쪽은 중요하게 생각하지 않는 대상을 서로 교환할 수도 있다. 가령, 이번 추석에 일하는 대신 전체 휴가일수는 늘려 준다거나, 물건의 가격을 깎아 준 대가로 다른 고객을 여러 명 소개시켜 줄 수도 있다.

7. 상대방이 따르는 표준을 활용하라

'표준'이란 상대방이 옳다, 바람직하다고 생각해서 준수하고자 하는 어떠한 규칙 같은 것을 말한다. 여기에는 정치적 성향, 과거 발언, 의사결정 시 고려하는 기준 등이 포함된다. 가령, 전례가 있는 일인데도 이를 거부하면 그 점을 지적하여 원하는 것을 얻을 수 있다.

8. 절대로 거짓말을 하지 말라

거짓말은 언젠가 상대방이 알게 될 것이고, 결국 이로 인해 장기적으로 큰 손해를 입게 될 것이기 때문이다. 그렇다고 해서 처음에 모든 것을 상대에게 다 털어놓아야 한다는 뜻은 아니다. 해당 사안에 대해 진실한 자세로 협상에 임하라는 의미이다.

9. 의사소통에 만전을 기하라

서로 예의를 지키고, 현재 상황을 정확하게 표현해 가며 상대방에게 자신이 원하는 바를 알리는 것이 필요하다.

10. 숨겨진 걸림돌을 찾으라

협상에 앞서 목표 달성을 방해하는 걸림돌이 무엇인지 파악하라. 가령, 상대방이 왜 그렇게 행동하는지를 상대방의 입장에서 생각해야 한다.

11. 차이를 인정하라

차이가 오히려 좋은 결과를 얻을 수 있다. 두려워할 필요가 없다.

12. 협상에 필요한 모든 것을 목록으로 만들라

단 몇 분이라도 목록을 보면 정리가 되어 협상에 더 정리된 상태로 임할 수 있다.

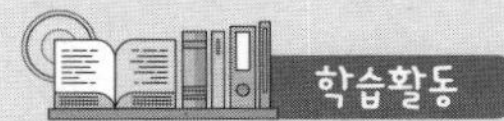

어떻게 하면 원하는 삶을 살 수 있을까?

현재 여러분의 삶은 어떤 모습입니까? 여러분은 현재 자신의 모습이 만족스럽습니까? 싯다르타(Siddhartha)는 '현재 우리의 모습은 과거에 우리가 했던 생각의 결과'라고 말했습니다. 만일 현재 여러분의 삶과 자신의 모습이 만족스럽다면 아마도 여러분이 과거에 했던 생각이 지금의 모습이 되도록 인도했을 것이고, 만족스럽지 못한 경우에도 여러분이 과거에 했던 어떤 생각이 지금의 모습에 영향을 주었을 것입니다. 지금의 삶이 만족스럽지 않다면, 지금부터라도 생각을 바꾸면 미래의 삶에 긍정적인 변화를 줄 수 있을 것입니다.

Rhonda Byrne

이러한 부분에 대해 천착했던 론다 번(Rhonda Byrne)이라는 저널리스트는 그녀의 저서『시크릿(Secret)』에서, 자신이 원하는 것을 명확하게 알아차려 떠올리는 것이 삶에 엄청난 변화를 가져온다고 주장합니다. 그녀도 절망적이고 힘겨웠던 시기가 있었는데, 우연한 기회에 읽게 된 책에서 자신이 원하는 대로 삶을 실현시킨 사람들에게 뭔가 공통점이 있다는 것을 어렴풋이 발견하게 됩니다. 이러한 자신의 추측이 맞는지를 확인하기 위해서 그녀는 그 공통점을 보인 사람들의 사례를 수집하고, 정리하여『시크릿』이라는 책을 펴내게 됩니다. 그녀는 플라톤, 예수, 싯다르타, 셰익스피어, 뉴턴, 아인슈타인, 에디슨, 포드, 베토벤, 링컨, 처칠 등 역사상 가장 위대한 업적을 남겼던 인물들이 그러한 업적을 남길 수 있었던 것, 전 세계 1%밖에 안 되는 사람들이 전 세계 돈의 96%를 벌어들였던 것은 모두 공통적으로 사용했던 '비밀', 즉 그들이 '끌어당김의 법칙'을 사용한 덕분이라고 말합니다.

'끌어당김의 법칙'이란 원하는 것을 떠올려 그것이 자신에게 다가오도록 끌어당기는 원리입니다. 이 법칙을 활용하는 방법을 요약해보면 다음과 같습니다. 먼저 내가 무엇을 원하는지를 명확하게 알아차려야 합니다. 잘 모르겠다면 감정의 안내를 받으면 좋습니다. 가령, 원하는 것을 생각해냈는데 기분이 부정적이라면, 이는 내가 원하지 않는 것을 생각하고 있다는 신호이고, 기분이 긍정적이라면 그것이야말로 내가 원하는 것을 생각하고 있다는 신호가 되니 참고하면 됩니다. 이러한 과정을 통해 나의 여러 생각들 중 '원하는 생각'이 무엇인지를 알고, 선택, 그 생각을 즐겁게 하면 됩니다. 이 때, 자신이 원하는 것이 이미 이루어진 것 같이 느껴지고, 이미 이루어진 상황인 것처럼 행동하면 좋은데, 이를 위해 직접 관련된 장소를 방문한다던가, 관련 사진이나 영화를 보는 등 적극적인 노력을 하여, 이미 원하는 바가 이루어졌을 때의 감정을 경험할 수 있도록 하면 좋습니다. 이러한 일련의 과정들은 순조롭게 진행됩니다. 하지만 만일 그렇지 못하다면, 원하는 것을 향해 가는 것을 스스로 방해하는 내면의 걸림돌이 있는 것은 아닌지, 있다면 어떤 생각인지 자신의 내면을 살펴보는 것이 필요합니다.

그렇다면 여러분의 삶도 끌어당김의 법칙을 적용하여 원하는 삶이 되도록 만들어 봅시다. 이를 위해 다음의 질문을 읽고, 물음에 답해 봅시다.

1. 현재 여러분의 삶의 모습은 어떠하며, 과거에 했던 어떤 생각이 지금의 모습이 되도록 영향을 주었는지 적어 봅시다.

2. 현재의 삶이 앞으로 좀 더 긍정적인 방향으로 변화하기를 원한다면, 여러

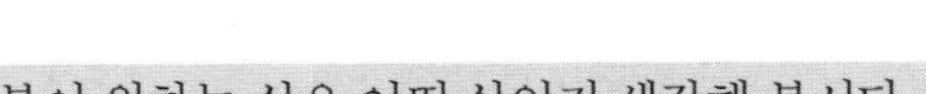
분이 원하는 삶은 어떤 삶인지 생각해 봅시다.

- 이를 위해 구체적으로 여러분이 바라는 삶의 모습을 비전보드로 작성해 봅시다. 여러분이 추구하는 삶을 대표하는 이미지를 떠올려 보고, 이에 부합하는 사진을 오려 붙이거나, 그림으로 표현해 봅시다. 그리고 각 그림이 의미하는 바를 구체적으로 묘사해 봅시다.

예시

꾸리고 싶은 가정의 장면	내가 바라는 나의 성격	함께 하고 싶은 배우자의 성격
살고 싶은 집의 외관	내가 바라는 나의 모습	함께 하고 싶은 배우자의 모습
살고 싶은 집의 내부 모습	다니고 싶은 직장	기타

- 앞에서 묘사한 대로 당신이 원하는 삶이 지금 실현되어 있는 상황이라고 상상해 봅시다. 지금 어떤 생각과 감정, 그리고 신체감각이 느껴집니까?

- 원하는 삶이 실현된 상황에 대해 떠오르지 않는다면 다음에 대해 생각해 봅니다. 내가 원하는 삶이 실현된 상황을 체감하기 위해서 무엇을 하면 될까요? 가령, 어떤 장소나, 특정 대상을 만나 본다거나, 무엇을 해 본다거나 등 떠오르는 사항이 있으면 적어 봅니다.

- 여전히 떠올리는 것이 힘들다면, 내가 추구하는 삶을 떠올리는 데 걸림돌이 있는 것은 아닌지 살펴 봅시다. 혹시 걸림돌과 관련하여 떠오르는 것이 있으면 적어 봅시다. 가령, 내가 원하는 삶을 영위하기 위해서 먼저 전제되어야 할 요건이 있습니까? 즉, 현재 내 삶에 어떤 부분이 채워진다면 원하는 삶을 살 수 있게 될 것 같습니까?

참고문헌

고용노동부(2018.11. 22.).(고용형태별 근로실태조사)통계청(경제활동 부가조사).

시사상식사전(2018). 공무원의 종류.
https://terms.naver.com/entry.nhn?docId=66045&cid=43667&categoryId=43667

예스폼 서식사전(2013). 경력증명서.

통계청(2018a). 2018년 8월 경제활동인구조사 근로형태별 부가조사 결과.

통계청(2018b). 연령대별 · 사유별 경력단절여성. 지역별고용조사.

통계청(2018c). 통계표준용어.

한국기업교육학회(2010). **HRD 용어사전**. 서울: 중앙경제.

Andrews, K., & Wooten, B. (2005). Closing the Gap: Helping Students Identify the Skills Employers Want. *NACE Journal, 65*(4), 41-44.

Cooper, C., & Payne, R. (1994). *Causes, coping and consequences of stress at work*. Chichester: Wiley.

Diamond, S. (2010). Getting more: How to negotiate to achieve your goals in the real world. New York: Crown Business.

National Association of Colleges and Employers (2005). National Association of Colleges and Employers.

Summerfield, J., & van Oudtshoorn, L. (2014). **조직개발 · 인사관리관점에서 접근한 기업상담**. (김계현, 왕은자, 권경인, 박성욱 공역). 서울: 학지사. (원저는 1995년에 출판).

4대사회보험 정보연계센터. http://www.4insure.or.kr

e-나라지표. 비정규직 고용동향의 지표설명. http://www.index.go.kr/potal/main/EachDtlPageDetail.do?idx_cd=2477

고용노동부. http://www.moel.go.kr/info/etc/dataroom/view.do?bbs_seq=20180100182

국가법령정보센터. http://www.law.go.kr/main.html

국가직무능력표준. http://www.ncs.go.kr

국민연금공단. http://www.nps.or.kr

국세청 홈택스. http://www.hometax.go.kr

네이버 사전. http://dict.naver.com

두산백과. www.doopedia.co.kr

잡코리아. http://www.jobkorea.co.kr

제7장

인간관계의 기술

학습목표

1. 관리 가능한 인간관계를 판단하는 기준을 안다.
2. 인간관계 역량을 증진시켜 줄 수 있는 관계의 기술을 설명할 수 있다.
3. 인간관계에서의 갈등을 해결하는 데 관계의 기술을 적용할 수 있다.

인간관계란 개인이 각자의 의도, 생각, 감정을 서로 전달하고, 전달받는 교환과정, 즉 의사소통 과정을 의미한다. 이러한 의사소통 과정에서 서로가 긍정적인 의도와 생각, 감정을 주고받을 경우에는 원만한 인간관계가 유지될 수 있고, 나아가 서로에게 긍정적인 에너지를 주는 관계로까지 발전할 수 있다. 하지만 그렇게 하지 못하는 경우에 인간관계는 오해와 갈등으로 악화될 수 있다. 실제로 소년원이나 교도소에 있는 어린 아이들의 이야기를 들어 보면 공통점이 있었는데, 바로 그 아이들이 자신의 아버지로부터 가장 많이 들은 말이 "같이 죽자."였다고 한다. 어린 아이들의 경우에는 발달상 자신에 대한 판단력이 이제 막 자라나야 할 새싹과 같은 시기이다. 또한 좌절에도 휘둘리지 않을 힘이 없는 무방비 상태로서 어른들의 격려와 피드백을 통해 자존감을 한창 형성시켜야 할 시기이다. 이런 시기에 자신이 절대적으로 믿고 의지하는 존재인 부모로부터 "같이 죽자."와 같은 무서운 말들을 들었다니 얼마나 두렵고 힘들었을지 감히 그 아이의 심정에 공감한다고 말하는 것조차 조심스러울 정도로 숙연해진다.

비단 소년원에 있는 어린 아이들의 사례를 들지 않더라도, 우리의 일상에서 사랑하는 사람들과 나누는 의사소통이 부정적인 방향으로 이루어졌던 경험들을 우리는 많이 해 보았을 것이다. 그랬을 때 관계가 악화되는 것뿐 아니라 우리의 자존감에도 상처를 받았던 경험들이 있을 것이다. 부정적인 방향으로 의사소통이 지속될 경우 안 좋은 영향을 받는다는 것은 이미 충분히 알고 있는 만큼, 대인관계 상황에서 의사소통은 가급적 긍정적인 방향으로 나누는 것이 좋다는 것도 알 것이다. 하지만 어떠한 이유에서인지 그렇게 하는 것이 마음처럼 쉽지는 않다는 것도 우리는 알고 있다. 그 이유에 대해 학자들은 다양한 방식으로 설명하고 있는데, 종합해 보면 개인내적인 이유와 개인외적인 이유로 구분해 볼 수 있다. 전자는 소위 말하는 '마인드컨트롤' '정서 조절'과 같은 노력이 필요한 영역이고, 후자는 소위 말하는 '대인관계기술'이나 '처세술'을 적용해야 하는 영역에 해당한다. 가령, '정서 조절'과 관련하여 우리가 항상 기분이 좋은 것만은 아니며, 아무리 노력해도 도저히 부정적인 감정을 억누를 수 없는 상황도 생기기 마련이다. 그로 인해 가끔씩은 부정적인 방식으로 소통을 하게 될 때도 있지만 대체로 긍정적인 방식으로 소통을 한다면 괜찮다. 하지만 부정적인 소통방식이 지배적일 때에는 이 부분에 대해 노력을 통해 개선시킬 필요가 있다. 한편, '대인관계기술'이나 '처세술'의 부족으로 인해 관계에서 불만족스러움을 느낀다면 이 부분에 대해 학습하고, 궁리하여 쌍방이 만족스러운 정도의 교류를 할 수 있도록 해야 한다. 가령, 협상기술 등이 여기에 해당한다.

하지만 불행히도 모든 인간관계가 다 노력을 통해 변화시킬 수 있는 것은 아니다. 가령, 사람을 오로지 목적을 위한 수단으로 생각하는 사람, 성격장애인 사람, 자신의 이득을 위해 사람을 해치는 사람, 자신의 잘못을 남에게 뒤집어씌우는 사람, 소시오패스, 사이코패스 등은 나의 노력만으로 둘 사이의 관계를 변화로 이끌기에는 너무 버거운 상대이다. 안타깝고 슬픈 일이지만 우리가 모든 것을 다 할 수는 없다는 점을 인정하고 임할 필요가 있다. 이를 인정하지 않고, 어떻게든 내가 포기하지 않고 관계를 개선해 보겠다고 노력한다 한들 개선되기도 힘들거니와 자칫하다가는 상대로부터 막대한 피해를 입어 회복이 불가능할 정도의 상처를 입을 수도 있기 때문이다. 따라서 이 장에서는 노력을 통해 변화시킬 수 있는 경우에 사용할 수 있는 인간관계의 기술을 살펴보도록 하겠다.

1. 관리 가능한 인간관계

전술한 바와 같이, 이 장에서는 노력을 통해 변화시킬 수 있는 경우에 사용할 수 있는 인간관계의 기술을 살펴보겠다고 하였다. 그렇다면 노력을 통해 변화시킬 수 있다고 판단할 수 있는 기준은 무엇일까? 앞에서 들었던 예시와 같이 사람을 오로지 목적을 위한 수단으로 생각하는 사람, 성격장애인 사람, 자신의 이득을 위해 사람을 해치는 사람, 자신의 잘못을 남에게 뒤집어씌우는 사람 등은 내가 노력한다고 변화되기 어려운 상대이므로 가급적 피하는 것이 좋다. 그 사람과 함께 있는 환경에서 나와서 다른 환경으로 환경 자체를 바꾸어야 하는 것이다. 왜 그럴까? 만일 상대가 이런 성향, 가령 남을 짓밟고서라도 자신의 지위를 높이고자 하는 욕망으로 똘똘 뭉쳐 있는 사람이라면 비록 내가 상대의 부당한 행동을 고치도록 지적하는 행동과 같은 객관적으로 보기에도 정당해 보이는 분노를 표현한다 할지라도 상대방은 그 분노를 자신이 마땅히 받아야 할 충고로 봐 주질 않는다. 그들은 그들이 잘못된 행동을 했다고 인식하기는커녕 오히려 그들이 여러분으로부터 '공격받았다'고 생각한다. 그리고 여러분에게 공격받았다고 인식하기 시작한 바로 그때부터 여러분을 적으로 간주하고 여러분을 상대로 '전쟁'에 돌입하는 태도를 보인다. 이 공격성은 매우 파괴적인 경우가 많으므로 자칫 잘못 상대했다가 돌

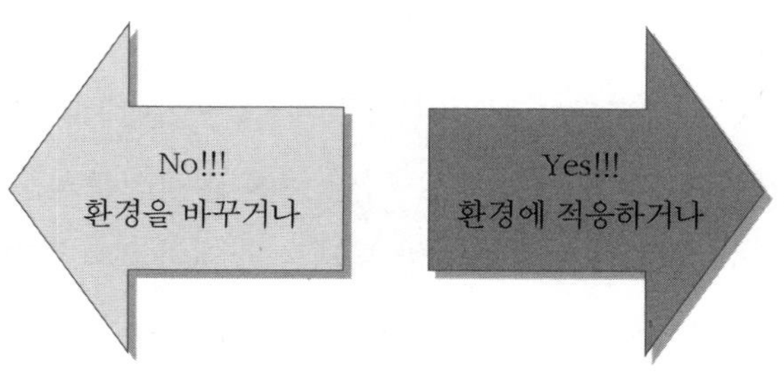

[그림 7-1] 관리 가능한 인간관계의 판단기준

이길 수 없을 만큼 막대한 피해를 보는 경우가 많다. 따라서 여러분이 감당할 수 없는 상대라면 피하는 방향으로, 감당할 수 있다면 환경과 상대방에게 적응하고자 노력하는 방향으로 정하는 것이 좋다([그림 7-1] 참조). 다음에서는 노력을 통해 개선 가능한 대상을 상대로 인간관계의 개선에 도움이 될 수 있는 인간관계의 기술을 소개하고자 한다.

2. 인간관계의 기술

품위란 삶의 하강기가 찾아와도 퇴행하지 않을 수 있는 능력이다. 고통에 직면하면서도 무뎌지지 않을 수 있는 능력, 극심한 고뇌를 겪으면서도 제자리에 남아 있을 수 있는 능력은 품위를 지킬 때 완성된다.

– 스캇펙(Scott M. Peck)–

매우 추운 어느 날 밤, 고슴도치들은 추위를 피하려고 떼 지어 몰려들었다. 그러나 추위를 피하기 위해 가까이 붙을수록 서로 뾰족한 가시에 찔려 고통스러웠다. 또 멀리 떨어지면 견디기 힘든 추위가 엄습했다. 고슴도치들은 붙었다 떨어지기를 여러 번 반복한 끝에 마침내 너무 아프게 찔리지 않으면서도 편안하게 추위를 견딜 수 있는 적당한 거리를 알게 되었다. 이런 거리를 '품위'나 '좋은 매너'라고 부르게 되었다(Kerr & Bowen, 2005, p. 72).

대인관계 상황에서 교류는 어떻게 이루어질까? 이에 대해 많은 학자가 다양한 이론을 제시해 왔다. 이 중 대표적인 이론인 정신분석, 게슈탈트, 인지주의적 관점을 소개하고, 이를 종합한 모델을 소개하고자 한다. 다음으로 관계상황에서 보편적으로 나타나는 대인정서와 대인사고, 대인행동을 살펴보고, 대인관계 기술을 소개하고자 한다.

1) 정신분석적 관점

Sigmund Freud

정신분석은 지그문트 프로이트(Sigmund Freud, 1856~1939)로부터 시작되었다. 정신분석적 관점에 의하면 인간이 보이는 행동에는 모두 그 원인이 존재하며(**심리적 결정론**), 의식적인 요인보다 무의식적인 요인에 의해서 더 많은 영향을 받는다고 가정한다(**무의식적 동기**). 이때 무의식의 주된 내용을 구성하는 것은 **생물적 본능**(instinct)인데, **삶의 본능**(eros)과 **죽음의 본능**(thanatos)으로 구성된다. 삶의 본능은 성, 생식, 종족을 번식하려는 경향을, 죽음의 본능은 공격, 해체, 작아지고 미분화되는 등 자연으로 회귀하려는 경향을 갖는다.

이러한 본능은 마음에 **추동**(혹은 욕동, drive)이라는 것을 만든다. 추동이란 마음을 움직여 무엇인가를 행동하게 하는 에너지이다. 삶의 본능이 만들어 내는 추동은 **리비도**(libido), 죽음의 본능이 만들어 내는 추동은 **공격추동**(aggressive drive)이다. 리비도는 욕망하는 인간의 모습을, 공격추동은 파괴하고 싶어 하는 인간의 모습을 각기 조명한다. 가령, 성욕은 리비도에 속하는 하나의 욕망이다. 이러한 욕망을 조절하지 못할 것 같은 두려움이 **'불안'**을 만들어 낸다. 가령, 리비도는 성욕과 같은 욕망을 들켰을 때 받게 될 처벌과 조롱에 대한 불안을, 공격추동은 다른 사람을 파괴하고 싶은 마음 혹은 살의나 폭력과 같이 다른 사람이 나를 파괴할 것이라는 두려움을 만들어 낸다. 프로이트는 사람들이 이러한 불안을 처리하기 위해 나름대로의 대처행동을 마련한다고 설명하며 이를 **방어기제**(defense mechanism)라 명명하였다.

각각에 대해 자세히 살펴보면 다음과 같다.

먼저, 불안이란 개인에게 부정적인 일이 발생할 것 같을 때 나타나는 위험 경보신호와 같은 의미를 지닌다. 프로이트는 불안을 크게 현실적 불안, 신경증적 불안, 도덕적 불안의 세 가지로 구분하였다. **현실적 불안**은 현실 상황을 기준으로 발생한다. 가령, 밤에 길을 걸어가는데 낯선 사람이 따라오는 경우에 생기는 불안이다. **신경증적 불안**은 원초아의 통제가능성 여부를 기준으로 발생한다. 자신이 원초아를 통제하지 못할 것 같을 때 발생하는 불안으로, 심리적 어려움을 호소하는 사람들이 하는 고민은 주로 신경증적 불안과 관련이 되는 것으로 알려져 있다. **도덕적 불안**은 도덕적 · 사회적 관점을 기준으로 발생한다. 가령, 부모님이 하지 말라고 말씀하신 행동을 내가 했을 때 생기는 불안이 여기에 해당된다.

방어기제란 자아(ego)가 불안을 처리하기 위해 사용하는 기제를 말한다.

- **승화**(sublimation): 추동(성욕/공격욕)을 사회적으로 용납될 수 있는 건설적인 행동으로 변형시켜 표현함으로써 불안(감정적 갈등이나 내외적인 스트레스 등)을 처리하는 방식이다. 성적인 욕구를 아름다운 그림으로 표현하거나 공격적인 욕구를 스포츠 활동으로 표현하는 것이 여기에 해당된다.
- **전치**(대치, displacement): 한 대상에 대한 추동을 덜 위협적인 대상에게 표출함으로써 불안을 처리하는 방식이다. 가령, 직장 상사에게 질책을 받은 사람이 상사에게 대들지는 못하고, 집에 와서 아내에게 화풀이하는 경우가 여기에 해당된다.
- **합리화**(rationalization): 실패를 했거나 무능함을 드러낼 것 같은 상황에서 그럴듯한 이유로 상황을 정당화함으로써 불안을 회피하는 방식이다. 가령, 〈여우와 신포도〉의 우화가 대표적인 예로, 학력이 높은 사람이 자주 사용한다고도 알려져 있다.
- **주지화**(지성화, intellectualization): 상처를 받는 등 정서적 고통 경험에 대해 직접 다루지 않고 추상화함으로써 불안을 회피하는 방식이다. 가령, 실연을 당했을 때, 상실의 고통을 피하기 위해 사랑이란 무엇인지에 대한 생각에 심취하는 경우가 여기에 해당된다.

- **감정의 분리**(emotional detachment): 원래 생각과 감정이 연합되어 있는 경험에 대해 정서적 고통, 불안을 회피하기 위해 감정은 도려내고 생각만 의식하는 것이다. 가령, 실연을 당한 상황에서 받았던 정서적 아픔 등의 느낌은 잊어버리고, 실연을 당한 상황을 자세하게 묘사하는 등 인지적인 부분으로만 의식하는 것을 말한다.
- **반동형성**(reaction formation): 용납될 수 없는 생각이나 감정을 감추고, 이와 정반대의 생각, 감정, 행동을 함으로써 불안을 처리하는 것이다. 가령, '미운 아이 떡 하나 더 준다'는 속담이 대표적인 예이다. 남편에 대한 증오심을 지닌 한 여성이 증오와 공격이 아닌 사랑과 헌신의 행동을 나타냄으로써 불안을 회피하고, 결혼생활 파탄의 위협도 피하는 것을 말한다.
- **억압**(repression): 용납될 수 없는 생각이나 감정이 의식에 떠오르지 못하도록 억누르는 것이다. 억제는 용납될 수 없는 생각이나 감정을 인식하고 있고, 이를 억누르는 의식적인 과정인 반면, 억압은 생각이나 감정을 인식하지 못하거나 기억하지 못하는 등 이를 억누르는 것이 무의식적인 과정에서 이루어진다는 차이가 있다.
- **동일시**(identification): 이상적인 사람의 특징을 자신의 것으로 여기면서 자신의 부정적인 부분으로 인한 열등감, 불안 등의 감정을 회피할 수 있는 것을 말한다. 가령, 바람을 피우고, 어머니를 때리는 아버지가 아버지에게 맞고 고통스러워하는 어머니보다 행복해 보이고, 강력해 보이므로 아버지의 행동을 따라하고, 아버지처럼 되고 싶어 하며, 자신도 아버지처럼 강력한 힘을 지닌 것처럼 느끼는 자녀의 행동이 동일시에 해당한다.
- **퇴행**(regression): 불안을 야기하는 현 상황으로부터 회피하고 싶어서 이전의 발달단계로 되돌아가는 것을 말한다. 가령, 혼자 옷을 입을 수 있었던 아이가 새로 태어난 동생에게 부모의 사랑과 관심이 집중되자 혼자 옷을 입지 못하는 모습을 보이는 경우가 여기에 해당된다.
- **부인**(부정, denial): 남들 눈에도 분명하게 보이는 외부 현실이나 주관적

인 고통을 인정하기를 거부함으로써 고통을 회피하는 방식이다. 가령, 부모가 이혼했을 때 그 사실을 인정하는 것이 너무 고통스러워 마치 그런 일이 없는 것처럼 부모의 이혼 사실 자체를 부정하는 것을 말한다.

- **투사**(projection): 용납될 수 없는 생각이나 감정을 타인의 것으로 돌리는 것을 말한다. 가령, 딸에게 성적 매력을 느끼는 아버지가 이를 용납할 수 없어서 딸이 자신을 유혹한다고 주장하는 경우가 이에 해당된다.
- **행동화**(acting out): 발생하는 생각이나 감정을 내면에 머물러 받아들이고 느끼는 과정 없이 즉각적 행동으로 대응함으로써 내면의 정서적 갈등이나 내외적인 스트레스를 처리하는 방식을 말한다. 가령, 부모에 대한 분노를 부모나 다른 사람에게 행동으로 직접 표현하는 것이 이에 해당된다.

인간이 보이는 행동은 특히 어린 시절의 경험, 즉 생후 약 5년간의 경험을 통해 형성된 '**무의식적 성격구조**'가 발현된 것이라 설명한다. 어린 시절의 경험을 통해 형성된 자신과 환경에 대한 기본적인 태도와 대처방식이 이후의 삶에 크게 영향을 준다는 것이다.

여기서 무의식이란 프로이트가 제안한 개념으로, 인간의 의식적인 접근 가능성을 기준으로 인간의 의식의 수준을 의식, 전의식, 무의식이라는 세 가지로 구분한 것과 관련된 개념이다. **의식 수준**이란 개인이 항상 자각하고 있는 수준을, **전의식 수준**이란 약간의 노력을 기울이면 쉽게 의식으로 올릴 수 있는 수준으로, 전의식은 무의식의 내용을 의식으로 연결하는 교량 역할을 한다. **무의식 수준**이란 자각하려는 노력에도 불구하고 쉽게 의식되지 않는 수준이다. 의식에 떠오르면 위협적인 것으로 느껴지기 때문에 의식되지 않는 것을 말한다.

또한 프로이트는 68세부터 그가 사망하기 전까지의 기간 동안에 **성격의 삼원구조이론**을 주장하였다. 성격의 삼원구조이론이란 인간의 성격이 원초아(id), 자아(ego), 초자아(super ego)의 세 가지 요소로 구성되며, 이들 간의 작동에 의해 이루어진다는 이론이다. 여기서 **원초아**(id)란 일차과정으로, 쾌락원리에 의해 움직이는데, 현실적 여건을 고려하지 않고 즉각적으로 욕구를 충족시키려 하는 것을 말한다. **자아**(ego)란 이차과정으로, 현실원리에 의해 움직이며, 현실적 여건을 고려한 판단, 행동통제, 감정조절, 만족지연, 좌절인내를 말한다. **초자아**(super ego)란 도덕원리에 의해 움직이며, 마음속에 내면화된 사회적 규범과 부모의 가치관에 입각하여 행동의 선악을 판단하고자 하는 것을 말한다.

프로이트의 초기(프로이트의 나이 35~45세경) 이론에서 그는 심리적 문제가 트라우마(심리적 외상) 때문에 생긴다고 보았다가 중기(45~68세경)에는 무의식 속의 추동과 이로 인한 갈등 및 대처과정에서 문제가 발생한 것이라고 보았고, 후기(69~83세)에는 원초아, 자아, 초자아 중 '자아'가 조정자로서의 주도권을 가지고 기능을 잘하지 못해서 문제가 생긴다고 보았다. 가령, 첫째, 성적 · 공격적 욕구를 과도하게 억압한 탓에 짓눌려 왔던 원초아의 요구가 강력해질 때, 둘째, 초자아가 과도하게 경직된 윤리의식이나 완벽주의적 가치를 요구할 때, 셋째, 현실적으로 감당하기 어려운 심리적 부담이나 스트레스가 자아의 기능을 약화시킬 때 '자아'가 제 기능을 잘하기 어렵다고 설명하였다.

프로이트가 말한 의식의 수준과 성격의 구조를 모식도로 표현하면 〈표 7-1〉과 같다. 원초아는 무의식에서 발현되며, 자아와 초자아는 의식의 수준 전 영역에서 발현된다고 한다.

〈표 7-1〉 의식의 수준에 따른 성격의 구성요소

구분		성격의 구조		
		원초아	자아	초자아
의식의 수준	의식		○	○
	전의식		○	○
	무의식	○	○	○

그렇다면 정신분석적 관점에서 원만한 대인관계를 위해 개인이 할 수 있는 것은 어떤 것일까? 정신분석적 관점에서 제시하는 다양한 심리상담적 기법은 공통적으로 **통찰**을 강조한다. 즉, 자신의 내면에 대한 분석을 통해 자신의 무의식을 의식화하여 이해하도록 한다. 이렇듯 내면에 대한 이해를 통해 자아가 내면에 대한 통제권을 회복하여 적응적으로 기능할 수 있다고 본다.

2) 게슈탈트적 관점

Fritz Perls

게슈탈트적 관점은 프리츠 펄스(Fritz Perls, 1893~1970)로부터 시작되었다. 게슈탈트적 관점에 의하면 특정 시점에 인간이 보이는 행동은 그 시점에 자신에게 중요한 게슈탈트를 생성하고 해소하는 행위이다. **게슈탈트**란 여러 부분이 '하나의 전체'로 지각된 형태나 구조 혹은 전체적 모양을 일컫는 독일어이다. 펄스는 이를 상담 및 심리치료적 관점으로 확장하여 사용하였는데, 이때 게슈탈트란 개체가 처한 상황에서 개체에 의해 지각된 자신의 행동동기를 의미한다. 게슈탈트는 전경과 배경으로 구성되는데, **전경**(figure)이란 특정 시점에 우리 의식의 초점이 되는 것을, **배경**(background)이란 초점 밖에 놓여 있는 인식의 대상을 말한다. 즉, '게슈탈트'란 개체가 처한 상황에서 개체가 보기에 그 시점에 가장 매력 있는 절실한 행동 혹은 실현 가능한 행동동기, 자신이 진정으로 하고 싶은 행동목표를 의미하며, '**게슈탈트를 형성한다**'는 말은 개체가 특정 시점에 그 순간 가장 중요한 욕구나 감정을 전경으로 떠올린다는 것을 의미한다. 펄스에 의하면, 건강한 개체는 자신의 행동목표인 게슈탈트를 형성하지만 건강하지 못한 개체는 게슈탈트를 형성하지 못하거나 형성은 하였지만 해소하지 못한다고 한다. 가령, 특정 시점에 자기 자신에게 필요한 행동목표가 무엇인지에 대해 불분명하고, 매사에 의사결정을 잘하지 못하고 혼란스러워하는 사람은 자신이 진정으로 하고 싶은 일이 무엇인지 잘 모르는, 게슈탈트적 관점으로 표현하면 '그 순간 자신에게 중요한 게슈탈트를 선명하고 강하게 형성하여 전경으로 떠올리지 못하는' 혹은 '전경을 배경으로부터 명확히 구분하지 못하는' 상태를 자주 경험한다고 볼 수 있다.

건강한 개체는 자연스러운 전경과 배경의 교체가 일어난다. 이를 '게슈탈트의 형성과 해소'라고 부른다. 개체가 전경으로 떠오른 게슈탈트를 해소하고 나면 그것은 전경에서 사라져 다시 배경으로 물러난다. 그리고 다시 새로운 게슈탈트가 형성되어 전경으로 떠오른다. 이렇듯 게슈탈트가 형성되고 해소되는 반복적인 과정을 '**알아차림-접촉 주기**'라고 부른다. **알아차림**(awareness)이란 개체가 자신의 유기체적 욕구나 감정을 지각한 다음 게슈탈트로 형성하여 명료한 전경으로 떠올리는 행위를 말한다. 개체가 자신의 삶에서 지금-여기에서 일어나고 있는 중요한 현상들을 피하거나 방어하지 않고 있는 그대로 지각하고 체험하는 행위를 말한다. **접촉**(contact)이란 전경으로 떠오른 게슈탈트를 해소하기 위해 개체가 환경과 상호작용하는 행위를 말한다. 개체가 환경과의 '분리감'을 유지한 상태, 즉 환경과 구분되는 개체 자신의 '정체성'을 잃지 않으면서 환경과 상호작용하는 과정을 체험하는 것이다.

이러한 '알아차림-접촉 주기'는 '**게슈탈트 형성과 파괴의 주기**'로 명명되기도 하며 7단계로 세분화된다(Perls et al., 1951/1969; [그림 7-2] 참조).

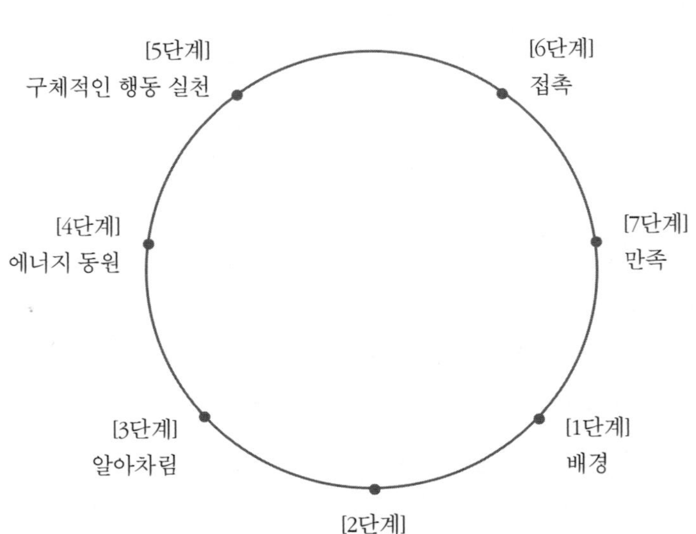

[그림 7-2] 알아차림-접촉 주기

출처: Perls, F. S., Hefferline, R. F., & Goodman, P. (1951/1969).

- 1단계: **배경 단계**이다. 이전의 게슈탈트가 해소되어 배경으로 물러난 상태를 말한다. '철수, 물러남, 휴식 단계'로도 불린다. 모든 것이 잘 충족되고 해소된 균형 상태에서는 특정 게슈탈트가 떠오르지 않으므로, 평안하고 고요한 상태이다. 예를 들어, 사회적으로 성공을 거둔 50대의 한 독신 남성이 있다고 하자. 그의 목표는 줄곧 회사에서 높은 지위에까지 오르고 사람들로부터 인정받고, 경제적인 안정을 얻는 것이었다. 그는 계속 이를 달성하기 위해 노력해 왔고 이미 성공을 거두어 매우 만족스러운 상태여서 마음이 평온하다.
- 2단계: **감각 단계**이다. 어떤 외부 자극이나 내면적 불균형 상태가 초래되면, 평안하고 고요한 상태가 깨진다. 그리고 이와 관련된 유기체적 욕구나 감정이 '신체 감각'의 형태로 나타나게 된다. 가령, 앞서 언급한 그 50대 독신 남성은 여느 때처럼 휴일 오후에 업무와 관련한 회의를 앞두고 있

었다. 그런데 갑작스러운 일로 인해 회의가 취소되었다. 그러자 주변 동료들은 가족과 함께 시간을 보내기 위해 하나 둘 사라지기 시작했다. 그 모습을 보고 있던 그 남성은 가슴 한 켠이 시림을 느낀다. 이러한 느낌을 자각하는 것이 감각 단계에서 이루어진다.

- 3단계: **알아차림 단계**이다. 이러한 신체 감각을 개인이 '알아차림'을 통해 게슈탈트를 형성하여 전경으로 떠올린다. 예를 들어, 앞의 50대 독신 남성은 휴일에 회의가 갑작스럽게 취소되고 경험한 일련의 일들을 통해 회사에서는 높은 지위에까지 올랐지만 어느 순간부터 주위에 아무도 없음을 자각하였고, 이제는 그의 정서적 공허감을 채우고 싶다는 욕구가 전경에 떠올랐음을 알아차리게 된다. 즉, 이 단계는 감각 단계에서 알아차린 감각이 환경과의 유기체적인 관계 속에서 무엇을 의미하는지를 알아차리는 단계이다(김정규, 1995).
- 4단계: **에너지 동원의 단계**이다. 이 단계는 형성된 게슈탈트를 해소하기 위해 에너지를 동원하는 단계로서, 게슈탈트를 충족시킬 수 있도록 목표가 더 분명해지고, 게슈탈트를 충족시킬 수 있는 행동에 대한 이미지가 형성되며, 흥분 및 에너지가 동원된다. 건강한 사람이라면 이 단계에서 숨을 깊고 자유롭게 쉬고, 운동체계는 준비가 잘 되어 있으며, 감각은 환경의 정보를 최대한 받아들일 수 있도록 개방된다(Clarkson, 1989). 반면, 내사 받은 대로만 살아왔던 사람의 경우는 자신이 지닌 에너지에 대한 신뢰가 없어서, 자신의 에너지가 어디에 있는지를 잘 모른다. 설사 우연히 자신의 에너지와 접촉하더라도 외면한다. 이들은 의도적으로 숨을 죽여서, 산소공급을 줄여 흥분 에너지를 줄인다. 이들이 건강한 에너지를 동원하도록 도우려면, 자신의 에너지를 사용하는 연습을 시켜주어야 하는데, 신체활동이나 감정표현 등을 통해 가능할 수 있다(김정규, 1995).
- 5단계: **구체적인 행동을 실천하는 단계**이다. 이 단계는 '엉뚱한 대상'이 아

니라 '목표 대상(target)을 향하여' 적절한 행동을 선택하여 실행하는 단계이다. 가령, 인생을 함께 할 배우자를 찾고 싶다는 게슈탈트를 지닌 그 독신 남성은 이 단계에서 연애의 시작과 유지를 방해하는 장애물을 극복하는 방법을 모색하고, 그 과정에서 여러 형태의 행동들을 실험해 보면서 가능한 해결책들을 적극적으로 찾는다. 즉, 이 단계는 현실과 상상의 차원 모두에서 여러 가능성들을 적극적으로 고려하여 적절한 행동을 선택하고 실행한다(Clarkson, 1989).

- 6단계: **접촉 단계**이다. 접촉은 자기와 환경과의 경계에서 일어난다. 접촉이 이루어진 순간은 '산만하게 행동하는 것'이 아니라 '주의집중이 최고로 순수하게 정제된 상태'로서 주의집중 행위와 그 대상이 서로 분리될 수 없는 하나가 된다(Clarkson, 1989). 가령, 감동적인 음악을 들을 때의 전율의 순간이 이에 해당한다. 앞서 예로 든 50대 독신 남성의 경우, 이상형의 여성과 나누는 대화에 완전히 '몰입'한 완전하고 생생한 경험을 하고 있는 상태가 이 단계에 해당한다. 그녀를 만나고 있는 레스토랑이 커다란 음악소리와 옆 좌석 사람들의 대화로 인해 시끌벅적함에도 불구하고, 그러한 소리들보다 상대 여성과의 대화를 더 또렷하게 들을 수 있다면 그것은 그가 좋은 접촉을 하고 있다는 증거로 볼 수 있다.
- 7단계: **만족 단계**이다. 이 단계는 게슈탈트를 완결한 단계이자 깊은 유기체적인 만족을 경험하는 단계이다. 이 단계는 친근감이나 창조적인 표현을 충분하고 완전히 한 후에 느끼는 '여운'에 비유되거나(Clarkson, 1989), 경험을 '음미'하는 것을 말한다. 가령, 앞서 예로 든 50대 독신 남성은 이상형의 여성과의 데이트에서 서로의 마음을 충분히 확인할 수 있어 만족스러웠다. 그의 내면에 여성과 대화하는 경험을 음미 한다던가 대화 후 여운과 잔잔한 고요함이 느껴진다면 그가 만족 단계에 있다고 볼 수 있다.

건강한 유기체는 환경과의 상호작용 과정에서 자연스럽게 알아차림-접촉 주기를 반복하면서 성장하지만, 알아차림-접촉 주기의 7단계 중 어떤 단계에서든 '**차단**'이 되면 유기체는 게슈탈트를 건강하게 완결할 수 없고, 미해결 과제가 쌓여 현실 적응에 어려움을 겪게 된다고 한다. 가령, 개체가 자신의 알아차림을 인위적으로 '차단'할 때 게슈탈트 형성에 실패하게 된다. 또한 알아차림을 통해 게슈탈트를 전경으로 떠올린다 하더라도 환경과 접촉하는 것을 인위적으로 '차단'하면 게슈탈트의 형성 및 해소가 완결되지 못하여 배경으로 사라지게 할 수 없다. 이렇듯 게슈탈트가 완결되지 못하면 배경으로 사라지지 못하고 중간층에 남아 계속 전경으로 떠오르려고 하며, 해결을 요구한다. 또한 다른 게슈탈트가 형성되는 것도 방해한다. 이를 **미해결 과제**라 부른다. 가령, 친구와 싸우고 난 후 공부에 집중하기 어려운 경험을 해 봤을 것이다. 이때 내가 공부에 집중하기 어려웠던 이유는 공부 이전의 사건, 즉 친구와 싸우는 상황과 관련된 나의 게슈탈트가 불분명한 상태로 있거나 게슈탈트는 분명했지만 이를 해소하지 못하여 미해결 과제로 남아 다른 게슈탈트를 방해하는 작용을 하기 때문이다.

이렇듯 미해결 과제를 해결하려면 접촉과 차단이 적응적으로 이루어져야 한다. 개체와 환경이 교류하는 장소인 접촉경계에서 개체가 환경과 교류하면서 자신에게 필요한 것은 경계를 열어 받아들이고(접촉), 해로운 것에 대해서는 경계를 닫음으로써(차단) 자신을 보호해야 한다. 이것이 자연스럽게 일어나면 건강하고 적응적으로 생활할 수 있다. 하지만 개체와 환경 간의 경계에 접촉과 차단이 부적응적으로 이루어질 경우에는 **접촉경계 혼란**(contact boundary disturbance)이 일어나게 되어 미해결 과제가 쌓이는 악순환이 벌어지게 된다. 따라서 접촉경계 혼란을 극복하기 위해서는 접촉이 필요한 순간에 차단하지 않게 하고, 차단해야 할 순간에 차단할 수 있도록 해야 한다.

펄스는 접촉이 필요한 상황에 접촉이 되지 못한 정도를 다섯 가지 수준으로 구분하여 설명하였고, 이를 5개의 **신경증 상태**라 명명하였다.

- 1수준: **피상층**(phony layer)이다. 개체가 사회적인 규범에 따라 하는 상투적이거나 위선적인 행동으로 사람들을 대하는 수준이다. 자신의 욕구에 부합하여 진정성 있게 상대를 대하는 것이 아니라 피상적으로 대하는 상태를 의미한다.
- 2수준: **공포층**(phobic layer) 혹은 연기층(role playing layer)이다. 진정한 자신의 모습을 내보이는 것에 두려움을 느끼기 때문에 이를 회피하는 방식으로 살아가는 상태이다. 자신의 욕구나 감정은 억압하고, 부모나 주변 사람 등 환경이 자신에게 기대하는 역할을 연기하며 살아가고, 그것이 진정한 자신의 모습이라고 착각하며 살아가는 상태를 의미한다.
- 3수준: **교착층**(impasse layer)이다. 1~2수준에서 보이는 자신의 모습이 진정한 자신의 모습이 아니라는 것을 알고 지금까지 해 왔던 역할연기를 그만두고 싶지만, 한편으로는 변화에 대한 두려움 때문에 이러지도 저러지도 못하는 상태를 말한다.
- 4수준: **내파층**(implosive layer)이다. 자신의 내면적 욕구와 감정이 무엇인지를 알아차리고 진정한 자기가 어떤지를 인식하지만, 이를 외부적으로 표현하는 것은 억제하고 있는 상태이다. 표현하지 않고 억제하고 있는 이유는 자신이 그동안 억압해 왔던 욕구와 감정을 여과 없이 발산하게 되면 그 파급력이 타인과의 관계를 악화시킬 정도의 강력한 파괴력을 지녔기 때문이다.
- 5수준: **폭발층**(explosive layer)이다. 자신의 욕구와 감정을 분명하게 알아차리고 이를 타인에게 표현함으로써 타인과 거짓없는 진실한 접촉을 보이는 상태이다.

또한 펄스는 접촉과 차단이 부적절하게 이루어지는 행위의 종류를 6가지 **접촉경계장애**로 설명하였다.

- **내사**(introjection): 개체가 환경의 요구를 무비판적으로 받아들이는 것을 의미한다. 가령, '자고로 남자란 이래야 된다, 여자란 이래야 된다' '의사가 되어야 한다' '공부를 잘해야만 한다' 등 사회문화적으로나 부모로부터 요구된 가치관, 사고방식, 기대를 무비판적으로 받아들이는 것을 말한다. 본래 개인은 환경과의 접촉 과정에서 자신에게 필요한 것을 선별하여 받아들이게 되는데, 적절한 것을 선별하지 못하고 무비판적으로 받아들이면 그러한 외부의 기대나 요구는 자신의 것으로 동화되지 못한 채 개인의 행동이나 사고방식에 악영향을 미치게 된다.
- **투사**(projecton): 자신의 생각이나 욕구, 감정을 자신의 것이 아니라 타인의 것이라고 지각하는 것을 말한다. 가령, 회사에서 자신의 동료에게 적대감과 못마땅함을 느끼고 있지만, 주변 사람들에게는 그 동료가 자신을 싫어하고 못마땅해 한다고 말하고 다니는 것이 그 예이다. 이 경우, 그 사람은 '동료를 제치고 자신이 회사에서 승진하고 싶은 욕구'가 있는데, 예전에 '경쟁심은 이기적이고 수치스러운 행동이다'라는 내사로 형성된 가치관 때문에 본래 자신이 하고 싶었던 욕구인 경쟁심을 억누르고 있는 경우에 그 욕구를 자신의 것이라고 받아들일 수 없으므로 타인의 것이라고 투사하는 것이다. 특히 자신의 것이라고 받아들일 수 없는 욕구대로 자유롭게 행동하고 있는 타인을 보면 자신도 그렇게 하고 싶은 욕구가 올라와 통제하기 힘들어지기 때문에 타인에게 지나치게 민감한 반응을 보인다. 투사 자체가 부적응적이라기보다는 자신이 투사행위를 하고 있다는 것을 인식하지 못하는 것이 부적응적인 것이다.
- **융합**(confluence): 밀접한 관계에 있는 두 사람이 서로의 독자성을 무시하고 동일한 욕구, 가치, 태도 등을 지닌 것처럼 행동하는 것을 말한다. 혼자서는 어떤 것도 할 수 없다고 생각하는 사람에게 혼자서 살아 내야 하는 것은 커다란 공포이므로 이들은 혼자 외로움과 공허감을 직면하는 것을 피하는 대가로 자신의 개성과 주체성을 포기하는 것이다. 부부사

이나 부모-자녀 사이에 많이 발견된다. 둘 사이에 불일치는 있을 수 없다. 만일 불일치를 보일 경우, 이는 한몸처럼 움직였던 관계를 깨뜨리는 행위이므로 깨뜨림을 당한 사람은 분노와 짜증을, 깨뜨린 사람은 죄책감을 느끼게 된다. 가령, 어머니가 자신의 모든 것을 희생해서 자녀의 학업 뒷바라지를 했고, 그러한 뒷바라지의 목표가 자녀의 의대진학이었는데, 자녀가 의사가 되지 못했을 경우에 어머니는 자녀에게 원망을, 자녀는 죄책감을 느끼는 경우가 이에 해당된다.

- **반전**(retroflection): 자신이 타인이나 환경에게 하고 싶은 행동 혹은 타인이나 환경이 자신에게 해 주기를 바라는 행동을 자신에게 하는 것을 말한다. 가령, 부모에게 화를 내고 싶은데 자신에게 자해하는, 즉 자신에게 화를 낸다거나, 친구에게 위로를 받는 대신에 자신이 스스로를 위로하는 것이 그 예이다. 반전은 개인이 타인이나 환경과의 상호작용을 차단하고 자신을 행동의 대상으로 삼는 것으로, 과거에 타인이나 환경과 자연스러운 접촉행동을 할 수 없을 만큼 성장환경이 억압적이거나 비우호적인 경우, 자신의 욕구를 내보였다가는 타인이나 환경으로부터 괴롭힘을 당하거나 고통을 받게 되기 때문에 내보이지 못하는 것이다. 그 대신 부모나 환경의 태도를 자신의 것인 양 내사하여 이로 인해 일어나는 행동반응이 반전이다.
- **자의식**(egotism): 자신이 원하는 대로 행동했을 때 부정적인 결과가 초래될까 봐 두려워서 행동을 하기도 전에 자신에 대해 지나치게 의식하고 관찰하는 현상이다. 이는 자신의 행동에 대해 타인의 반응이 어떨지를 지나치게 의식하기 때문에 일어나는 반응이다. 가령, 이성으로부터 관심을 받고 싶은 욕구가 큰 사람이 마음에 드는 이성을 만난 상황에서 관심을 표현하는 행동을 드러내놓고 하지 못하고, 눈도 마주치지 못하고, 양팔은 긴장되고, 두근두근 심장 소리가 크게 들리는 것 같은 자신의 어색한 모습을 의식하고 있는 것이 이에 해당된다.

- **편향**(deflection): 만일 환경과 접촉할 경우에 자신이 감당하기 힘든 심리적 결과가 초래될 것이라 예견이 되면 이러한 경험에 압도되지 않기 위해서 환경과의 접촉을 피해 버리거나 자신의 감각을 둔화시킴으로써 환경과의 접촉을 약화시키는 것을 말한다. 가령, 실연의 상처로 인해 위로를 호소하는 친구에게 공감하지 않고 "원래 실연은 누구나 아픈 경험이지."라고 말하는 것이 이에 해당한다. 구체적으로 접촉하게 되면 자신의 실연으로 인한 상처까지 떠올라 고통스럽기 때문에 구체적으로 말하지 않고 추상적인 차원에서 맴도는 것이다. 또 다른 예로, 슬픈 상황인데 아무렇지도 않다고 말하는 경우가 있다. 슬픔을 인지하게 되면 너무도 고통스럽기 때문에 자신의 감각을 차단시키는 것이다. 운전을 하다가 실수로 옆의 차를 긁었음을 알게 된 운전자가 이를 들키는 것이 두려워서 도망을 가다가 옆의 차주에게 붙잡혔다. 옆의 차주가 "이렇게 그냥 가시면 뺑소니죠."라고 말하니 경찰서에 끌려가 망신당할까 봐 두려워서 이러한 불안에 압도당하지 않기 위해 "우리 아이 집에 반찬을 가져다주러 왔는데, 날씨가 너무 추운데, 제가 원래 이 동네에 잘 안오는데……." 등 말을 장황하게 하거나 초점을 흩뜨리는 횡설수설한 반응도 여기에 해당된다.

그렇다면 게슈탈트적 관점에서 원만한 대인관계를 위해 개인이 할 수 있는 것은 어떤 것일까? 게슈탈트적 관점에서 제시하는 다양한 심리상담적 기법은 공통적으로 '**알아차림과 접촉**'을 강조한다. 즉, 체험을 통해 자신의 내면의 욕구를 알아차리고 접촉하여 해소하도록 한다. 이렇듯 알아차림과 접촉을 통해 유기체적 욕구를 해소하면 건강한 개체로 성장할 수 있다고 보았다.

3) 인지주의적 관점

인지주의적 관점은 대표적인 학자인 앨버트 엘리스(Albert Ellis, 1913~2007)

Albert Ellis

와 아론 벡(Aron T. Beck, 1921~)으로부터 제안되었다. 인지주의적 관점에 의하면, 특정 시점에 인간이 보이는 행동은 그 시점에 작동하는 인간의 생각 때문이다. 특히 엘리스는 사람들이 경험하는 정신적 고통이 외부 사건 그 자체 때문이 아니라 그에 대한 개인의 생각으로 인해 발생한다고 보고, 이를 **비합리적 신념**이라고 명명하였다. 후에 벡은 엘리스의 비합리적 신념이라는 개념을 채택하여 이를 **역기능적 신념**(dysfunctional beliefs)과 **자동적 사고**(automatic thought)로 구분하였다.

벡은 사람들이 자신의 과거 경험을 통해 자신과 세상에 대해 일반화한 '인지적 구조'를 지닌다고 가정하였다. 이렇듯 자신과 세상에 대한 신념, 즉 일반화한 믿음이나 원칙으로 구성되어 있는 인지적 구조를 **인지도식**(schema)이라 명명하였다. 사람들이 생활하면서 부적응적인 행동을 보이는 이유는 그들이 형성해 온 신념이 부적응적인 것이기 때문인데, 벡은 이러한 **부적응적 인지도식**을 '**역기능적 신념**' 또는 '**기저가정**(underlying assumptions)'이라고 지칭하였다.

Aron Beck(좌)과 그의 딸 Judith Beck(우)

한편, 벡의 딸인 주디스 벡(Beck, 2011)은 역기능적 신념을 핵심신념(core beliefs)과 중간신념(intermediate beliefs)으로 구분하여 발전시켰다.

핵심신념은 자신과 세상 전반에 대해 과잉일반화한 경직된 내용의 신념이다. 이러한 핵심신념은 어린 시절에 주요 타자와 상호작용을 하는 과정에서 형성된 것으로, 마치 당연한 진리인 양 암묵적으로 받아들이고 있으며, 개인에게 잘 의식되지 않는 가장 근원적이며 깊은 수준이 믿음이다. 가령, '있는 그대로의 내 모습으로는 결코 사랑받을 수 없다'가 그 예이다. 중간신념은 삶에 대한 태도, 규범, 가정으로 구성되어 있다. **중간신념**은 핵심신념에 의해 영향을 받는 신념으로, 핵심신념과 자동적 사고를 매개하는 역할을 한다. 중간신념 역시 대체로 개인에게 잘 인식되지 못한다. 가령, '열심히 일하지 않으면 아내로부터 버림받을 거야' 혹은 '직장에서 살아남아야 아내에게 사랑받는다'라는 가정이 중간신념의 예이다. 마지막으로, **자동적 사고**는 가장 표층적인 수준의 인지에 해당하는 것으로 정신분석적 관점에서 말하는 '전의식'과 유사한 개념이다(Sharp, 2003). 가령, 일중독자인 남성이 무척 지쳐 있는 상황임에도 퇴근을 하지 못하고 해야 할 일거리들을 바라보며 불안함을 느끼고 있다. 이러한 상황에서 그 남성이 느끼는 불안함은 어디에서 기원하는 것일까? 이를 인지주의적 관점으로 설명하면, '퇴근시간이 되었는데 아직 해야 할 일거리들이 너무 많이 남았다(상황). 있는 그대로의 내 모습으로는 결코 사랑받을 수 없으므로(핵심신념), 열심히 일하지 않으면 나는 아내에게 계속 사랑받을 수 없다(중간신념). 따라서 오늘

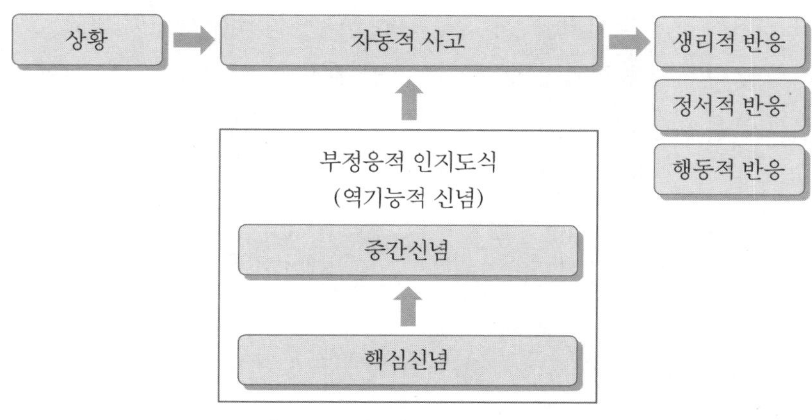

[그림 7-3] Beck의 인지모델

출처: Beck, J. S. (1995).

다 마무리 짓지 못할 일거리들임에도 나는 그 일거리들을 오늘 안에 다 끝내야만 한다(자동적 사고)'라고 설명할 수 있다.

그렇다면 인지주의적 관점에서 원만한 대인관계를 위해 개인이 할 수 있는 것은 어떤 것일까? 인지주의적 관점에서는 공통적으로 **'생각'**을 강조한다. 즉, 비합리적 혹은 역기능적인 생각, 자동적인 생각을 **논박**하여 합리적 혹은 기능적인 생각으로 대체하도록 한다. 이때의 논박은 해당 생각이 너무 경직된 것은 아닌지(경직성), 너무 비논리적인 것은 아닌지(논리성), 너무 비현실적인 것은 아닌지(현실성), 자신에게 도움이 되는 생각인지(실용성)의 네 가지 기준으로 검토할 수 있다. 이렇듯 생각을 적응적인 생각으로 바꾸면 적응적으로 기능할 수 있다고 보았다.

가령, 엘리스는 ABCDEF 모델을 통해 사람들이 부정적 행동을 보이는 기제와 이를 합리적인 행동으로 바꾸어 주기 위해 비합리적인 신념을 합리적인 신념으로 바꾸는 기제를 제안하였다. 여기서 A는 촉발사건으로, 내담자에게 부정적 감정을 유발한 촉발사건을 포착하여 구체적으로 확인하는 것을 말한다. B는 비합리적 신념으로, 촉발사건에 대해 내담자가 지닌 신념을 탐색하여 찾아내는 것이다. C는 부정적 결과로, 비합리적 신념의 결과로 나타난 부정적 감정과 행동을 말한다. D는 논박하기로, 내담자가 지니고 있는 신념의 합리성을 다양한 관점에서 평가하는 것을 말하며, E는 효과적인 철학으로, 자신의 삶을 적응적인 것으로 변화시킬 수 있는 새로운 신념체계(효과적인 철

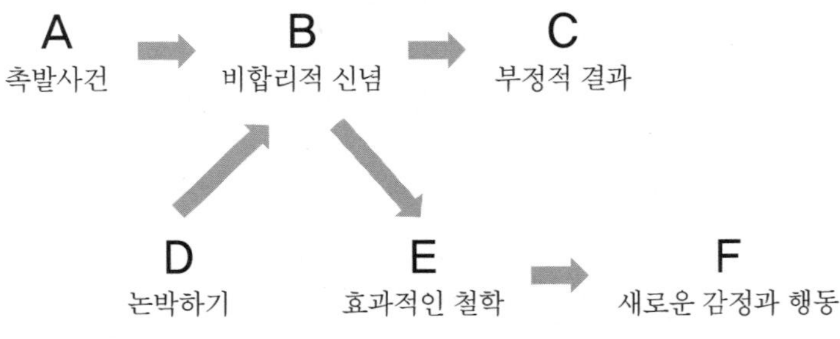

[그림 7-4] Ellis의 ABCDEF 모델

학)를 형성하도록 돕는 것을 말한다. F는 새로운 감정과 행동으로, 내담자가 합리적 신념을 발견하고 삶에 대한 효과적인 철학을 갖게 되면 '새로운 감정과 행동'이 나타나게 된다.

4) 대인관계 상황에서의 대인 간 교류 모형

대인관계 상황에서 교류가 이루어지는 방식에 대해 여러 학자가 각자의 이론에서 주장한 바를 종합하여 필자가 구안한 모형을 제안해 보자면 다음과 같다. 사람들은 구체적인 대인관계 상황으로 인해 유발된 대인동기, 대인감정, 대인사고가 평소 자신이 지니고 있던 대인신념과 대인동기와 상호작용한 결과, 최종 도출된 대인동기를 충족시키기 위해 취하게 된 '나의 대인행동'과 이에 대해 동일한 과정을 거친 '상대방의 대인행동'을 주고받는 과정이라고 볼 수 있다. 여기서 **대인동기**(interpersonal motivation)란 개인이 타인을 향해 특정 방향(접근, 회피, 공격)으로 행동하도록 만드는 개인의 어떠한 필요(욕구)를, **대인감정**(interpersonal emotions)이란 타인과의 관계 속에서 경험하는 다양한 정서적 체험을, **대인사고**(interpersonal thoughts)란 타인과의 관계 속에서 경험하고 있는 내용에 대해 자신이 내린 평가, 판단, 해석을, **대인신념**(interpersonal beliefs)이란 대인관계와 대인행동에 영향을 미치는 개인의 신념을, **대인행동**(interpersonal behaviors)이란 인간관계 상황에서 타인에게 표출하는 행동적 반응을 말한다.

[그림 7-5]에서 b는 **'상향적 욕구'**라 명명하고자 한다. 동기이론가인 에이브러햄 매슬로(Abraham Maslow) 용어로 명명하자면 일종의 결핍이나 성장 욕구인데, b는 그 영역과 관련하여 '평소'에 품고 있던 욕구로서 결핍이 있었다면 이를 채우고 싶은, 이미 채워 있다면 더 성장하고 싶은 욕구가 여기에 해당된다고 볼 수 있겠다. 가령, 계약직 사원으로 입사한 사람이 정규직으로 전환되고 싶은 욕구와 같은 성장욕구가 여기에 해당될 수 있으며, 이를 위해 그

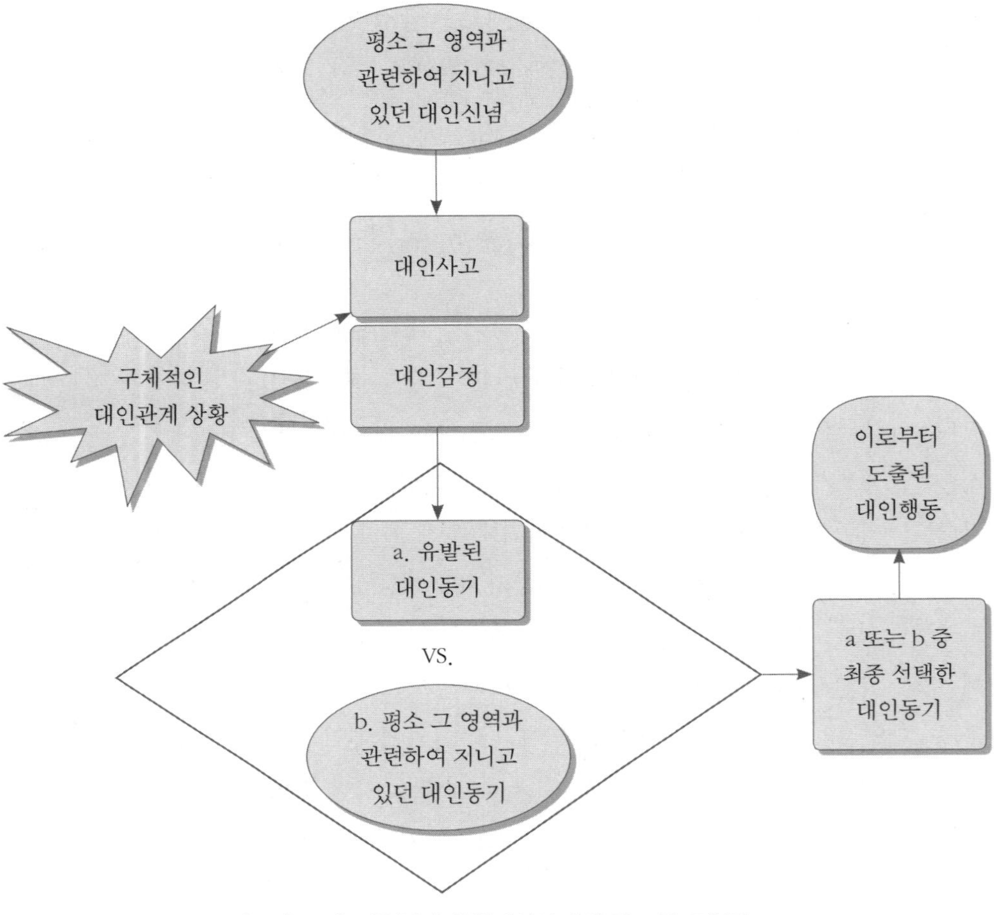

평소 그 영역과 관련하여 지니고 있던 대인신념

대인사고

구체적인 대인관계 상황

대인감정

a. 유발된 대인동기

vs.

b. 평소 그 영역과 관련하여 지니고 있던 대인동기

a 또는 b 중 최종 선택한 대인동기

이로부터 도출된 대인행동

[그림 7-5] 대인관계 상황에서의 대인 간 교류 모형안

회사 사람들에게 좋은 사람으로 보이고 싶은 욕구도 여기에 해당될 수 있다. 한편, a는 '**보존적 욕구**'라 명명해 볼 수 있겠다. 앞서 b의 경우와 달리 a는 해당 대인관계 상황으로 인해 발동되는 욕구를 말한다. 즉, a는 평소 잘 채워져 있어 만족스럽게 유지되고 있었던 욕구였으므로 채우고 싶은 마음이 들지는 않았으나, 해당 대인관계 상황에서 상대방과 상호작용하는 과정에서 상대방 혹은 자신에 의해 그 욕구에 손상이 가서 결핍 상태가 된 경우를 말한다. 따

라서 결핍된 것을 다시 채우기 위해 발동되는 욕구이므로 원래 상태로 유지하고자 하는 보존을 위한 욕구로 명명하고자 한다.

앞과 같은 구체적인 대인관계 상황에서는 보통 a와 b의 욕구가 충돌을 하게 되고, 대체로 사람들은 결핍을 못 견디는 경향이 있어 이를 채우고자 하는 방향, 즉 a 욕구를 우세하게 발휘하게 되는데, 만일 자동반사적으로 a 욕구를 충족시키는 방향으로 움직여진다면 최종 선택한 대인동기는 a가 될 것이고, 이를 충족시키기 위한 행동으로 대인행동반응이 나타날 것이다. 반면, 그 순간 자동적인 반응을 멈추고, a와 b 중 무엇을 충족하는 것이 합리적인지를 판단한 후, 가령 b라고 선택했다면 b 욕구를 충족시키기 위한 방향으로 대인행동대처가 이루어지게 된다.

5) 관계 상황에서의 대인정서와 대인사고, 대인행동

다음은 사람들이 보편적으로 보이는 대인사고, 대인정서, 대인행동의 구체적인 내용들을 살펴보고자 한다.

(1) 관계 상황에서 사건에 대한 개인의 판단(해석)내용: 대인정서와 대인사고

라자루스(Lazarus, 1991)는 정서가 사건에 대한 인지적 평가에 의해 유발된다고 가정하였다. 체험되는 세부적인 정서는 사건이 개인의 안녕과 자존감에 어떤 영향을 미치고 있는지에 대한 평가(사고, 생각)에 의해 〈표 7-2〉와 같이 달라진다고 설명하였다.

Richard S. Lazarus

다시 말해서, 라자루스는 감정을 보면 개인이 현재 어떤 대인사고를 하고 있는지를 파악할 수 있다고 본 것이다. 개인이 어떤 대인동기(욕구)를 충족시키고 싶은지를 감정을 보면 알아차릴 수 있으므로 감정은 일종의 신호

〈표 7-2〉 주요 감정이 의미하는 사고내용

분노	나와 나의 것을 손상시키는 부당한 공격을 당했다.
불안	나에게 무언가 위험한 상황이 다가오고 있다.
슬픔	내가 소중하게 여기는 것을 상실했다.
죄책감	나는 도덕적인 잘못을 저질렀다.
수치심	나의 이상에 미치지 못하는 바보 같은 행동을 했다.
외로움	나는 타인들로부터 소외되고 있다.
사랑	특정한 사람을 좋아하며, 그와 애정을 나누고 싶다.
연민	타인의 고통이 완화되도록 도와주고 싶다.
기쁨	내가 추구하는 소중한 목표가 실현되었다.
자기가치감	나는 가치 있는 소중한 존재이다.
감사	나에게 주어진 것들이 축복이다.
안도감	위험한 상황이 사라지고 안전한 상태로 복귀했다.

출처: Lazarus(1991).

역할을 함을 알 수 있다.

(2) 대인행동

앞에서 **대인행동**(interpersonal behaviors)이란 인간관계 상황에서 타인에게 표출하는 행동적 반응이라고 설명한 바 있다. 다른 말로 표현하자면 대인행동이란 관계상황에서 사건에 대한 개인의 판단결과 (채워야 할 욕구가 일으키는) 보이는 대처 반응이다.

Virginia Satir

관계상황에서 발생한 사건이 특히 갈등관계인 경우, 사람들은 긴장하게 된다. 버지니아 사티어(Virginia Satir; 정문자, 2007 재인용)는 사람들이 관계갈등으로 인해 긴장했을 때 이를 처리하는 방식에 공통점이 있다는 점을 발견하였으며, 이를 종합하여 크게 다섯 가지로 분류하였다. 사티어는 대인행동반응을 분류함에 있어 사람들이 긴장했을 때 자신, 타인, 상황 중 어느 쪽에 강조점을 두느냐를 기준으로 다음과 같이 분류하였다.

첫째, **회유형**(placating)이다. 이 유형은 자신의 내적 감정이나 생각을 무시하고, 타인의 비위에 맞추려는 방식으로 소통하는 역기능적 의사소통(대처행동)을 보인다. 즉, 자신의 욕구는 무시하고, 타인의 욕구에 부응하고자 반응하는 모습을 말한다.

둘째, **비난형**(blaming)이다. 이 유형은 타인의 감정이나 생각을 무시하고, 타인의 말이나 행동을 비난, 통제, 명령하는 방식으로 소통하는 역기능적 의사소통(대처행동)을 보인다. 즉, 비난형은 자신의 욕구를 채우기 위한 방향으로 행동하는 모습을 보인다.

셋째, **초이성형**(super-reasonable)이다. 이 유형은 자신의 내적 감정이나 생각, 타인의 감정이나 생각을 모두 무시하고, 상황만을 중시하는 방식으로 소통하는 역기능적 의사소통(대처행동)을 보인다. 가령, 규칙, 옳은 것만을 절대시하는 극단적인 객관성을 보인다.

넷째, **산만형**(irrelevant)이다. 이 유형은 자신, 타인, 상황을 모두 무시하는 방식으로 소통하는 역기능적 의사소통(대처행동)을 보인다. 주제나 상황에 맞지 않는 말을 하며, 정서적으로 혼란된 심리 상태를 보이고, 산만하게 행동한다. 때문에 일상생활에서의 인간관계뿐 아니라 상담에서도 심리적으로 접촉하기가 가장 어려운 유형으로 알려져 있다.

다섯째, **일치형**(congruent)이다. 이 유형은 자신, 타인, 상황을 모두 인정하는 방식으로 소통하는 기능적 의사소통(대처행동)을 보인다. 의사소통 시 자신의 내적 감정과 생각을 잘 알아차리고, 이를 적절하게 표현하는 진실된 소통방식을 보인다. 즉, 자신의 내적 감정 및 생각과 타인에게 소통하는 내용이 일치한다.

6) 대인관계기술

다음은 사람들이 평소 대인관계에서 사용하면 좋을 만한 기본적인 대인관계 기술들을 소개하고자 한다.

첫째, 상대방을 **존중**하는 태도를 보이는 것이다. 여기에는 대표적으로 인사하기가 있다. 인사를 할 때에는 최대한 친근하거나, 정중하게, 존경의 마음을 담아서 하는 것이 좋다. 인사는 상대방에게 좋은 인상을 남겨 주지만, 이보다는 인사를 안 했을 때 상대로부터 오해를 받을 수 있고, 이러한 부정적인 인상은 상대방의 기억에 오래 남는 경향이 있어 가급적 유념할 필요가 있다. 당사자는 상대방이 어려운 상대여서 먼저 다가가서 인사를 드리기가 조심스러워서 그냥 지나간 것이지 상대를 존중하지 않아서 그런 것이 아닐 수 있으나, 상대방은 나를 무시한다고 오해할 수 있다.

[그림 7-6]『화성에서 온 남자, 금성에서 온 여자』

출처: Gray(2002).

둘째, 상대방에게 **칭찬**할 거리가 있으면 칭찬을, 격려가 필요한 상황이면 응원과 격려를 보이면 좋다. 베스트셀러『화성에서 온 남자, 금성에서 온 여자』에 의하면, 특히 남성은 찬사를 받는 것을 좋아한다고 한다. 칭찬에 남녀가 따로 있는 것은 아니지만 처음 만난 사이에서는 이러한 내용도 참고해 보면 좋을 것 같다.

셋째, 상대방이 힘든 상황이거나 힘든 이야기를 할 때에는 직언을 하기보다는 먼저 상대방의 아픔을 어루만져 주는 기능을 하는 '**공감**' 반응을 하는 것이 좋다. 때에 따라서 상대방이 맞는 말을 했을 때에는 동의하는 것도 상대방과의 소통을 촉진시키는 데 좋다. 물론 직언 자체가 나쁜 것은 아니다. 하지만 상대방이 힘든 상황에서는 직언이 따끔하거나 아프게 느껴져서 받아들이기 힘들고, 오히려 상처를 더 받을 수도 있기 때문에 조심하는 것이 좋다.

넷째, **협조**적인 태도를 보이는 것이다. 협조란 공감과 동의를 넘어서서 행동적인 측면에서 상대방이 원하는 방향 혹은 상대방의 안녕을 돕는 방향으로 행동을 취하는 것을 말한다. 가령, 회사라면 상사가 지시한 업무에 대해 중간보고를 한다거나, 상사의 야근 시 혹은 동료의 잔업 시 함께 일을 도와주는 태도를 예로 들 수 있다. 여기서 '중간보고'는 상사가 지시한 업무를 내가 매우 성실하게 하고 있다는 것을 표현하고 어필해 주는 기능을 하기도 한다. 참고로 중간보고는 공식적으로 약속시간을 정하거나 형식을 갖춰서 할 필요는 없고, 엘리베이터에서 만났다거나, 티타임 등 상황을 봐서 막간에 짧게 하면 된다. 이렇듯 협조적인 태도로 대하면 상대방도 고마움을 느끼고, 관계가 선순환의 방향으로 진전될 수 있다.

마지막으로, **조율**(tuning)이다. 조율이란 앞의 네 가지보다 고차원적인 대인관계 기술이다. 왜냐하면 앞의 네 가지 기술을 적용함에 있어 그 기술을 사용하는 것이 적절한 상황인지를 파악하고, 상대에게 어떤 기술을 적용하는 것이 서로의 관계 개선에 좋을지를 아는 것이 조율이기 때문이다. 조율이란 한마디로 상대방의 마음의 주파수에 맞춰서 소통할 줄 아는 기술을 말한다. 기술이라는 용어를 사용하다 보니 작위적으로 보일 수 있으나, 사실상 상대를 존중하고, 진정성 있게 대하는 것이 조율의 기본적인 전제조건이다. 조율하기의 예를 들어 설명하자면, 가령 직장 상사가 더 위 상사로부터 지적을 받고 온 상황인데, 이런 타이밍에 퇴근시간이 되었다고 퇴근한다면 조율을 잘한 것일까? 아니다. 왜냐하면 타이밍을 못 맞춘 것이기 때문이다. 이 경우, 팀원이 어렵든 말든 나는 상관하지 않는 사람, 자기중심적인

[그림 7-7] 조율

현악기의 줄을 고르듯 상대방의 마음 상태에 맞추어 배려해 주는 것은 긍정적인 관계 형성을 돕는다.

출처: https://commons.wikimedia.org/w/index.php?curid=68061419

사람으로 오해 받을 수 있다.

또한 뭐든지 주도적인 행동을 두드러지게 보이는 사람은 자신의 힘과 권위를 인정받고 싶은 욕구가 있으므로 이들과 대화를 할 때에는 그 사람의 의견을 존중하고, 힘과 권위를 인정하는 말을 한다거나, 평소 자신의 의사를 표현하지 않는 사람들에게는 먼저 알아봐 주고, 물어봐 주는 배려를 보이는 것이 '조율하기'이다.

이렇듯 상대방의 욕구와 생각, 감정을 읽고, 알아 주고, 이해해 주는 방향으로 조율을 하면 좋다. 하지만, 상대를 우선시하기에 내 자신이 너무 힘든 경우도 있다. 가령, 상대로부터 내가 너무 상처를 받았고, 화나고 억울하여 상대방을 배려할 여력이 없고, 오히려 공격을 퍼붓고 싶은 순간도 생긴다. 이럴 때에는 상대방에게 자기주장을 하는 것이 좋다. 이렇듯 무시당했을 때 전혀 기분 나쁘지 않은 듯 대응하는 것은 사티어가 분류한 회유형(placating) 대인행동으로, 관대하고 포용력 있는 것이 아니라 속이 없는 것이다. 이러한 대인행동은 상대방에게 나를 함부로 대해도 괜찮다는 메시지를 주는 셈이므로 기능적이지 못하다.

다만, 화가 났을 때 그 순간 대화를 하게 되면 상대방에게 자기주장을 하는 것이 아니라 내 분노를 여과없이 배출해 버릴 수 있으니 그런 순간에는 자기주장하기를 일단은 피하고, 혼자 조용히 자신의 마음을 살펴보고, 알아주고 나서 평정심을 찾았을 때 이야기하고자 하는 바를 간략하게 요점만 말하는 방식으로 자기주장을 하는 것이 좋다.

◆ 자기주장하기

이렇듯 자기주장은 내 이득만 관철하려는 목적으로 내가 하고 싶은 말만 여과 없이 표현하는 것, 감정을 배설하는 것, 시시비비를 가리거나 결판을 내는 것, 취조하는 것, 재판하는 것, 범인을 검거하는 것, 가르치려 드는 것이 아니다. 가령, '네가 잘못했거나 내가 잘못했거나 둘 중 하나이다.' '내가 옳고

넌 틀렸다. 그러므로 내가 너를 뜯어고치고 바로잡겠어.'와 같은 마음이 크다면 이는 올바른 자기주장 방법이 아니므로 내 마음부터 살펴볼 필요가 있다([그림 7-8] 참조). **자기주장**은 상대방과 좋은 관계를 유지하기 위한 취지로, 상대방이 공감하거나 납득이 될 수 있도록 자신의 입장을 표현하고 협조를 구하는 행동이라는 점을 잊지 말아야 한다. 보통 자기주장은 'I-message'나 '내가 원하는 무엇이다'라는 방식으로 이루어진다. 앞서 언급한 바와 같이, 자기주장은 상대방에 대한 비난이나 불쾌감을 쏟아내는 것이 아니라 비난이나 불쾌감을 유발한 장면을 분석하여 이를 관찰한 사항과 평가한 사항으로 구분하고, 관찰한 바로만 표현하는 방법을 사용하는 것이 좋다.

자신의 마음을 살펴보는 과정을 거쳐서 자기주장을 하는 순서를 소개하자면 다음과 같다.

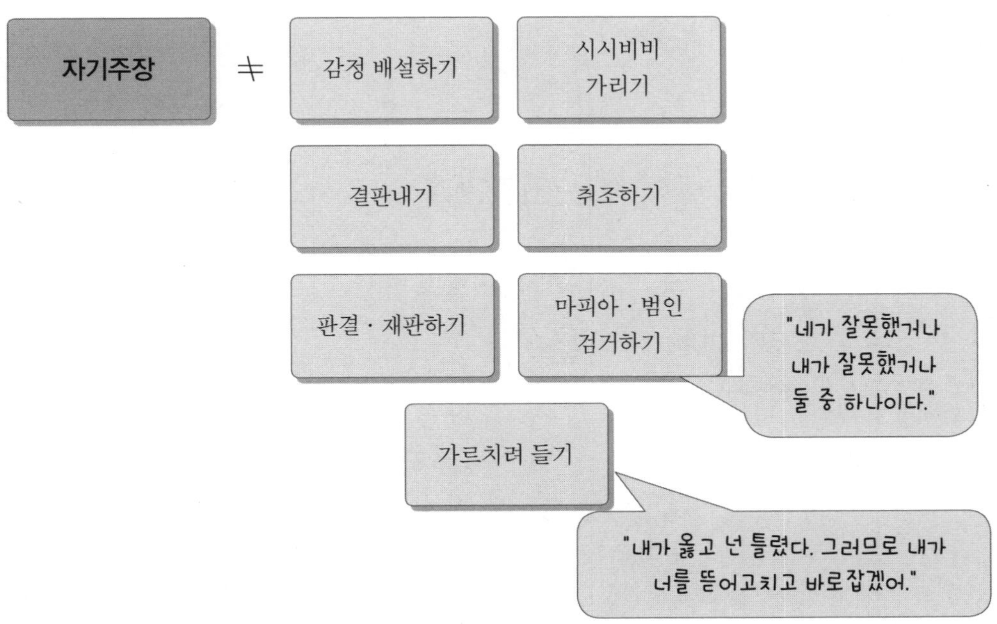

자기주장은 내 감정을 배설하듯 일방적으로 쏟아내는 것이 아니다.

[그림 7-8] 자기주장

먼저 비난하는 말, 분노, 슬픔 등의 감정이 올라오는 순간을 자각하고, 멈춘다. 그리고 종이에 다음을 적어 본다.

첫째, 생각과 느낌이다. 즉, '지금 무슨 생각(판단, 평가)과 감정이 들었는지'를 써 본다.

둘째, 관찰이다. 즉, 상대방의 어떤 말과 행동을 보고 그런 생각과 감정이 들었는지를 작성해 본다.

셋째, 좌절된 욕구이다. 첫 번째 단계에서 들었던 생각과 감정은 나의 어떤 욕구를 좌절시켰는지를 알아본다.

넷째, 지향점 혹은 바라는 욕구를 확인한다. 즉, 그 사람과의 관계에서 내가 바라는 욕구는 무엇이었는지를 살펴본다.

다섯째, 행동이다. 즉, 네 번째 단계에서 내가 원했던 것(목표, 욕구)을 얻기 위해서는 어떻게 해야 할지에 대해 곰곰이 생각해 보고 적어 본다. 그러고 나서 행동에 옮기는 것이다.

3. 사례로 풀어 보는 인간관계

자기주장의 기술을 6장에서 살펴본 김미소 씨의 사례(p. 274)에 적용하여 김미소 씨의 고민을 해결해 보자.

일단 비난하는 말, 분노, 슬픔 등의 감정이 올라오는 순간을 자각하고 멈춘다. 김미소 씨의 사례의 경우, 아마도 울분이 차오를 것이다.

1단계는 지금 무슨 생각(판단, 평가)과 감정이 들었는지를 적어 보는 단계이다. 김미소 씨의 경우, '어떻게 나한테 이럴 수 있나? 억울하고, 화가 난다. 직장 상사가 못되고, 이기적이고, 염치가 없는 사람 같다'는 생각과 감정이 들 것이다.

2단계는 그런 생각과 감정이 상대방의 어떤 말과 행동을 보고 들었는지를 적어 보는 단계이다. 김미소 씨의 경우, 첫째, 매출 목표 달성 시 정규직 사원으로 전환해 주겠다고 약속했으면서 지키지 않은 점, 둘째, 목표 달성 후 5개월이나 기다렸는데 아무 말도 하지 않고 있는 점, 셋째, 비정규직이라 초과근무수당을 받을 수 없다는 점을 알면서도 하기 싫은 일거리들을 다 내게 떠넘긴 점(이로 인해 체력 저하, 부업을 통해 돈 벌 가능성 상실, 비용 손실), 넷째, 이로 인해 야근, 주말 근무를 감내해야 했고, 사적인 인간관계에까지 악영향을 미친 점(남자친구와 헤어짐, 연애 할 시간이 없음, 혼기를 놓침, 결혼시장에서의 가치 하락)을 보고 그런 생각과 감정이 들었을 것이다.

3단계는 자신이 침해받은 권리 혹은 방해받은 욕구를 자각하는 단계이다. 다시 말해서, 2단계에서 들었던 생각과 감정은 나의 어떤 욕구가 좌절되었기에 혹은 방해받았기에 들었던 생각과 감정인지를 떠올려 적어 보는 것이다. 김미소 씨의 사례에서 미소 씨는, 첫째, 일정 매출 목표 달성 시 정규직으로 전환해 주겠다고 약속받았던 사항이므로 마땅히 정규직으로 전환될 권리가 있었는데 이 욕구가 좌절되었다. 둘째, 초과근무수당, 즉 보수 없이 일해야 했으므로 노력한 데 대해 응당 받아야 할 보수를 받지 못했으므로 보수를 받을 권리가 좌절되었다. 셋째, 초과근무를 함으로 인해 기회비용이 발생했다. 만일 김미소 씨가 회사의 잔업을 안 하고, 별도로 부업을 했을 때 올 수익이나 그 시간에 연인을 만날 가능성, 발달과업상 시급한 결혼 적령기를 놓친 것이다.

4단계는 앞의 사건과 관련하여 본래 자신이 지향하던 바 혹은 바라는 욕구가 무엇인지를 떠올리는 단계이다. 즉, 상대방과의 관계에서 내가 바라는 욕구는 무엇이었는지에 대한 부분이다. 김미소 씨의 사례에서 미소 씨는 '정규직 전환'을 바랐고, 해당 직장 상사에게는 일 잘하고 성실하고 예의 바른 동료로 비쳐지고 싶은 정도의 욕구를 지녔을 것이다.

5단계는 4단계에서 원하는 것(want, 목표, 욕구)을 얻기 위해 필요한 행동을 취하는 단계이다. 김미소 씨의 사례에서 미소 씨는 자신이 부당한 대우를 당했으므로 그 억울함과 분노를 배출하고 싶은 마음이 더 큰지 아니면, 그 마음보다는 정규직으로 전환되고, 해당 상사에게는 예의 바르고 일 잘하는 성실한 사원으로서 남고 싶은지를 잘 생각해 봐야 할 것이다. 만일 억울함과 분노를 배출한다면 상사에게 김미소 씨는 아마 부담스러운 존재, 위협적이고 불편한 직원이 될 것이다. 상사는 김미소 씨로부터 비난이나 오해를 받은 느낌에 상처를 받을 수도 있고, 혹은 상사 자신 혹은 회사가 부도덕, 불공정한 사람이라는 평판, 오명을 입는 것이 두렵기 때문에 이렇게 될 상황을 피하고 싶어 할 것이다. 이런 마음은 상사 혹은 회사 측으로 하여금 김미소 씨의 입을 막으려는 행위를 하게끔 동기부여를 할 수 있고, 그 결과 사실관계 자체를 바꿔서 원래 김미소 씨가 이상한 사람, 불성실한 사람이었다는 식으로 몰아가려는 행동을 할 수도 있다. 그러므로 억울하다 하더라도 무조건 표출하는 것은 관계를 악화시킬 뿐 아니라 문제도 기대했던 바와는 전혀 다른 방향으로 악화시킬 소지가 있다. 따라서 자신의 감정을 내적으로 우선 잘 다루고, 외적으로는 상사와의 원만한 관계, 그리고 정규직 전환이라는 목표에 집중하여 행동하는 것이 좋다. 그렇다면 어떻게 하면 '정규직으로 전환'될 수 있을까? 사례마다 이를 위해 깊이 생각하고, 어떤 행동을 할지 고민할 필요가 있다. 김미소 씨 사례의 경우, 첫째, 고용주가 제시했던 목표를 달성했음을 근거로 제시하고, 둘째, 고용주가 김미소 씨를 정규직으로 고용할 필요성을 절실히 느끼게 만들 방안을 고민하는 것이 좋다. 가령, 김미소 씨만이 이룬 업적들을 열거한다거나 회사가 김미소 씨 없이 운영되기는 힘들다는 점을 어필하는 방법이 좋다.

학습활동

1. 최근 여러분에게 고민이 되는 대인관계 갈등상황이 있다면 떠올려 봅시다. 어떤 상황에서 고민이 되었는지 적어 보고, 자기주장 단계에 맞추어 문제를 해결해 봅시다.

2. 각 단계를 수행하는 데 있어 어려움이 있다면 신뢰할 수 있는 지인이나 멘토, 혹은 전문상담가에게 도움을 받아 봅시다.

참고문헌

김정규(1995). **게슈탈트 심리치료: 창조적 삶과 성장**. 서울: 학지사.

정문자(2007). **(사티어) 경험적 가족치료**. 서울: 학지사.

Beck, J. S. (1995). Cognitive therapy: Basics and beyond. New York: The Guilford Press.

Beck, J. (2011). *Cognitive behavior therapy: Basics and beyond* (2nd ed.). New York: Guilford Press.

Clarkson, P. (1989). *Gestalt counselling in action*. London, Newbury Park: SAGE.

Clarkson, P., & Mackewn, J. (1993). Fritz Perls [electronic Resource] / Petr-uska Clarkson, Jennifer Mackewn.

Gray, J. (2006). **화성에서 온 남자, 금성에서 온 여자**(2판)[*Men are from Mars, women are from Venus*]. (김경숙 역). 서울: 동녘라이프. (원저는 2002년에 출판).

Kerr, M. E., & Bowen, M. (2005). **보웬의 가족치료이론**. (남순현, 전영주, 황영훈 공역). 서울: 학지사. (원저는 1988년에 출판).

Lazarus, R. S. (1991). *Emotion and adaptation*. New York: Oxford University Press.

Peck, M. S. (1983). *People of the lie: The hope for healing human evil*. Simon and

Schuster

Perls, F. S., Hefferline, R., & Goodman, P. (1951/1969). *Gestalt therapy: Excitement and growth in the human personality*. New York: Julian Press.

Perls, F. S., Hefferline, R., & Goodman, P. (1977). *Gestalt therapy: Excitement and growth in the human personality*. Harmondsworth, Eng.: Penguin Books.

Sharf, R. (2003). *Theories of psychotherapy and counseling: Concepts and cases* (3rd ed.). Pacific Grove, CA: Thomson/Brooks/Cole.

Zinker, J. (1977). *Creative process in gestalt therapy*. Oxford, England: Brunner/Mazel.

찾아보기

인명

내용

최정아 Choi Jung Ah

서울대학교 교육학 학사

서울대학교 교육상담 석사

서울대학교 교육상담 박사

한국상담학회 전문상담사(1급)

한국심리학회 상담심리전문가(1급)

현 국립금오공과대학교 교수

(교양교직과정부 교육상담 전공)

인간관계의 이해와 적용

-친구, 연인, 부부, 가족 및 직장에서의 인간관계를 중심으로-

Theory and Practice of Human Relations

2019년 8월 25일 1판 1쇄 발행
2021년 7월 20일 1판 2쇄 발행

지은이 • 최정아
펴낸이 • 김진환
펴낸곳 • (주)학지사
04031 서울특별시 마포구 양화로 15길 20 마인드월드빌딩
대표전화 • 02-330-5114 팩스 • 02-324-2345
등록번호 • 제313-2006-000265호

홈페이지 • http://www.hakjisa.co.kr
페이스북 • https://www.facebook.com/hakjisa

ISBN 978-89-997-1895-3 93370

정가 17,000원

이 도서의 국립중앙도서관 출판시도서목록(CIP)은 서지정보유통지원시스템 홈페이지(http://seoji.nl.go.kr)와 국가자료공동목록시스템(http://www.nl.go.kr/kolisnet)에서 이용하실 수 있습니다.
(CIP 제어번호: CIP2019031702)